铁路营业线施工安全检查标准与规范

杨再伦　王龙宝　冉永才　王思俊　主编

西南交通大学出版社
·成　都·

图书在版编目（CIP）数据

铁路营业线施工安全检查标准与规范 / 杨再伦等主编. 一成都：西南交通大学出版社，2020.8
ISBN 978-7-5643-7535-5

Ⅰ. ①铁… Ⅱ. ①杨… Ⅲ. ①铁路施工 – 安全检查 – 标准 Ⅳ. ①U215.8-65

中国版本图书馆 CIP 数据核字（2020）第 150839 号

Tielu Yingyexian Shigong Anquan Jiancha Biaozhun yu Guifan
铁路营业线施工安全检查标准与规范

杨再伦　王龙宝　冉永才　王思俊　主编

责任编辑	李晓辉
封面设计	GT 工作室

出版发行　西南交通大学出版社
　　　　　（四川省成都市金牛区二环路北一段 111 号
　　　　　西南交通大学创新大厦 21 楼）
邮政编码　610031
发行部电话　028-87600564　028-87600533
网址　　　http://www.xnjdcbs.com
印刷　　　成都勤德印务有限公司

成品尺寸　185 mm×260 mm
印张　　　15.75
字数　　　344 千
版次　　　2020 年 8 月第 1 版
印次　　　2020 年 8 月第 1 次
定价　　　60.00 元
书号　　　ISBN 978-7-5643-7535-5

前　言

　　铁路在我国交通运输业中的地位非常突出，至 2019 年底我国铁路运营里程已居世界首位。在"交通强国、铁路先行"使命号召背景下，铁路运输安全已成为全行业的关注焦点。铁路营业线维护方式的不断变化，与铁路相关联的地方建设突飞猛进，都会导致涉铁施工管理的难度增大；而大量安全风险及隐患的存在，就会对铁路运营安全构成极大威胁。本书从维护铁路安全的角度出发，总结编者多年以来从事铁路工程施工安全监督检查的经验，对涉及铁路营业线施工的安全监督检查标准与规范、规章作系统性归纳，以便于各级安全管理人员开展相关工作时参考借鉴。

　　本书以安全生产领域涉铁相关法律法规为基础，以建筑施工及安全生产领域国家标准、行业规范及以中铁成都局集团公司为代表的山区铁路营业线施工安全管理的相关规章为主线编写；以山区铁路施工特点为引，重点介绍铁路营业线及邻近营业线施工安全监督检查中需用到的规范、标准、规章。其他铁路局集团公司在施工管理上大同小异，可作为参考使用。

　　本书编写的宗旨在于在施工安全管理过程中推广规范与标准，着重于引导各级管理及监督检查人员学习标准，运用规范和安全规章来提高业务水平及检查指导能力，以更好地服务于铁路运输和施工安全。本书适用于铁路内部施工安全管理及监督检查，也适用于涉铁地方建设的施工安全监管，亦可用于各类铁路营业线施工的安全培训。

　　本书第 1~4 章介绍施工安全监督检查通用项目，第 5~7 章介绍主要的专业分项施工安全检查重点；其中第 2、3 章中加粗显示的为强制性标准。

　　本书的编写得到了中铁成都局集团公司安监部门同仁的大力支持和指导，他们提出了许多宝贵意见和建议，使本书得以顺利完成，在此向大家表示由衷感谢！

　　限于时间仓促及编者水平，书中仍有不足之处，敬请读者批评指正。

杨再伦

2020 年 5 月

目　录

1　工程施工安全基础知识

铁路在我国社会经济生活中大动脉的地位仍然不可动摇。铁路运营维护是目前铁路运输安全工作的重点，营业线施工对运输干扰较大，且属于事故多发的节点，施工安全管理应贯穿于整个工程项目的全过程。如何有效管控铁路营业线施工安全，减少施工事故对铁路运营的影响，是当前铁路安全工作的重点之一。

铁路营业线施工安全监督检查过程应以相关法律、法规、规章为准绳，以国家标准、行业标准及规范为依据开展。

1.1　建设工程安全生产教育培训

企业安全生产教育培训是整个工程安全的基础，没有具备良好安全技术素质的队伍，就没有工程安全的保障。

《生产经营单位安全培训规定》规定：生产经营单位应当进行安全培训的从业人员包括主要负责人、安全生产管理人员、特种作业人员和其他从业人员。生产经营单位使用被派遣劳动者的，应当将被派遣劳动者纳入本单位从业人员统一管理，同时对被派遣劳动者进行岗位安全操作规程和安全操作技能的教育、培训。

1.1.1　管理人员的安全教育

（1）生产经营单位主要负责人安全培训应当包括下列内容：

①国家安全生产方针、政策和有关安全生产的法律、法规、规章及标准。

②安全生产管理基本知识、安全生产技术、安全生产专业知识。

③重大危险源管理、重大事故防范、应急管理和救援组织以及事故调查处理的有关规定。

④职业危害及其预防措施。

⑤国内外先进的安全生产管理经验。

⑥典型事故和应急救援案例分析。

⑦其他需要培训的内容。

（2）生产经营单位项目经理、技术负责人和技术干部等安全生产管理人员安全教育培训应当包括下列内容：

①国家安全生产方针、政策和有关安全生产的法律、法规、规章及标准。

②安全生产管理、安全生产技术、职业卫生等知识。

③伤亡事故统计、报告及职业危害的调查处理方法。

④应急管理、应急预案编制以及应急处置的内容和要求。

⑤国内外先进的安全生产管理经验。

⑥典型事故和应急救援案例分析。

⑦其他需要培训的内容。

生产经营单位主要负责人和安全生产管理人员初次安全培训时间不得少于 32 学时。每年再培训时间不得少于 12 学时。

（3）生产经营单位新上岗的从业人员，岗前安全培训时间不得少于 24 学时。

岗前安全培训应当包括下列内容：

①本单位安全生产情况及安全生产基本知识。

②本单位安全生产规章制度和劳动纪律。

③从业人员安全生产权利和义务。

④有关事故案例等。

（4）车间（工段、区、队）级岗前安全培训应当包括下列内容：

①工作环境及危险因素。

②所从事工种可能遭受的职业伤害和伤亡事故。

③所从事工种的安全职责、操作技能及强制性标准。

④自救互救、急救方法、疏散和现场紧急情况的处理。

⑤安全设备设施、个人防护用品的使用和维护。

⑥本车间（工段、区、队）安全生产状况及规章制度。

⑦预防事故和职业危害的措施及应注意的安全事项。

⑧有关事故案例。

⑨其他需要培训的内容。

（5）班组级岗前安全培训应当包括下列内容：

①岗位安全操作规程。

②岗位之间工作衔接配合的安全与职业卫生事项。

③有关事故案例。

④其他需要培训的内容。

（6）从业人员在本生产经营单位内调整工作岗位或离岗一年以上重新上岗时，应当重新接受车间（工段、区、队）和班组级的安全培训。

生产经营单位采用新工艺、新技术、新材料或者使用新设备时，应当对有关从业人员重新进行有针对性的安全培训。

（7）生产经营单位应当将安全培训工作纳入本单位年度工作计划。

（8）生产经营单位应当建立健全从业人员安全生产教育和培训档案，由生产经营单位的安全生产管理机构以及安全生产管理人员详细、准确记录培训的时间、内容、参加人员以及考核结果等情况。

1.1.2 特种作业人员的安全教育

1. 特种作业的定义

根据《特种作业人员安全技术培训考核管理规定》（国家安全生产监督管理总局令第 30 号），特种作业是指容易发生事故，对操作者本人、他人的安全健康及设备、设施的安全可能造成重大危害的作业。特种作业人员是指直接从事特种作业的从业人员。

2. 特种作业的范围

根据《特种作业人员安全技术培训考核管理规定》，特种作业的范围主要有（摘选与营业线施工有关的部分）：

（1）电工作业，包括高压电工作业、低压电工作业、防爆电气作业。

（2）焊接与热切割作业，包括熔化焊接与热切割作业、压力焊作业、钎焊作业。

（3）高处作业，包括登高架设作业，高处安装、维护、拆除作业。

（4）煤矿安全作业，包括煤矿井下电气作业、煤矿井下爆破作业、煤矿安全监测监控作业、煤矿瓦斯检查作业、煤矿安全检查作业、煤矿提升机操作作业、煤矿采煤机（掘进机）操作作业、煤矿瓦斯抽采作业、煤矿防突作业、煤矿探放水作业。本条主要涉及营业线瓦斯隧道施工作业。

（5）金属非金属矿山安全作业（如渣场）。

（6）国家安全生产管理部门认定的其他作业。

3. 特种作业人员安全教育要求

特种作业人员必须经专门的安全技术培训并考核合格，取得《中华人民共和国特种作业操作证》后，方可上岗作业。

特种作业人员应当接受与其所从事的特种作业相应的安全技术理论培训和实际操作培训。已经取得职业高中、技工学校及中专以上学历的毕业生从事与其所学专业相应的特种作业，持学历证明经考核发证机关同意，可以免予相关专业的培训。

跨省（自治区、直辖市）从业的特种作业人员，可以在户籍所在地或者从业所在地参加培训。

1.1.3 企业员工的安全教育

企业员工的安全教育主要有新员工上岗前的三级安全教育、改变工艺和变换岗位安全教育、经常性安全教育三种形式。

1. 新员工上岗前的三级安全教育

三级安全教育通常是指进厂、进车间、进班组三级，对建设工程来说，具体指企业（公司）、项目（或工区、工程处、施工队）、班组三级。

企业新员工上岗前必须进行三级安全教育，通过三级安全教育和实际操作训练，并经考核合格后方可上岗。

（1）企业（公司）级安全教育由企业主管领导负责，企业职业健康安全管理部门会同有关部门组织实施，内容应包括安全生产法律、法规，通用安全技术、职业卫生和安全文化的基本知识，本企业安全生产规章制度及状况、劳动纪律和有关事故案例等内容。

（2）项目（或工区、工程处、施工队）级安全教育由项目级负责人组织实施，专职或兼职安全员协助，内容包括工程项目的概况、安全生产状况和规章制度、主要危险因素及安全事项、预防工伤事故和职业病的主要措施、典型事故案例及事故应急处理措施等。

（3）班组级安全教育由班组长组织实施，内容包括遵章守纪、岗位安全操作规程、岗位间工作衔接配合的安全生产事项、典型事故及发生事故后应采取的紧急措施、劳动防护用品（用具）的性能及正确使用方法等内容。

2. 改变工艺和变换岗位时的安全教育

（1）企业（或工程项目）在实施新工艺、新技术或使用新设备、新材料时，必须对有关人员进行相应级别的安全教育，要按新的安全操作规程教育和培训参加操作的岗位员工和有关人员，使其了解新工艺、新设备、新产品的安全性能及安全技术，以适应新的岗位作业的安全要求。

（2）当组织内部员工发生从一个岗位调到另外一个岗位，或从某工种改变为另一工种，或因放长假离岗一年以上重新上岗的情况，企业必须进行相应的安全技术培训和教育，以使其掌握现岗位安全生产特点和要求。

3. 经常性安全教育

无论何种教育，都不可能是一劳永逸的，安全教育同样如此，必须坚持不懈、经常不断地进行，这就是经常性安全教育。在经常性安全教育中，安全思想、安全态度教育最重要。进行安全思想、安全态度教育，要通过采取多种形式的安全教育活动，激发员工搞好安全生产的热情，促使员工重视和真正实现安全生产。

经常性安全教育的形式有：每天的班前班后会上说明安全注意事项，安全活动日，安全生产会议，事故现场会，张贴安全生产招贴画、宣传标语及标志等。

1.1.4 铁路运输企业从业人员安全培训管理

国家铁路集团印发的《铁路运输企业从业人员安全培训管理办法》中对铁路运输企业作业人员安全培训做了明确规定。

1. 管理及专业技术岗位人员安全培训

（1）铁路运输企业及其所属单位主要负责人安全培训内容应根据实际需要确定，主要包括国家安全生产方针、政策和有关安全生产的法律、法规、规章及标准；安全生产管理基本知识，铁路安全生产技术及知识；重大危险源管理、重大事故防范、应急管理和救援组织以及事故调查处理的有关规定；职业危害及其预防措施；国内外先进的安全生产管理经验；典型事故和应急救援案例分析；其他需要培训的内容。

（2）安全生产管理及专业技术岗位人员安全培训内容应根据实际需要确定，主要包括国家安全生产方针、政策和有关安全生产的法律、法规、规章及标准；铁路安全生产管理、技术、职业卫生等知识；铁路交通事故统计、报告及调查处理方法；应急管理、应急预案编制以及应急处置的内容和要求；国内外先进的安全生产管理经验，以及新技术、新工艺、新设备、新材料投入使用的安全管理知识；典型事故和应急救援案例分析；其他需要培训的内容。

（3）铁路运输企业及其所属单位主要负责人和安全生产管理及专业技术岗位人员每年培训时间不得少于 12 学时，培训可采取集中培训、网络培训以及与其他专项培训相结合的方式进行。其他管理及专业技术岗位人员专业继续教育或专项培训应结合岗位需要安排安全生产管理内容。

2. 操作技能岗位人员安全培训

新接收录用、转岗、晋升人员在上岗前须经过单位、车间、班组三级安全培训教育，并做好相关学习记录。调整工作岗位或离岗一年以上重新上岗人员，应当重新进行岗位安全培训。

新接收录用人员岗前安全培训时间不得少于 24 学时。在岗操作技能岗位人员每年必须接受累计不少于 8 学时的劳动安全教育再培训。

3. 操作技能岗位单位级安全培训主要内容

（1）铁路运输安全生产有关的法律、法规、规章及标准。
（2）单位安全生产情况及安全生产基本知识。
（3）单位安全生产规章制度和劳动纪律。
（4）从业人员安全生产权利和义务。
（5）自救互救、急救方法、疏散和现场紧急情况的处理。

（6）有关事故案例。

（7）其他需要培训内容。

4．操作技能岗位车间级安全培训主要内容

（1）工作环境及危险因素。

（2）所从事工种的安全职责、操作技能及强制性标准，所从事工种可能遭受的职业伤害和伤亡事故。

（3）安全设备设施、个人防护用品的使用和维护。

（4）本车间安全生产状况及规章制度。

（5）预防事故和职业危害的措施、应注意的安全事项及有关事故案例。

（6）其他需要培训的内容。

5．操作技能岗位班组级安全培训主要内容

（1）单位劳动安全风险点、防控措施及有关事故案例。

（2）单位安全操作规程、岗位之间工作衔接配合的安全与职业卫生事项。

（3）现场实地安全培训。

（4）其他需要培训的内容。

1.1.5　安全生产培训检查

对单位安全培训及其持证上岗的情况进行监督检查，主要包括以下内容：

（1）安全培训制度、计划的制订及其实施情况。

（2）生产经营单位主要负责人和安全生产管理人员安全培训以及安全生产知识和管理能力考核的情况；其他生产经营单位主要负责人和安全生产管理人员培训的情况。

（3）特种作业人员操作资格证持证上岗的情况。

（4）建立安全生产教育和培训档案，并如实记录的情况。

（5）对从业人员现场抽考本职工作的安全生产知识。

（6）其他需要检查的内容。

1.2　影响施工安全的因素

影响施工安全的因素主要有：施工中人的不安全因素、物的不安全状态、作业环境的不安全因素和组织管理缺陷。工程项目部应从人、物、环境和管理等方面采取针对性地控制，把好安全生产"六关"，即措施关、交底关、教育关、防护关、检查关、改进关。

1.2.1 人的不安全因素

人的不安全因素有：能够使系统发生故障或发生性能不良事件的个人不安全因素和违背安全要求的错误行为。

1. 个人的不安全因素

其包括人员的心理、生理、能力中所具有不能适应工作、作业岗位要求的影响安全的因素。

（1）心理上的不安全因素有影响安全的性格、气质和情绪（如急躁、懒散、粗心等）。

（2）生理上的不安全因素大致有 5 个方面：① 视觉、听觉等感觉器官不能适应作业岗位要求的因素；② 体能不能适应作业岗位要求的因素；③ 年龄不能适应作业岗位要求的因素；④ 有不适合作业岗位要求的疾病；⑤ 疲劳和酒醉或感觉朦胧。

（3）能力上的不安全因素包括知识技能、应变能力、资格等不能适应工作和作业岗位要求的影响因素。

2. 人的不安全行为

人的不安全行为指能造成事故的人为错误，人为地使系统发生故障或发生性能不良事件，违背设计和操作规程的错误行为。

不安全行为的类型有：

（1）操作失误、忽视安全、忽视警告。

（2）造成安全装置失效。

（3）使用不安全设备。

（4）手代替工具操作。

（5）物体存放不当。

（6）冒险进入危险场所。

（7）攀坐不安全位置。

（8）在起吊物下作业、停留。

（9）在机器运转时进行检查、维修、保养。

（10）有分散注意力的行为。

（11）未正确使用个人防护用品、用具。

（12）不安全装束。

（13）对易燃易爆等危险物品处理错误。

人是生产活动的主体，人的素质是影响工程施工安全的一个重要因素。实行企业资质管理、安全生产许可证管理和各类专业人员持证上岗制度是保证人员素质的重要管理措施。

1.2.2 物的不安全状态

物的不安全状态是指能导致事故发生的物质条件，包括机械设备或环境所存在的不安全因素。

1. 物的不安全状态的内容

（1）物本身存在的缺陷。

（2）防护保险方面的缺陷。

（3）物的放置方法的缺陷。

（4）作业环境场所的缺陷。

（5）外部的和自然界的不安全状态。

（6）作业方法导致的物的不安全状态。

（7）保护器具信号、标志和个体防护用品的缺陷。

2. 物的不安全状态的类型

（1）防护等装置缺陷。

（2）设备、设施等缺陷。

（3）个人防护用品缺陷。

（4）生产场地环境的缺陷。

物的控制包括对施工机具（械）、材料、设备、安全防护用品等物资的控制，是工程建设物资条件和安全生产的基础。

1.2.3 作业环境的不安全因素

环境条件往往会对工程施工安全产生特定的影响，环境因素包括：

工程技术环境（如地质、水文、气象等）。

工程作业环境（如作业面大小、防护设施、通风、通信等）。

现场自然环境（如冬期、雨期等）。

工程周边环境（如邻近地下管线、建构筑物等）。

针对环境条件采取必要的措施，是控制环境对施工安全影响的重要保证。

1.2.4 组织管理缺陷

组织管理上的缺陷，也是事故潜在的不安全因素，作为间接的原因有以下方面：

（1）技术上的缺陷。

（2）教育上的缺陷。

（3）管理工作上的缺陷。

（4）学校教育和社会、历史上的原因造成的缺陷。

施工安全管理的控制主要指建立、持续改进和严格执行安全生产规章制度，这是安全生产的基本保证。

1.3　安全生产监督检查的主要内容

安全生产监督检查的主要内容就是查思想、查管理、查制度、查隐患、查整改、查事故处理 6 个方面。

1.3.1　查思想

检查企业领导和员工对安全生产方针的认识程度，检查对建立健全安全生产管理和安全生产规章制度的重视程度，检查对安全检查中发现的安全问题或安全隐患的处理态度等。

1.3.2　查管理

主要检查安全生产管理是否有效。即是否贯彻落实国家安全生产法规，落实"安全第一、预防为主"的安全生产、劳动保护方针；是否制定安全生产的各种规程、规定和制度，并认真贯彻实施；是否制定并落实各级安全生产责任制；是否积极采取各项安全生产技术，保证职工有一个安全可靠的作业条件，减少和杜绝各类事故；是否采取各种劳动卫生措施，不断改善劳动条件和环境，防止和消除职业病及职业危害，做好女工的特殊保护，保障劳动者的身心健康；是否定期对企业的各级领导、特种作业人员和所有职工进行安全教育，强化安全意识；是否及时完成各类事故调查、处理和上报；是否推动安全生产目标管理，推广和应用现代化安全管理的技术与方法，深化企业安全管理以及安全生产管理和规章制度是否真正得到落实。

1.3.3　查制度

为了实施安全生产管理制度，工程承包企业应结合本身的实际情况，建立健全一整套本企业的安全生产规章制度，并落实到具体的工程项目施工任务中。在安全检查时，应对企业的施工安全生产规章制度进行检查。施工安全生产规章制度一般应包括以下内容：

（1）安全生产责任制度。

（2）安全生产许可证制度。

（3）安全生产教育培训制度。

（4）安全措施计划制度。

（5）特种作业人员持证上岗制度。

（6）专项施工方案专家论证制度。

（7）危及施工安全的工艺、设备、材料的淘汰制度。

（8）施工起重机械使用登记制度。

（9）生产安全事故报告和调查处理制度。

（10）各种安全技术操作规程。

（11）危险作业管理审批制度。

（12）易燃、易爆、剧毒、放射性、腐蚀性等危险物品生产、储运、使用的安全管理制度。

（13）防护物品的发放和使用制度。

（14）安全用电制度。

（15）危险场所动火作业审批制度。

（16）防火、防爆、防雷、防静电制度。

（17）危险岗位巡回检查制度。

（18）安全标志管理制度。

1.3.4 查隐患

主要检查生产作业现场是否符合安全生产要求。检查人员应深入作业现场，检查工人的劳动条件，卫生设施，安全通道，零部件的存放，防护设施状况，电气设备、压力容器、化学用品的储存，粉尘及有毒有害作业部位点的达标情况，车间内的通风照明设施，个人劳动防护用品的使用是否符合规定等。要特别注意对一些要害部位和设备加强检查，如锅炉房、变电所，各种剧毒、易燃、易爆等场所。

1.3.5 查整改

主要检查对过去提出的安全问题和安全隐患是否采取了相应安全技术措施和安全管理措施，整改的效果如何，安全生产问题库是否形成闭环管理，隐患整治是否取得了实效。发生安全生产事故后是否及时总结经验教训，是否采取了切实可行的安全整改措施并落实到位。

1.3.6 查事故处理

检查伤亡事故是否及时报告，对责任人是否已经作出严肃处理。在安全检查中，必须成立一个适应安全检查工作需要的检查组，配备适当的人力、物力。检查结束后，应编写安全检查报告，说明"已达标项目""未达标项目""存在的问题""原因分析"等，给出纠正和预防措施的建议。

1.4 安全生产事故简介

1.4.1 事故分类

1. 按事故严重程度分类

我国《企业职工伤亡事故分类标准》（GB 6441）规定，按事故严重程度，事故分为：

（1）轻伤事故，是指造成职工肢体或某些器官功能性或器质性轻度损伤，能引起劳动能力轻度或暂时丧失的伤害的事故，一般每个受伤人员损失 1 个工作日以上（含 1 个工作日），105 个工作日以下的失能伤害。

（2）重伤事故，一般指受伤人员股体残缺或视觉、听觉等器官受到严重损伤，能引起人体长期存在功能障碍或劳动能力有重大损失的伤害，或者造成每个受伤人损失 105 工作日以上（含 105 个工作日）的失能伤害。

（3）死亡事故，其中重大伤亡事故指一次事故中死亡 1~2 人的事故；特大伤亡事故指一次事故死亡 3 人以上（含 3 人）的事故。

2. 按事故造成的人员伤亡或者直接经济损失分类

依据 2007 年 6 月 1 日起实施的《生产安全事故报告和调查处理条例》（国务院令第 493 号），按生产安全事故（以下简称事故）造成的人员伤亡或者直接经济损失，事故分为：

（1）特别重大事故，是指造成 30 人以上死亡，或者 100 人以上重伤（包括急性工业中毒，下同），或者 1 亿元以上直接经济损失的事故。

（2）重大事故，是指造成 10 人以上 30 人以下死亡，或者 50 人以上 100 人以下重伤，或者 5 000 万元以上 1 亿元以下直接经济损失的事故。

（3）较大事故，是指造成 3 人以上 10 人以下死亡，或者 10 人以上 50 人以下重伤，或者 1 000 万元以上 5 000 万元以下直接经济损失的事故。

（4）一般事故，是指造成 3 人以下死亡，或者 10 人以下重伤，或者 1 000 万元以下直接经济损失的事故。

目前在建设工程领域中，判别事故等级较多采用的是《生产安全事故报告和调查处理条例》。铁路交通事故的分类以《铁路交通事故调查处理规则》为准。

3. 铁路交通事等级

《铁路交通事故应急救援和调查处理条例》中明确规定，根据事故造成的人员伤亡、直接经济损失、列车脱轨辆数、中断铁路行车时间等情形，事故等级分为特别重大事故、重大事故、较大事故和一般事故。

（1）有下列情形之一的，为特别重大事故：

① 造成 30 人以上死亡，或者 100 人以上重伤（包括急性工业中毒，下同），或者 1 亿元以上直接经济损失的。

② 繁忙干线客运列车脱轨 18 辆以上并中断铁路行车 48 小时以上的。

③ 繁忙干线货运列车脱轨 60 辆以上并中断铁路行车 48 小时以上的。

（2）有下列情形之一的，为重大事故：

① 造成 10 人以上 30 人以下死亡，或者 50 人以上 100 人以下重伤，或者 5 000 万元以上 1 亿元以下直接经济损失的。

② 客运列车脱轨 18 辆以上的。

③ 货运列车脱轨 60 辆以上的。

④ 客运列车脱轨 2 辆以上 18 辆以下，并中断繁忙干线铁路行车 24 小时以上或者中断其他线路铁路行车 48 小时以上的。

⑤ 货运列车脱轨 6 辆以上 60 辆以下，并中断繁忙干线铁路行车 24 小时以上或者中断其他线路铁路行车 48 小时以上的。

（3）有下列情形之一的，为较大事故：

① 造成 3 人以上 10 人以下死亡，或者 10 人以上 50 人以下重伤，或者 1 000 万元以上 5 000 万元以下直接经济损失的。

② 客运列车脱轨 2 辆以上 18 辆以下的。

③ 货运列车脱轨 6 辆以上 60 辆以下的。

④ 中断繁忙干线铁路行车 6 小时以上的。

⑤ 中断其他线路铁路行车 10 小时以上的。

（4）造成 3 人以下死亡，或者 10 人以下重伤，或者 1 000 万元以下直接经济损失的，为一般事故。

关于铁路交通事故等级，《铁路交通事故调查处理规则》（原铁道部令第 30 号）对其具体的划分为四大类共 89 条，分别为特别重大事故（5 条）、重大事故（7 条）、较大事故（7 条），一般事故又分为一般 A 类事故（13 条）、一般 B 类事故（11 条）、一般 C 类事故（25 条）、一般 D 类事故（21 条），本节不作细述。

1.4.2 事故处理的原则

生产安全事故发生后，要按照"四不放过"的原则进行处理，其具体内容如下。

1. 事故原因未查清不放过

要求在调查处理伤亡事故时，首先要把事故原因分析清楚，找出导致事故发生的真正原因，未找到真正原因决不轻易放过；直到找到真正原因并搞清各因素之间的因果关系才算达到事故原因分析的目的。

2. 事故责任人未受到处理不放过

这是安全事故责任追究制的具体体现，对事故责任者要严格按照安全事故责任追究的法律法规的规定进行严肃处理；不仅要追究事故直接责任人的责任，同时要追究有关负责人的领导责任。当然，处理事故责任者必须谨慎，避免事故责任追究的扩大化。

3. 事故责任人和周围群众没有受到教育不放过

使事故责任者和广大群众了解事故发生的原因及所造成的危害，并深刻认识到搞好安全生产的重要性，从事故中吸取教训，提高安全意识，改进安全管理工作。

4. 事故没有制定切实可行的整改措施不放过

必须针对事故发生的原因，提出防止相同或类似事故发生的切实可行的预防措施，并督促事故发生单位加以实施。只有这样，才算达到了事故调查和处理的最终目的。

② 工程施工基本安全适用规范

工程施工安全必须执行安全领域的相关国家标准、行业标准及安全管理规范，使用符合安全规范的工程材料、作业机具、安全标志，规范人的行为、保持物的良好状态、消除作业环境的不安全因素和组织管理上的缺陷。

《建筑施工安全技术统一规范》（GB 50870）作为国家标准，是所有建筑施工作业必须遵循的统一标准。

工地应该按照作业条件，针对季节性施工的特点，制订相应的安全技术措施。雨季施工应考虑施工作业的防雨、排水及防雷措施。冬期施工应采取防滑、防冻措施。遇六级以上（含六级）强风、大雪、浓雾等恶劣气候，严禁露天起重吊装和高处作业。

2.1　土石方作业安全

本节主要介绍《建筑施工土石方工程安全技术规范》（JGJ 180）中对土石方作业安全涉及铁路营业线施工安全的相关规定。

土石方作业的安全主要涉及施工机械、平场、爆破、基坑及边坡工程施工。基坑安全将在基坑工程安全一章重点介绍。

土石方工程应编制专项施工安全方案，并应严格按照方案实施。

施工前应针对安全风险进行安全教育及安全技术交底。

特种作业人员必须持证上岗，机械操作人员应经过专业技术培训。

施工现场发现危及人身安全和公共安全的隐患时，必须立即停止作业。排除隐患后方可恢复施工。

机械挖土应避免对工程桩产生不利影响，挖土机械不得直接在工程桩顶部行走；挖土机械严禁碰撞工程桩、围护墙、支撑、立柱及立柱桩、降水井管、监测点等，其周边 200 mm～300 mm 内的土方应采用人工挖除。

2.1.1 机械设备

1. 土石方施工机械设备管理的一般规定

（1）土石方施工的机械设备应有出厂合格证书，严禁超载作业或任意扩大使用范围。

（2）作业前应检查施工现场，查明危险源。机械作业不宜在有地下电缆或燃气管道等 2 m 半径范围内进行。

（3）作业时操作人员不得擅自离开岗位或将机械设备交给其他无证人员操作，严禁疲劳或酒后作业。严禁无关人员进入作业区和操作室。机械设备连续作业时，应遵守交接班制度。

（4）配合机械设备作业的人员，应在机械设备的回转半径以外工作；当在回转半径内作业时，必须有专人协调指挥。

（5）机械设备运行时，严禁接触转动部位或进行检修。

（6）作业结束后，应将机械设备停到安全地带。操作人员非作业时间不得停留在机械设备内。

2. 土方开挖设备

（1）挖掘机。

① 在崖边进行挖掘作业时，应采取安全防护措施。作业面不得留有伞沿状及松动的大块石。

② 拉铲或反铲作业时，挖掘机履带到工作面边缘的安全距离不应小于 1.0 m。

③ 行驶或作业中，不得用铲斗吊运物料，驾驶室外严禁站人。

④ 作业结束后应停放在坚实、平坦、安全的地带，并将铲斗收回平放在地面上。

（2）推土机。

① 推土机工作时严禁有人站在履带或刀片的支架上。

② 推土机向沟槽回填土时应设专人指挥，严禁推铲越出边缘。

③ 两台以上推土机在同一区域作业时，两机前后距离不得小于 8 m，平行时左右距离不得小于 1.5 m。

（3）装载机。

① 作业时应使用低速挡，严禁铲斗载人。

② 向汽车装料时，铲斗不得在汽车驾驶室上方越过；不得偏载、超载。

③ 在边坡、壕沟、凹坑卸料时，应有专人指挥，轮胎距沟、坑边缘的距离应大于 1.5 m，并应放置挡木阻滑。

2.1.2 场地平整

（1）作业前应查明地下管线、障碍物等情况，制定处理方案后方可开始场地平整工作。

（2）土石方施工区域应在行车行人可能经过的路线点处设置明显的警示标志。有爆破、塌方、滑坡、深坑、高空滚石、沉陷等危险的区域应设置防护栏栅或隔离带。

（3）场地内有洼坑或暗沟时，应在平整时填埋压实。未及时填实的，必须设置明显的警示标志。

（4）雨期施工时，现场应根据场地泄排量设置防洪排涝设施。

（5）施工区域不宜积水。当积水坑深度超过 500 mm 时，应设安全防护措施。

（6）当现场堆积物高度超过 1.8 m 时，应在四周设置警示标志或防护栏；清理时严禁掏挖。

（7）路面高于施工场地时，应设置明显可见的路险警示标志；其高差超过 600 mm 时，应设置安全防护栏。

2.1.3 土石方爆破

（1）土石方爆破工程应由具有相应爆破资质和安全生产许可证的企业承担。爆破作业人员应取得有关部门颁发的资格证书，做到持证上岗。爆破工程作业现场应由具有相应资格的技术人员负责指导施工。

（2）爆破作业环境有下列情况时，严禁进行爆破作业：
① 爆破可能产生不稳定边坡、滑坡、崩塌的危险。
② 爆破可能危及建（构）筑物、公共设施或人员的安全。
③ 恶劣天气条件下。
（3）爆破作业环境有下列情况时，不应进行爆破作业：
① 药室或炮孔温度异常，而无有效针对措施。
② 作业人员和设备撤离通道不安全或堵塞。
③ 装药现场严禁烟火和使用手机。
（4）爆破警戒范围由设计确定。在危险区边界应设有明显标志，并派出警戒人员。
（5）爆破警戒时，应确保指挥部、起爆站和各警戒点之间有良好的通信联络。

爆破作业应遵守《爆破安全规程》（GB 6722）规定，详见 5.5.9 "控制爆破施工安全检查重点"一节内容。

2.1.4 边坡工程

（1）土石方开挖应按设计要求自上而下分层实施，严禁随意开挖坡脚。
（2）开挖至设计坡面及坡脚后，应及时进行支护施工，尽量减少暴露时间。
（3）严禁在滑坡体上部堆土、堆放材料、停放施工机械或搭设临时设施。
（4）应遵循由上至下的开挖顺序，严禁在滑坡的抗滑段通长大断面开挖。
（5）人工开挖时应遵守下列规定：
① 作业人员相互之间应保持安全作业距离。

②打锤与扶钎者不得对面工作，打锤者应戴防滑手套。

③作业人员严禁站在石块滑落的方向撬挖或上下层同时开挖。

④作业人员在陡坡上作业应系安全绳。

（6）边坡开挖前应设置变形监测点，定期监测边坡的变形。

2.2　高处作业安全

《建筑施工高处作业安全技术规范》（JGJ 80）对高处作业的定义为：在坠落高度基准面 2 m 及以上有可能坠落的高处进行的作业。

对于高处作业，主要检查其是否按规范及标准设置了各类安全防护设施，是否对防护设施进行了日常安全检查和维护，以确保作业人员安全。

这里涉及我们常说的施工安全应抓好"三宝"使用，做好"四口、五临边"安全防护：

"三宝"是建筑工人安全防护的三件宝，即安全帽、安全带、安全网。

"四口"防护即在建工程的预留洞口、电梯井口、通道口、楼梯口的防护。

"五临边"防护即在建工程的楼面临边、屋面临边、阳台临边、升降口临边、基坑临边，也有说尚未安装栏杆的阳台周边、无外架防护的屋面周边、框架工程楼层周边、上下跑道及斜道的两侧边、卸料平台的侧边。

简单来说，就是做好各类洞口、各临边等有高处坠落风险处所的安全防护工作。

2.2.1　基本术语

1．临边作业

在工作面边沿无围护或围护设施高度低于 800 mm 的高处作业，包括楼板边，楼梯段边，屋面边，阳台边，各类坑、沟、槽等边沿的高处作业情形。

2．洞口作业

在地面、楼面、屋面和墙面等有可能使人或物料坠落，其坠落高度大于或等于 2 m 的洞门处的高处作业情形。

3．攀登作业

借助登高用具或登高设施进行的高处作业情形。

4．悬空作业

在周边无任何防护设施或防护设施不能满足防护要求的临空状态下进行的高处作业情形。

5．操作平台

由钢管、型钢及其他等效性能材料等组装搭设制作的供施工现场高处作业或载物的平台，包括移动式、落地式、悬挑式等平台。

6．移动式操作平台

带脚轮或导轨，可移动的脚手架操作平台。

7．落地式操作平台

从地面或楼面搭起、不能移动的操作平台，单纯进行施工作业的施工平台和可进行施工作业与承载物料的接料平台。

8．交叉作业

垂直空间贯通状态下，可能造成人员或物体坠落，并处于坠落半径范围内、上下左右不同层面的立体作业。

9．安全防护设施

在施工高处作业中，为将危险、有害因素控制在安全范围内，为减少、预防和消除危害所配置的设备和采取的措施。

10．安全防护棚

高处作业在立体交叉作业时，为防止物体坠落造成坠落半径内人员伤害或材料、设备损坏而搭设的防护棚架。

2.2.2 基本规定

（1）建筑施工中凡涉及临边与洞口作业、攀登与悬空作业、操作平台、交叉作业及安全网搭设的，应在施工组织设计或施工方案中制订高处作业安全技术措施。

（2）高处作业施工前，应按类别对安全防护设施进行检查、验收，验收合格后方可进行作业，并应做验收记录。验收可分层或分阶段进行。

（3）高处作业施工前，应对作业人员进行安全技术交底，并应做好记录。应对初次作业人员进行培训。

（4）应根据要求将各类安全警示标志悬挂于施工现场各相应部位，夜间应设红灯警示。高处作业施工前，应检查高处作业的安全标志、工具、仪表、电气设施和设备，确认其完好后，方可进行施工。

（5）高处作业人员应根据作业的实际情况配备相应的高处作业安全防护用品，并应按规定正确佩戴和使用相应的安全防护用品、用具。

（6）对施工作业现场可能坠落的物料，应及时拆除或采取固定措施。高处作业所用的物料应堆放平稳，不得妨碍通行和装卸；工具应随手放入工具袋；作业中的走道、通道板和登高用具，应随时清理干净；拆卸下的物料、余料、废料应及时清理运走，不得随意放置或向下丢弃；传递物料时不得抛掷。

（7）高处作业应按现行国家标准《建设工程施工现场消防安全技术规范》（GB 50720）的规定，采取防火措施。

（8）在雨、霜、雾、雪等天气进行高处作业时，应采取防滑、防冻和防雷措施，并应及时清除作业面上的水、冰、雪、霜。

（9）遇有 6 级及以上强风、浓雾、沙尘暴等恶劣气候，不得进行露天攀登与悬空高处作业。

（10）对需临时拆除或变动的安全防护设施，应采取可靠措施，作业后应立即恢复。

（11）临边与洞口作业安全防护设施验收应包括下列主要内容：

① 防护栏杆的设置与搭设。

② 攀登与悬空作业的用具与设施搭设。

③ 操作平台及平台防护设施的搭设。

④ 防护棚的搭设。

⑤ 安全网的设置。

⑥ 安全防护设施、设备的性能与质量、所用的材料、配件的规格。

⑦ 设施的节点构造，材料配件的规格、材质及其与建筑物的固定、连接状况。

（12）应有专人对各类安全防护设施进行检查和维修保养，发现隐患应及时采取整改措施。

（13）安全防护宜采用定型化、工具化设施，防护栏应用黑黄或红白相间的条纹标示，盖件应用黄或红色标示。

2.2.3 临边与洞口作业安全

1．临边作业安全

（1）**坠落高度基准面 2 m 及以上进行临边作业时，应在临空一侧设置防护栏杆，并应采用密目式安全立网或工具式栏板封闭。**

（2）施工的楼梯口、楼梯平台和梯段边，应安装防护栏杆；外设楼梯口、楼梯平台和梯段边还应采用密目式安全立网封闭。

（3）建筑物外围边沿处，对没有设置外脚手架的工程，应设置防护栏杆；对有外脚手架的工程，应采用密口式安全立网全封闭。密目式安全立网应设置在脚手架外侧立杆上，并应与脚手杆紧密连接。

（4）施工升降机、龙门架和井架物料提升机等在建筑物间设置的停层平台两侧边，应设置防护栏杆、挡脚板，并应采用密目式安全立网或工具式栏板封闭。

（5）停层平台口应设置高度不低于 1.8 m 的楼层防护门，并应设置防外开装置。井架物料提升机通道中间，应分别设置隔离设施。

2．建筑施工临边防护

作业面边沿应设置连续的临边防护设施，防护设施应工具化、定型化，如图 2-1 和 2-2 所示。

图 2-1　楼梯梯段边定型化栏杆实例　　　　图 2-2　楼梯梯段边钢管防护实例

（1）阳台、楼板、屋面等作业面边沿应连续设置 120 cm、60 cm 和沿地面三道水平杆，并在立杆里侧用密目式安全网封闭，防护栏杆漆成黑黄相间色。

（2）防护栏杆等设施与建筑物固定连接，确保防护设施安全可靠，如图 2-3 所示。

图 2-3　防护栏杆示意图

（3）工具化防护围栏。

这种方法适用于加工车间围护、塔吊基础处围护、消防泵防围护、材料堆场分隔等。

①立柱三道连接板均采用螺栓固定连接。

②防护栏外框采用方钢，每片高 1 800 mm、宽 1 500 mm，于底下 200 mm 处加设钢板作为踢脚板，中间采用钢板网，钢丝直径或截面不小于 2 mm，网孔边长不大于 20 mm。

③ 立柱和踢脚板表面刷红白相间油漆警示，钢板网刷红色油漆。

④ 立柱底部采用钢板底座，并用 4 个膨胀螺栓与地面固定。

其形式如图 2-4 所示。

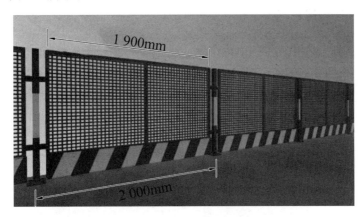

图 2-4　工具化防护围栏

3．洞口作业安全

（1）洞口作业时，应采取防坠落措施，并应符合下列规定：

① 当竖向洞口短边边长小于 500 mm 时，应采取封堵措施；当垂直洞口短边边长大于或等于 500 mm 时，应在临空一侧设置高度不小于 1.2 m 的防护栏杆，并应采用密目式安全立网或工具式栏板封闭，设置挡脚板。

② 当非竖向洞口短边边长为 25 mm～500 mm 时，应采用承载力满足使用要求的盖板覆盖；盖板四周搁置应均衡，且应防止盖板移位，如图 2-5 所示。

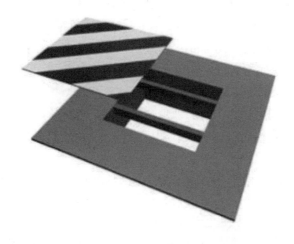

图 2-5　井口防护示意图

③ 当非竖向洞口短边边长为 500 mm～1 500 mm 时，应采用盖板覆盖或防护栏杆等措施，并应固定牢固。

④ 当非竖向洞口短边边长大于或等于 1 500 mm 时，应在洞口作业侧设置高度不小于 1.2 m 的防护栏杆，洞口应采用安全平网封闭。

（2）电梯井口应设置防护门，其高度不应小于 1.5 m，防护门底端距地面高度不应大于 50 mm，并应设置挡脚板，如图 2-6 所示。

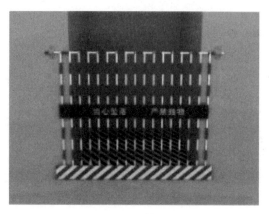

图 2-6　电梯井口防护

（3）墙面等处落地的竖向洞口、窗台高度低于 800 mm 的竖向洞口及框架结构在浇筑完混凝土未砌筑墙体时的洞口，应按临边防护要求设置防护栏杆。

4．防护栏杆

（1）临边作业的防护栏杆应由横杆、立杆及挡脚板组成，防护栏杆应符合下列规定：

① 防护栏杆应为两道横杆，上杆距地面高度应为 1.2 m，下杆应在上杆和挡脚板中间设置。

② 当防护栏杆高度大于 1.2 m 时，应增设横杆，横杆间距不应大于 600 mm。

③ 防护栏杆立杆间距不应大于 2 m。

④ 挡脚板高度不应小于 180 mm。

（2）防护栏杆立杆底端应固定牢固，并应符合下列规定：

① 当在土体上固定时，应采用预埋或打入方式固定。

② 当在混凝土楼面、地面、屋面或墙面固定时，应将预埋件与立杆连接牢固。

③ 当在砌体上同定时，应预先砌入相应规格含有预埋件的混凝土块，预埋件应与立杆连接牢固。

（3）防护栏杆杆件的规格及连接应符合下列规定：

① 当采用钢管作为防护栏杆杆件时，横杆及栏杆立杆应采用脚手钢管，并应采用扣件、焊接、定型套管等方式进行连接固定。

② 当采用其他材料作防护栏杆杆件时，应选用与钢管材质强度相当的材料，并应采用螺栓、销轴或焊接等方式进行连接固定。

（4）防护栏杆的立杆和横杆的设置、固定及连接应确保防护栏杆在上下横杆和立杆任何部位处，均能承受任何方向 1 kN 的外力作用。当栏杆所处位置有发生人群拥挤、物件碰撞等可能时，应加大横杆截面或加密立杆间距。

（5）防护栏杆应张挂密目式安全立网或其他材料封闭。

2.2.4 攀登与悬空作业

1. 攀登作业安全

（1）登高作业应借助施工通道、梯子及其他攀登设施和用具。

（2）同一梯子上不得两人同时作业。在通道处使用梯子作业时，应有专人监护或设置围栏；脚手架操作层上严禁架设梯子作业。

（3）使用单梯时梯面应与水平面成 75°夹角，踏步不得缺失，梯格间距宜为 300 mm，不得垫高使用。

（4）使用固定式直梯攀登作业，当攀登高度超过 3 m 时，宜加设护笼；当攀登高度超过 8 m 时，应设置梯间平台。

（5）钢结构安装时，应使用梯子或其他登高设施攀登作业；坠落高度超过 2 m 时，应设置操作平台。

（6）当安装屋架时，应在屋脊处设置扶梯。扶梯踏步间距不应大于 400 mm。屋架杆件安装时搭设的操作平台，应设置防护栏杆或使用作业人员栓挂安全带的安全绳。

（7）深基坑施工应设置扶梯、入坑踏步及专用载人设备或斜道等设施。采用斜道时，应加设间距不大于 400 mm 的防滑条等防滑措施。作业人员严禁沿坑壁、支撑或乘运土工具上下。

2. 悬空作业安全

（1）严禁在未固定、无防护设施的构件及管道上作业或通行。

（2）模板支撑体系搭设和拆卸的悬空作业，应符合下列规定：

① 模板支撑的搭设和拆卸应按规定程序进行，不得在上下同一垂直面上同时装拆模板。

② 在坠落基准面 2 m 及以上高处搭设与拆除柱模板及悬挑结构的模板时，应设置操作平台。

③ 在进行高处拆模作业时应配置登高用具或搭设支架。

（3）绑扎钢筋和预应力张拉的悬空作业应符合下列规定：

① 绑扎立柱和墙体钢筋，不得沿钢筋骨架攀登或站在骨架上作业。

② 在坠落基准面 2 m 及以上高处绑扎柱钢筋和进行预应力张拉时，应搭设操作平台。

（4）混凝土浇筑与结构施工的悬空作业应符合下列规定：

① 浇筑高度 2 m 及以上的混凝土结构构件时，应设置脚手架或操作平台。

② 悬挑的混凝土梁和檐、外墙和边柱等结构施工时，应搭设脚手架或操作平台。

（5）屋面作业应符合下列规定：

① 在坡度大于 25°的屋面上作业，当无外脚手架时，应在屋檐边设置不低于 1.5 m 高的防护栏杆，并应采用密目式安全网全封闭。

② 在轻质型材等屋面上作业时，应搭设临时走道板，不得在轻质型材上行走；安装轻质型材板前，应采取在梁下支设安全平网或搭设脚手架等安全防护措施。

（6）外墙作业应符合下列规定：

① 门窗作业时，应有防坠落措施，操作人员在无安全防护措施时，不得站立在凳子、阳台栏板上作业。

② 高处作业不得使用座板式单人吊具，不得使用自制吊篮。

2.2.5   操作平台

1. 一般规定

（1）操作平台应通过设计计算，并编制专项方案。平台面铺设的钢、木或竹胶合板等材质的脚手板，应符合材质及承载力要求，并应平整满铺、可靠固定。

（2）操作平台的临边应设置防护栏杆，单独设置的操作平台应设置供人上下、踏步间距不大于 400 mm 的扶梯。

（3）应在操作平台的明显位置设置标明允许负载值的限载牌及限定允许的作业人数，物料应及时转运，不得超重、超高堆放。

（4）在操作平台使用中，每月应进行不少于 1 次的定期检查，由专人进行日常维护工作，及时消除安全隐患。

2. 移动式操作平台

移动式操作平台移动时，操作平台上不得站人。例如接触网作业时使用的车梯，《普速铁路接触网安全工作规则》中就规定：车梯在地面上推动，工作台上不得有人停留。

3. 落地式操作平台

（1）落地式操作平台架体构造应符合下列规定：

① 操作平台高度不应大于 15 m，高宽比不应大于 3∶1。

② 施工平台的施工荷载不应大于 2.0 kN/m²；当接料平台的施工荷载大于 2.0 kN/m² 时，应进行专项设计。

③ 操作平台应与建筑物进行刚性连接或加设防倾措施，不得与脚手架连接。

④ 用脚手架搭设操作平台时，其立杆间距和步距等结构要求应符合国家现行相关脚手架规范的规定；应在立杆下部设置底座或垫板、纵向与横向扫地杆，并应在外立面设置剪刀撑或斜撑。

⑤ 操作平台应从底层第一步水平杆起逐层设置连墙件，且连墙件间隔不应大于 4 m，并应设置水平剪刀撑。连墙件应为可承受拉力和压力的构件，并应与建筑结构可靠连接。

（2）落地式操作平台一次搭设高度不应超过相邻连墙件以上两步。

（3）落地式操作平台拆除应由上而下逐层进行，严禁上下同时作业，连墙件应随施工进度逐层拆除。

（4）落地式操作平台检查验收应符合下列规定：

① 操作平台的钢管和扣件应有产品合格证。

② 搭设前应对基础进行检查验收，搭设中应随施工进度按结构层对操作平台进行检查验收。

③ 遇 6 级以上大风、雷雨、大雪等恶劣天气及停用超过 1 个月，恢复使用前，应进行检查。

4．悬挑式操作平台

（1）悬挑式操作平台设置应符合下列规定：

① 操作平台的搁置点、拉结点、支撑点应设置在稳定的主体结构上，且应可靠连接。

② 严禁将操作平台设置在临时设施上。

③ 操作平台的结构应稳定可靠，承载力应符合设计要求。

（2）悬挑式操作平台的外侧应略高于内侧；外侧应安装防护栏杆，并应设置防护挡板全封闭。

2.2.6 交叉作业安全

（1）交叉作业时，下层作业位置应处于上层作业的坠落半径之外，高空作业坠落半径应按表 2-1 确定。安全防护棚和警戒隔离区范围的设置应视上层作业高度确定，并应大于坠落半径。

表 2-1 坠落半径　　　　　　　　　　单位：m

序号	上层作业高度（H_b）	坠落半径
1	$2 \leqslant H_b \leqslant 5$	3
2	$5 < H_b \leqslant 15$	4
3	$15 < H_b \leqslant 30$	5
4	$H_b > 30$	6

（2）交叉作业时，坠落半径内应设置安全防护棚或安全防护网等安全隔离措施。当尚未设置安全隔离措施时，应设置警戒隔离区，人员严禁进入隔离区。

（3）处于起重机臂架回转范围内的通道，应搭设安全防护棚。施工现场人员进出的通道口，应搭设安全防护棚。不得在安全防护棚棚顶堆放物料（专门放置物料的除外）。

（4）当采用脚手架搭设安全防护棚架构时，应符合国家现行相关脚手架标准的规定。

（5）对不搭设脚手架和设置安全防护棚时的交叉作业，应设置安全防护网，当在多层、高层建筑外立面施工时，应在二层及每隔四层设一道固定的安全防护网，同时设一道随施工高度提升的安全防护网。

（6）安全防护棚搭设应符合下列规定：

① 当安全防护棚为非机动车辆通行通道时，棚底至地面高度不应小于 3 m；当安全防护棚为机动车辆通行通道时，棚底至地面高度不应小于 4 m。

② 当建筑物高度大于 24 m 并采用木质板搭设时，应搭设双层安全防护棚，两层防护的间距不应小于 700 mm，安全防护棚的高度不应小于 4 m。

③ 当安全防护棚的顶棚采用竹笆或木质板搭设时，应采用双层搭设，间距不应小于 700 mm；当采用木质板或与其等强度的其他材料搭设时，可采用单层搭设，木板厚度不应小于 50 mm。防护棚的长度应根据建筑物高度与可能坠落半径确定。

（7）安全防护网搭设应符合下列规定：

① 安全防护网搭设时，应每隔 3 m 设一根支撑杆，支撑杆水平夹角不宜小于 45°。

② 当在楼层设支撑杆时，应预埋钢筋环或在结构内外侧各设一道横杆。

③ 安全防护网应外高里低，网与网之间应拼接严密。

2.2.7　施工安全网

（1）密目式安全立网的网目密度应为 10 cm×10 cm，面积上大于或等于 2 000 目。

（2）**采用平网防护时，严禁使用密目式安全立网代替平网使用。**

（3）密目式安全立网搭设时，每个开眼环扣应穿入系绳。系绳应绑扎在支撑架上，间距不得大于 450 mm。相邻密目网间应紧密结合或重叠。

（4）当立网用于龙门架、物料提升架及井架的封闭防护时，四周边绳应与支撑架贴紧，系绳应绑在支撑架上，间距不得大于 750 mm。

（5）用于电梯井、钢结构、框架结构及构筑物封闭防护的平网，应符合下列规定：

① 平网每个系结点上的边绳应与支撑架靠紧，系绳沿网边均匀分布，间距不得大于 750 mm。

② 电梯井内平网网体与井壁的空隙不得大于 25 mm，安全网拉结应牢固。

2.3　有限空间作业安全

《工贸企业有限空间作业安全管理与监督暂行规定》（国家安全生产监督管理总局 2015 年第 80 号令修改，以下简称《有限空间作业规定》）对有限空间的定义，是指封闭或者部分封闭，与外界相对隔离，出入口较为狭窄，作业人员不能长时间在内工作，自然通风不良，易造成有毒有害、易燃易爆物质积聚或者氧含量不足的空间。

有限空间的目录可参照《国家安全监管总局办公厅关于吸取事故教训加强工贸企

业有限空间作业安全监管的通知》（安监总厅管四〔2015〕56号）的相关规定。

2.3.1 有限空间作业的事故类型

有限空间作业的事故类型包括中毒、窒息、火灾、爆炸、淹溺、坍塌、化学腐蚀、触电等，其中以中毒和窒息为主。

2.3.2 《有限空间作业规定》内容

1. 有限空间作业安全管理制度

存在有限空间作业的工贸企业应当建立下列安全生产制度和规程：

（1）有限空间作业安全责任制度。

（2）有限空间作业审批制度。

（3）有限空间作业现场安全管理制度。

（4）有限空间作业现场负责人、监护人员、作业人员、应急救援人员安全培训教育制度。

（5）有限空间作业应急管理制度。

（6）有限空间作业安全操作规程。

2. 培 训

工贸企业应当对从事有限空间作业的现场负责人、监护人员、作业人员、应急救援人员进行专项安全培训。专项安全培训应当包括下列内容：

（1）有限空间作业的危险、有害因素和安全防范措施。

（2）有限空间作业的安全操作规程。

（3）检测仪器、劳动防护用品的正确使用。

（4）紧急情况下的应急处置措施。

安全培训应当有专门记录，并由参加培训的人员签字确认。

3. 辨识及评估

（1）工贸企业应当对本企业的有限空间进行辨识，确定有限空间的数量、位置以及危险、有害因素等基本情况，建立有限空间管理台账，并及时更新。

（2）实施有限空间作业前，应当对作业环境进行评估，分析存在的危险、有害因素，提出消除、控制危害的措施，制订有限空间作业方案，并经本企业安全生产管理人员审核和负责人批准。

4. 作业安全规定

（1）工贸企业应当按照有限空间作业方案，明确作业现场负责人、监护人员、作业人员及其安全职责。

（2）实施有限空间作业前，应当将有限空间作业方案和作业现场可能存在的危险、有害因素与防控措施告知作业人员。现场负责人应当监督作业人员按照方案进行作业准备。

（3）应当采取可靠的隔断（隔离）措施，将可能危及作业安全的设施设备、存在有毒有害物质的空间与作业地点隔开。

（4）有限空间作业应当严格遵守"先通风、再检测、后作业"的原则。检测指标包括氧浓度、易燃易爆物质（可燃性气体、爆炸性粉尘）浓度、有毒有害气体浓度。检测应当符合相关国家标准或者行业标准的规定。

未经通风和检测合格，任何人员不得进入有限空间作业。检测的时间不得早于作业开始前 30 min。

（5）检测人员进行检测时，应当记录检测的时间、地点、气体种类及浓度等信息。检测记录经检测人员签字后存档。

检测人员应当采取相应的安全防护措施，防止中毒窒息等事故发生。

（6）有限空间内盛装或者残留的物料对作业存在危害时，作业人员应当在作业前对物料进行清洗、清空或者置换。经检测，有限空间的危险有害因素符合《工作场所有害因素职业接触限值 第 1 部分：化学有害因素》（GBZ 2.1）的要求后，方可进入有限空间作业。

（7）在有限空间作业过程中，工贸企业应当采取通风措施，保持空气流通，禁止采用纯氧通风换气。

发现通风设备停止运转、有限空间内氧含量浓度低于或者有毒有害气体浓度高于国家标准或者行业标准规定的限值时，工贸企业必须立即停止有限空间作业，清点作业人员，撤离作业现场。

（8）在有限空间作业过程中，工贸企业应当对作业场所中的危险有害因素进行定时检测或者连续监测。

作业中断超过 30 min，作业人员再次进入有限空间作业前，应当重新通风、检测合格后方可进入。

（9）有限空间作业场所的照明灯具电压应当符合《特低电压（ELV）限值》（GB/T 3805）等国家标准或者行业标准的规定。

（10）工贸企业应当根据有限空间存在危险有害因素的种类和危害程度，为作业人员提供符合国家标准或者行业标准规定的劳动防护用品，并教育监督作业人员正确佩戴与使用。

（11）工贸企业有限空间作业还应当符合下列要求：

① 保持有限空间出入口畅通。

② 设置明显的安全警示标志和警示说明，并应符合《安全标志及其使用导则》（GB 2894）的规定，如图 2-7 所示。

图 2-7 安全警示标志

③ 作业前清点作业人员和工器具。

④ 作业人员与外部有可靠的通信联络。

⑤ 监护人员不得离开作业现场，并与作业人员保持联系。

⑥ 存在交叉作业时，采取避免互相伤害的措施。

（12）有限空间作业结束后，作业现场负责人、监护人员应当对作业现场进行清理，撤离作业人员。

5．有限空间作业应急管理

应当根据本企业有限空间作业的特点，制订应急预案，并配备相关的呼吸器、防毒面罩、通信设备、安全绳索等应急装备和器材。有限空间作业的现场负责人、监护人员、作业人员和应急救援人员应当掌握相关应急预案内容，定期进行演练，提高应急处置能力。

6．有限空间作业的安全监督管理

应当重点检查有限空间作业安全管理制度、有限空间管理台账、检测记录、劳动防护用品配备、应急救援演练、专项安全培训等情况。

2.3.3 有限空间安全作业五条规定

（1）必须严格实行作业审批制度，严禁擅自进入有限空间作业。

（2）必须做到"先通风、再检测、后作业"，严禁通风、检测不合格作业。

（3）必须配备个人防中毒窒息等防护装备，设置安全警示标识，严禁无防护监护措施作业。

（4）必须对作业人员进行安全培训，严禁教育培训不合格上岗作业。

（5）必须制订应急措施，现场配备应急装备，严禁盲目施救。

2.4　脚手架作业安全

脚手架在铁路营业线施工中非常常见，历年因脚手架设计和搭设不符合国家及行业规范而造成的事故触目惊心，其造成的损失是巨大的。脚手架安全性能的好坏直接影响施工安全及质量，是施工安全监督检查中重要的环节。

图 2-8 为脚手架的各部名称及搭设位置。

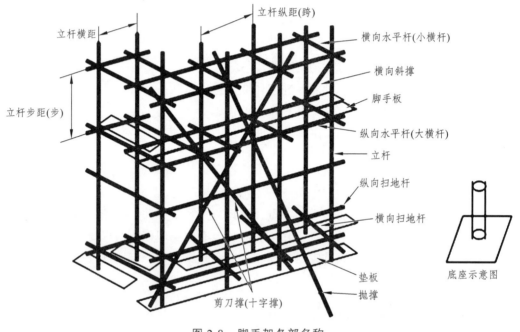

图 2-8　脚手架各部名称

常见的脚手架有扣件式钢管脚手架、碗扣式脚手架、门式钢管脚手架、竹（木）脚手架等，分类方法有多种。现就《建筑施工安全技术统一规范》及《建筑施工扣件式钢管脚手架安全技术规范》中对脚手架的安全要求作简单介绍，足以应对日常施工安全检查。更详细的规定可见 JGJ 254、JGJ 166、JGJ 128 等专门针对各类型脚手架作的安全技术规范。

2.4.1　部分术语

1. 扣件式脚手架

为建筑施工而搭设的、承受荷载的由扣件和钢管等构成的脚手架与支撑架，包含

JGJ 130 规范中各类脚手架与支撑架，统称脚手架。

2. 支撑架

为钢结构安装或浇筑混凝土构件等搭设的承力支架。

3. 单排扣件式钢管脚手架

只有一排立杆，横向水平杆的一端搁置固定在墙体上的脚手架，简称单排架。

4. 双排脚手架

由内外两排立杆和水平杆等构成的脚手架，简称双排架。

5. 满堂扣件式钢管脚手架

在纵、横方向，由不少于三排立杆并与水平杆、水平剪刀撑、竖向剪刀撑、扣件等构成的脚手架。该架体顶部施工荷载通过水平杆传递给立杆，立杆呈偏心受压状态，简称满堂脚手架。

6. 满堂扣件式钢管支撑架

在纵、横方向，由不少于三排立杆并与水平杆、水平剪刀撑、竖向剪刀撑、扣件等构成的脚手架。该架体顶部钢结构安装等（同类工程）施工荷载通过可调托轴心传力给立杆，顶部立杆呈轴心受压状态，简称满堂支撑架。

7. 开口型脚手架

沿建筑周边非交圈设置的脚手架为开口型脚手架；其中直线型的脚手架为一字形脚手架。

2.4.2 脚手架的一般规定

1. 脚手架材质要求

（1）木脚手架立杆、纵向水平杆、斜撑、剪刀撑、连墙件及横向水平杆不得使用折裂、扭裂、虫蛀、纵向严重裂缝以及腐朽等木杆。立杆有效部分的小头直径不得小于 70 mm，纵向水平杆有效部分的小头直径不得小于 80 mm。

（2）竹竿应选用生长期三年以上毛竹或楠竹，不得使用弯曲、青嫩、枯脆、腐烂、裂纹连通两节以上以及虫蛀的竹竿。立杆、顶撑、斜杆有效部分的小头直径不得小于 75 mm，横向水平杆有效部分的小头直径不得小于 90 mm，搁栅、栏杆的有效部分小头直径不得小于 60 mm。对于小头直径在 60 mm 以上，不足 90 mm 的竹竿可采用双杆。

（3）钢管材质应符合 Q235-A 级标准，不得使用有明显变形、裂纹、严重锈蚀材料。钢管规格宜采用 $\phi 48 \times 3.5$，亦可采用 $\phi 51 \times 3.0$ 钢管。

（4）同一脚手架中，不得混用两种材质，也不得将两种规格钢管用于同一脚手架中。

2．脚手板规定

（1）木脚手板厚度不得小于 50 mm，板宽宜为 200 mm～300 mm，两端应用镀锌钢丝扎紧。不得使用腐朽、劈裂的木板。

（2）竹串片脚手板应使用宽度不小于 50 mm 的竹片，拼接螺栓间距不得大于 600 mm，螺栓孔径与螺栓应紧密配合。

（3）各种形式金属脚手板，单块重量不宜超过 0.3 kN，表面应有防滑构造。

3．脚手架构造规定

（1）单、双排脚手架的立杆纵距及水平杆步距不应大于 2.1 m，立杆横距不应大于 1.6 m。

（2）应按规定的间隔采用连墙件（或连墙杆）与建筑结构进行连接，在脚手架使用期间不得拆除。

（3）沿脚手架外侧应设置剪刀撑，并随脚手架同步搭设和拆除。

（4）双排扣件式钢管脚手架高度超过 24 m 时，应设置横向斜撑。

（5）门式钢管脚手架的顶层门架上部、连墙件设置层、防护棚设置处必须设置水平架。

（6）竹脚手架应设置顶撑杆，并与立杆绑扎在一起顶紧横向水平杆。

（7）架高超过 40 m 且有风涡流作用时，应设置抗风涡流上翻作用的连墙措施。

（8）脚手板必须按脚手架宽度铺满、铺稳，脚手板与墙面的间隙不应大于 200 mm，作业层脚手板的下方必须设置防护层。

（9）作业层外侧，应按规定设置防护栏杆和挡脚板。

（10）脚手架应按规定采用密目式安全立网封闭。

2.4.3　落地式脚手架

1．一般安全规定

（1）落地式脚手架的基础应坚实、平整，并应定期检查。立杆不埋设时，每根立杆底部应设置垫板或底座，并应设置纵、横向扫地杆。

（2）扣件式钢管脚手架应沿全高设置剪刀撑。架高在 24 m 以下时，可沿脚手架长度间隔不大于 15 m 设置；架高在 24 m 以上时应沿脚手架全长连续设置剪刀撑，并应设置横向斜撑，横向斜撑由架底至架顶成"之"字形连续布置，沿脚手架长度间隔 6 跨设置一道。

（3）门式钢管脚手架的内外两个侧面除应满设交叉支撑杆外，当架高超过 20 m 时，还应在脚手架外侧沿长度和高度连续设置剪刀撑，剪刀撑钢管规格应与门架钢管规格一致。当剪刀撑钢管直径与门架钢管直径不一致时，应采用异型扣件连接。

（4）满堂扣件式钢管脚手架除沿脚手架外侧四周和中间设置竖向剪刀撑外，当脚手架高于 4 m 时，还应沿脚手架每两步高度设置一道水平剪刀撑。

满堂扣件式钢管脚手架也是我们在对现浇混凝土结构施工安全检查中最常见的一种承压式脚手架。

（5）扣件式钢管脚手架的主节点处必须设置横向水平杆，在脚手架使用期间严禁拆除。单排脚手架横向水平杆插入墙内长度不应小于 180 mm。

（6）扣件式钢管脚手架除顶层外立杆杆件接长时，相邻杆件的对接接头不应设在同步内。相邻纵向水平杆对接接头不宜设置在同步或同跨内。

（7）扣件式钢管脚手架立杆接长除顶层外应采用对接。木脚手架立杆接头搭接长度应跨两根纵向水平杆，且不得小于 1.5 m。竹脚手架立杆接头的搭接长度应超过一个步距，并不得小于 1.5 m。

《建筑施工扣件式钢管脚手架安全技术规范》对纵向水平杆、横向水平杆、脚手板、立杆、边墙件、剪刀撑与横向斜撑、斜道、满堂脚手架及满堂支撑架等设置做了详细规定，下面将逐一介绍。

2. 纵向水平杆、横向水平杆、脚手板

（1）纵向水平杆的构造应符合下列规定：

① 纵向水平杆应设置在立杆内侧，单根杆长度不应小于 3 跨。

② 纵向水平杆接长应采用对接扣件连接或搭接，并应符合下列规定：

a. 两根相邻纵向水平杆的接头不应设置在同步或同跨内；不同步或不同跨两个相邻接头在水平方向错开的距离不应小于 500 mm；各接头中心至最近主节点的距离不应大于纵距的 1/3。

b. 搭接长度不应小于 1 m，应等间距设置 3 个旋转扣件固定，端部扣件盖板边缘至搭接纵向水平杆杆端的距离不应小于 100 mm。

③ 当使用冲压钢脚手板、木脚手板、竹串片脚手板时，纵向水平杆应作为横向水平杆的支座，用直角扣件固定在立杆上；当使用竹笆脚手板时，纵向水平杆应采用直角扣件固定在横向水平杆上，并应等间距设置，间距不应大于 400 mm（见图 2-9）。

（2）横向水平杆的构造应符合下列规定：

① 作业层上非主节点处的横向水平杆，宜根据支承脚手板的需要等间距设置，最大间距不应大于纵距的 1/2。

② 当使用冲压钢脚手板、木脚手板、竹串片脚手板时，双排脚手架的横向水平杆两端均应采用直角扣件固定在纵向水平杆上；单排脚手架的横向水平杆的一端应用直角扣件固定在纵向水平杆上，另一端应插入墙内，插入长度不应小于 180 mm。

③ 当使用竹笆脚手板时，双排脚手架的横向水平杆两端，应用直角扣件固定在立杆上；单排脚手架的横向水平杆的一端，应用直角扣件固定在立杆上，另一端应插入墙内，插入长度不应小于 180 mm。

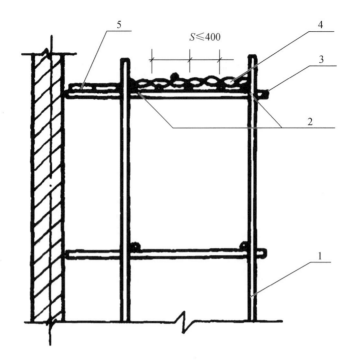

1—立杆；2—纵向水平杆；3—横向水平杆；4—竹笆脚手板；5—其他脚手板。

图 2-9　铺竹笆脚手板时纵向水平杆的构造

（3）主节点处必须设置一根横向水平杆，用直角扣件扣接且严禁拆除。

（4）脚手板的设置应符合下列规定：

① 作业层脚手板应铺满、铺稳，铺实。

② 冲压钢脚手板、木脚手板、竹串片脚手板等，应设置在三根横向水平杆上。当脚手板长度小于 2 m 时，可采用两根横向水平杆支承，但应将脚手板两端与其可靠固定，严防倾翻。脚手板的铺设应采用对接平铺或搭接铺设。脚手板对接平铺时，接头处必须设两根横向水平杆，脚手板外伸长应取 130 mm ~ 150 mm，两块脚手板外伸长度的和不应大于 300 mm，如图 2-10（a）所示；脚手板搭接铺设时，接头必须支在横向水平杆上，搭接长度不应小于 200 mm，其伸出横向水平杆的长度不应小于 100 mm，如图 2-10（b）所示。

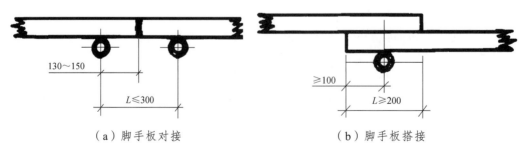

（a）脚手板对接　　　　　　　　（b）脚手板搭接

图 2-10　脚手板对接、搭接构造

③ 竹笆脚手板应按其主竹筋垂直于纵向水平杆方向铺设，且采用对接平铺，四个角应用直径不小于 1.2 mm 的镀锌钢丝固定在纵向水平杆上。

④ 作业层端部脚手板探头长度应取 150 mm，其板的两端均应固定于支承杆件上。

3．立杆

（1）每根立杆底部应设置底座或垫板。

（2）脚手架必须设置纵、横向扫地杆。纵向扫地杆应采用直角扣件固定在距底座上皮不大于 200 mm 处的立杆上。横向扫地杆应采用直角扣件固定在紧靠纵向扫地杆下方的立杆上。

（3）脚手架立杆基础不在同一高度上时，必须将高处的纵向扫地杆向低处延长两跨与立杆固定，高低差不应大于 1 m。靠边坡上方的立杆轴线到边坡的距离不应小于 500 mm。

（4）单、双排脚手架底层步距均不应大于 2 m。

（5）单排、双排与满堂脚手架立杆接长除顶层顶步外，其余各层各步接头必须采用对接扣件连接。

（6）脚手架立杆对接、搭接应符合下列规定：

① 当立杆采用对接接长时，立杆的对接扣件应交错布置，两根相邻立杆的接头不应设置在同步内，同步内隔一根立杆的两个相隔接头在高度方向错开的距离不宜小于 500 mm；各接头中心至主节点的距离不宜大于步距的 1/3。

② 当立杆采用搭接接长时，搭接长度不应小于 1 m，并应采用不少于 2 个旋转扣件固定。端部扣件盖板的边缘至杆端距离不应小于 100 mm。

（7）脚手架立杆顶端栏杆宜高出女儿墙上端 1 m，宜高出檐口上端 1.5 m。

4．连墙件

（1）连墙件设置的位置、数量应按专项施工方案确定。

（2）脚手架连墙件数量的设置除应满足《建筑施工扣件式钢管脚手架安全技术规范》的计算要求外，还应符合表 2-2 的 规定。

表 2-2　连墙件布置最大间距

搭设方法	高　　度	竖向间距（h）	水平间距（l_a）	每根连墙件覆盖面积（m²）
双排落地	≤50 m	3 h	3 l_a	≤40
双排悬挑	>50 m	2 h	3 l_a	≤27
单排	≤24 m	3 h	3 l_a	≤40

注：h——步距；l_a——纵距。

（3）连墙件的布置应符合下列规定：

① 应靠近主节点设置，偏离主节点的距离不应大于 300 mm。

② 应从底层第一步纵向水平杆处开始设置，当该处设置有困难时，应采用其他可靠措施固定。

③ 应优先采用菱形布置，或采用方形、矩形布置。

（4）开口型脚手架的两端必须设置连墙件，连墙件的垂直间距不应大于建筑物的层高，并不应大于 4 m。

（5）连墙件中的连墙杆应呈水平设置，当不能水平设置时，应向脚手架一端下斜连接。

（6）连墙件必须采用可承受拉力和压力的构造。对高度 24 m 以上的双排脚手架，应采用刚性连墙件与建筑物连接。

（7）当脚手架下部暂不能设连墙件时应采取防倾覆措施。当搭设抛撑时，抛撑应采用通长杆件，并用旋转扣件固定在脚手架上，与地面的倾角应在 45°~60°；连接点中心至主节点的距离不应大于 300 mm。抛撑应在连墙件搭设后方可拆除。

（8）架高超过 40 m 且有风涡流作用时，应采取抗上升翻流作用的连墙措施。

5. 剪刀撑与横向斜撑

（1）双排脚手架应设剪刀撑与横向斜撑，单排脚手架应设剪刀撑。

（2）单、双排脚手架剪刀撑的设置应符合下列规定：

① 每道剪刀撑跨越立杆的根数宜按表 2-3 的规定确定。每道剪刀撑宽度不应小于 4 跨，且不应小于 6 m，斜杆与地面的倾角宜在 45°~60°；

表 2-3 剪刀撑跨越立杆的最多根数

剪刀撑斜杆与地面的倾角 α	45°	50°	60°
剪刀撑跨越立杆的最多根数 n	7	6	5

② 剪刀撑斜杆的接长应采用搭接或对接，搭接应符合 2.4.3 立杆部分第 6 条 2 款的规定。

③ 剪刀撑斜杆应用旋转扣件固定在与之相交的横向水平杆的伸出端或立杆上，旋转扣件中心线至主节点的距离不宜大于 150 mm。

（3）高度在 24 m 及以上的双排脚手架应在外侧立面连续设置剪刀撑；高度在 24 m 以下的单、双排脚手架，均必须在外侧立面两端、转角及中间间隔不超过 15 m 的立面上，各设置一道剪刀撑，并应由底至顶连续设置（见图 2-11）。

（4）双排脚手架横向斜撑的设置应符合下列规定：

① 横向斜撑应在同一节间，由底至顶层呈之字型连续布置，斜撑的固定应符合《建筑施工扣件式钢管脚手架安全技术规范》第 6.5.2 条第 2 款的规定。

② 高度在 24 m 以下的封闭型双排脚手架可不设横向斜撑，高度在 24 m 以上的封闭型脚手架，除拐角应设置横向斜撑外，中间应每隔 6 跨设置一道。

（5）开口型双排脚手架的两端均必须设置横向斜撑。

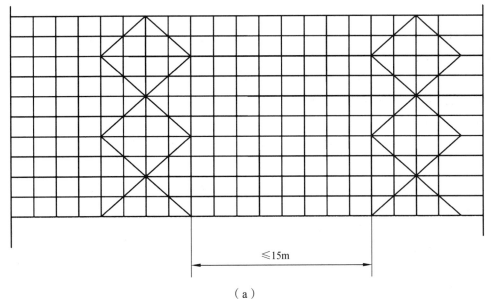

（a）

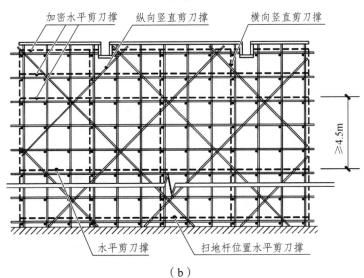

（b）

图 2-11　剪刀撑布置示意图

6. 斜道

（1）人行并兼作材料运输的斜道的形式宜按下列要求确定：

① 高度不大于 6 m 的脚手架，宜采用一字型斜道。

② 高度大于 6 m 的脚手架，宜采用"之"字形斜道。

（2）斜道的构造应符合下列规定：

① 斜道应附着外脚手架或建筑物设置。

② 运料斜道宽度不应小于 1.5 m，坡度不应大于 1∶6，人行斜道宽度不应小于 1 m，坡度不应大于 1∶3。

③ 拐弯处应设置平台，其宽度不应小于斜道宽度。

④ 斜道两侧及平台外围均应设置栏杆及挡脚板。栏杆高度应为 1.2 m，挡脚板高度不应小于 180 mm。

⑤ 运料斜道两端、平台外围和端部均应设置连墙件；每两步应加设水平斜杆；应按规定设置剪刀撑和横向斜撑。

（3）斜道脚手板构造应符合下列规定：

① 脚手板横铺时，应在横向水平杆下增设纵向支托杆，纵向支托杆间距不应大于 500 mm。

② 脚手板顺铺时，接头宜采用搭接；下面的板头应压住上面的板头，板头的凸棱外宜采用三角木填顺。

③ 人行斜道和运料斜道的脚手板上应每隔 250 mm～300 mm 设置一根防滑木条，木条厚度应为 20 mm～30 mm。

7. 满堂脚手架

（1）常用敞开式满堂脚手架结构的设计尺寸，可按表 2-4 采用。

表 2-4　常用敞开式满堂脚手架结构的设计尺寸

序号	步距（m）	立杆间距（m）	支架高宽比不大于	下列施工荷载时最大允许高度（m）	
				2 kN/m²	3 kN/m²
1	1.7-1.8	1.2×1.2	2	17	9
2		1.0×1.0	2	30	24
3		0.9×0.9	2	36	36
4	1.5	1.3×1.3	2	18	9
5		1.2×1.2	2	23	16
6		1.0×1.0	2	36	31
7		0.9×0.9	2	36	36
8	1.2	1.3×1.3	2	20	13
9		1.2×1.2	2	24	19
10		1.0×1.0	2	36	32
11		0.9×0.9	2	36	36
12	0.9	1.0×1.0	2	36	33
13		0.9×0.9	2	36	36

注：

① 脚手板自重标准值取 0.35 kN/m²。

② 场面粗糙度为 B 类，基本风压 ω=0.35 kN/m²。

③ 立杆间距不小于 1.2 mm×1.2 m，施工荷载标准值不小于 3 kN/m²。立杆上应增设防滑扣件，防滑扣件应安装牢固，且顶紧立杆与水平杆连接的扣件。

（2）满堂脚手架搭设高度不宜超过 36 m；满堂脚手架施工层不超过 1 层。

（3）满堂脚手架立杆的构造应符合《建筑施工扣件式钢管脚手架安全技术规范》的规定；立杆接长接头必须采用对接扣件连接。水平杆长度不宜小于 3 跨。

（4）满堂脚手架应在架体外侧四周及内部纵、横向每 6 m ~ 8 m 由底至顶设置连续竖向剪刀撑。当架体搭设高度在 8 m 以下时，应在架顶部设置连续水平剪刀撑；当架体搭设高度在 8 m 及以上时，应在架体底部及竖向间隔不超过 8 m 分别设置连续水平剪刀撑。水平剪刀撑宜在竖向剪刀撑斜杆相交平面设置。剪刀撑宽度应为 6 m ~ 8 m。

（5）剪刀撑应用旋转扣件固定在与之相交的水平杆或立杆上，旋转扣件中心线至主节点的距离不宜大于 150 mm。

（6）满堂脚手架的高宽比不宜大于 3，当高宽比大于 2 时，应在架体的外侧四周和内部水平间隔 6 m ~ 9 m、竖向间隔 4 m ~ 6 m 设置连墙件与建筑结构拉结，当无法设置连墙件时，应采取设置钢丝绳张拉固定等措施。

（7）最少跨度为 2、3 跨的满堂脚手架，宜设置连墙件。

（8）当满堂脚手架局部承受集中荷载时，应按实际荷载计算并应局部加固。

（9）满堂脚手架应设爬梯，爬梯踏步间距不得大于 300 mm。

（10）满堂脚手架操作层支撑脚手板的水平杆间距不应大于 1/2 跨距；脚手板的铺设应符合规定。

8．满堂支撑架

（1）满堂支撑架搭设高度不宜超过 30 m。

（2）满堂支撑架应根据架体的类型设置剪刀撑，并应符合下列规定：

① 普通型：

在架体外侧周边及内部纵、横向每 5 m ~ 8 m，应由底至顶设置连续竖向剪刀撑，剪刀撑宽度应为 5 m ~ 8 m。

在竖向剪刀撑顶部交点平面应设置连续水平剪刀撑。当支撑高度超过 8 m，或施工总荷载大于 15 kN/m^2，或集中线荷载大于 20 kN/m 的支撑架，扫地杆的设置层应设置水平剪刀撑。水平剪刀撑至架体底平面距离与水平剪刀撑间距不宜超过 8 m。

② 加强型：

当立杆纵、横间距为 0.9 m×0.9 m 至 1.2 m×1.2 m 时，在架体外侧周边及内部纵、横向每 4 跨（且不大于 5 m），应由底至顶设置连续竖向剪刀撑，剪刀撑宽度应为 4 跨。

当立杆纵、横距为 0.6 m×0.6 m 至 0.9 m×0.9 m（含 0.6 m×0.6 m，0.9 m×0.9 m）时，在架体外侧周边及内部纵、横向每 5 跨（且不小于 3 m），应由底至顶设置连续竖向剪刀撑，剪刀撑宽度应为 5 跨。

当立杆纵、横间距为 0.4 m×0.4 m 至 0.6 m×0.6 m（含 0.4 m×0.4 m）时，在架体外侧周边及内部纵、横向每 3 m ~ 3.2 m 应由底至顶设置连续竖向剪刀撑，剪刀撑宽度应为 3 m ~ 3.2 m。

在竖向剪刀撑顶部交点平面应设置水平剪刀撑。扫地杆的设置层水平剪刀撑的设置应符合普通型的规定，水平剪刀撑至架体底平面距离与水平剪刀撑间距不宜超过 6 m，剪刀撑宽度应为 3 m ~ 5 m。

（3）竖向剪刀撑斜杆与地面的倾角应为 45° ~ 60°，水平剪刀撑与支架纵（或横）向夹角应为 45° ~ 60°，剪刀撑斜杆的接长应符合脚手架立杆的接长规定。

（4）满堂支撑架的可调底座、可调托撑螺杆伸出长度不宜超过 300 mm，插入立杆内的长度不得小于 150 mm。

9. 满堂支架预压

（1）钢管满堂支架预压前，应对支架进行验算与安全检验。

（2）预压前，除应加强安全生产教育、制定安全隐患预防应急措施外，尚应采取下列安全措施：

① 预压施工前，应进行安全技术交底，并应落实所有安全技术措施和人身防护用品。

② 当采用吊装压重物方式预压时，应编制预压荷载吊装方案，且在吊装时，应有专人统一指挥，参与吊装的人员应有明确分工。

③ 吊装作业前应检查起重设备的可靠性和安全性，并应进行试吊。

④ 在吊装时，应防止吊装物撞击支架。

（3）支架预压加载范围不应小于现浇混凝土结构物的实际投影面。

（4）支架预压前，应布置支架的沉降监测点；支架预压过程中，应对支架的沉降进行监测。

（5）在全部加载完成后的支架预压监测过程中，当满足下列条件之一时，应判定支架预压合格：

① 各监测点最初 24 h 的沉降量平均值小于 1 mm。

② 各监测点最初 72 h 的沉降量平均值小于 5 mm。

（6）对支架的代表性区域预压监测过程中，当不满足以上规定时，应查明原因后对同类支架全部进行处理，处理后的支架应重新选择代表性区域进行预压。

（7）支架预压后应编写支架预压报告，支架预压报告应包括下列内容：

① 工程项目名称。

② 支架分类以及支架代表性区域的选择。

③ 支架沉降监测。

④ 支架预压的合格判定。

（8）钢管满堂支架预压验收应在施工单位自检合格的基础上进行，宜由施工单位、监理单位、设计单位、建设单位共同参与验收。

2.4.4 悬挑式脚手架（见图 2-13）

图 2-13 悬挑式脚手架

1．悬挑一层的脚手架规定

（1）悬挑架斜立杆的底部必须搁置在楼板、梁或墙体等建筑结构部位，并有固定措施。立杆与墙面的夹角不得大于 30°，挑出墙外宽度不得大于 1.2 m。

（2）斜立杆必须与建筑结构进行连接固定，不得与模板支架进行连接。

（3）斜立杆纵距不得大于 1.5 m，底部应设置扫地杆并按不大于 1.5 m 的步距设置纵向水平杆。

（4）作业层除应按规定满铺脚手板和设置临边防护外，还应在脚手板下部挂一层平网，在斜立杆里侧用密目网封严。

2．悬挑多层的脚手架规定

（1）悬挑支承结构必须专门设计计算，应保证有足够的强度、稳定性和刚度，并将脚手架的荷载传递给建筑结构。悬挑式脚手架的高度不得超过 24 m。

（2）悬挑支承结构可采用悬挑梁或悬挑架等不同结构形式。悬挑梁应采用型钢制作，悬挑架应采用型钢或钢管制作成三角形桁架，其节点必须是螺栓或焊接的刚性节点，不得采用扣件（或碗扣）连接。

（3）支撑结构以上的脚手架应符合落地式脚手架搭设规定，并按要求设置连墙件。脚手架立杆纵距不得大于 1.5 m，底部与悬挑结构必须进行可靠连接。

2.4.5 吊篮式脚手架

（1）吊篮平台应经设计计算并应采用型钢、钢管制作，其节点应采用焊接或螺栓连接，不得使用钢管和扣件（或碗扣）组装。

（2）吊篮平台底板采用钢板时应有防滑构造。吊篮平台四周应设防护栏杆，除靠建筑物一侧的栏杆高度不应低于 0.8 m 外，其余侧面栏杆高度均不得低于 1.2 m。栏杆底部应设 180 mm 高挡脚板，上部应用钢板网封严。

（3）吊篮应设固定吊环，其位置距底部不应小于 800 mm。吊篮平台应在明显处标明最大使用荷载（人数）及注意事项。

（4）吊篮式脚手架提升机可采用手搬葫芦或电动葫芦，应采用钢芯钢丝绳。手搬葫芦可用于单跨（两个吊点）的升降，当吊篮平台多跨同时升降时，必须使用电动葫芦且应有同步控制装置。

（5）吊篮式脚手架安全装置应符合下列规定：

① 使用手搬葫芦应装设防止吊篮平台发生自动下滑的闭锁装置。

② 吊篮平台必须装设安全锁，并应在各吊篮平台悬挂处增设一根与提升钢丝绳相同型号的安全绳，每根安全绳上应安装安全锁。

③ 当使用电动提升机时，应在吊篮平台上、下两个方向装设对其上、下运行位置及距离进行限定的行程限位器。

④ 电动提升机构宜配两套独立的制动器，每套制动器均可使带有额定荷载 125% 的吊篮平台停住。

（6）吊篮式脚手架必须经设计计算、吊篮升降应采用钢丝绳传动、装设安全锁等防护装置并经检验确认。严禁使用悬空吊椅进行高层建筑外装修清洗等高处作业。

2.5 模板作业安全

本节主要介绍《建筑施工安全技术统一规范》及《组合钢模板技术规范》（GB/T 50214）中对模板施工的相关规定。

2.5.1 《建筑施工安全技术统一规范》对模板作业安全的相关规定

（1）模板施工前，应根据建筑物结构特点和混凝土施工工艺进行模板设计，并编制安全技术措施。

（2）各种模板的支架应自成体系，严禁与脚手架进行连接。

（3）模板支架立杆底部应设置垫板，不得使用砖及脆性材料铺垫，并应在支架的两端和中间部分与建筑结构进行连接。

（4）模板支架立杆在安装的同时，应加设水平支撑，立杆高度大于 2 m 时，应设两道水平支撑，每增高 1.5 m～2 m 时，再增设一道水平支撑。

（5）满堂模板立杆除必须在四周及中间设置纵、横双向水平支撑外，当立杆高度超过 4 m 以上时，尚应每隔两步设置一道水平剪刀撑。

（6）当采用多层支模时，上下各层立杆应保持在同一垂直线上。

（7）需进行二次支撑的模板，当安装二次支撑时，模板上不得有施工荷载。

（8）模板支架的安装应按照设计图纸进行，安装完毕浇筑混凝土前，经验收确认符合要求。

（9）应严格控制模板上堆料及设备荷载，当采用小推车运输时，应搭设小车运输通道，将荷载传给建筑结构。

（10）模板支架拆除必须有工程负责人的批准手续及混凝土的强度报告。

（11）模板拆除顺序应按设计方案进行。当无规定时，应按照先支的后拆，先拆主承重模板后拆次承重模板。

（12）拆除较大跨度梁下支柱时，应先从跨中开始，分别向两端拆除。拆除多层楼板支柱时，应确认上部施工荷载不需要传递的情况下方可拆除下部支柱。

（13）当水平支撑超过二道以上时，应先拆除二道以上水平支撑，最下一道大横杆与立杆应同时拆除。

（14）模板拆除应按规定逐次进行，不得采用大面积撬落方法。拆除的模板、支撑、连接件应用槽滑下或用绳系下，不得留有悬空模板。

2.5.2 《组合钢模板技术规范》对模板的相关规定

1. 安装与拆除

（1）模板安装时的准备工作，应符合下列要求：

① 梁和楼板模板的支柱支设在土壤地面，遇松软土、回填土等时，应根据土质情况进行平整、夯实，并应采取防水、排水措施，同时应按规定在模板支撑立柱底部采用具有足够强度和刚度的垫板。

② 竖向模板的安装底面应平整坚实、清理干净，并应采取定位措施。

③ 竖向模板应按施工设计要求预埋支承锚固件。

（2）在钢模板施工中，不得用钢板替代扣件、钢筋替代对拉螺栓，以及木方替代柱箍。

（3）多层及高层建筑中，上下层对应的模板支柱应设置在同一竖向中心线上。

（4）模板支承系统应为独立的系统，不得与物料提升机、施工升降机、塔吊等起重设备钢结构架体机身及附着设施相连接；不得与施工脚手架、物料周转材料平台等架体相连接。

（5）模板工程的安装应符合下列要求：

① 同一条拼缝上的 U 形卡，不宜向同一方向卡紧。

②墙两侧模板的对拉螺栓孔应平直相对，穿插螺栓时不得斜拉硬顶。钻孔应采用机具，不得用电、气焊灼孔。

③钢楞宜取用整根杆件，接头应错开设置，搭接长度不应少于 200 mm。

（6）模板工程安装完毕，应经检查验收后再进行下道工序。

（7）模板及其支架拆除前，应核查混凝土同条件试块强度报告，拆除时的混凝土强度应符合现行国家标准《混凝土结构工程施工质量验收规范》（GB 50204）的有关规定。铁路混凝土结构施工拆模还应遵守《铁路混凝土工程施工质量验收标准》（TB 10424）第 4.3.1 条之规定。

（8）现场拆除组合钢模板时应符合下列规定：

①拆模前应制订拆模顺序、拆模方法及安全措施。

②应先拆除侧面模板，再拆除承重模板。

③组合大模板宜大块整体拆除。

④支承件和连接件应逐件拆卸，模板应逐块拆卸传递，拆除时不得损伤模板和混凝土。

⑤拆下的模板和配件均应分类堆放整齐，附件应放在工具箱内。

2．安全要求

（1）在组合钢模板上架设的电线和使用的电动工具，应采用 36 V 的低压电源或采取其他有效的安全措施。在操作平台上进行电、气焊作业时，应有防火措施和专人看护。

（2）登高作业时，连接件应放在箱盒或工具袋中，不应放在模板或脚手板上，扳手等各类工具应系挂在身上或置放于工具袋内，不得掉落。

（3）高耸建筑施工时，遇到雷电、6 级及以上大风、大雪和浓雾等天气时，应停止施工，应对设备、工具、零散材料等进行整理、固定，并应做好防护，全部人员撤离后应立即切断电源。

（4）高空作业人员不得攀登组合钢模板或脚手架等上下，也不得在高空的墙顶、独立梁及其模板等上面行走。

（5）组合钢模板装拆时，上下应有人接应，钢模板应随装拆随转运，不得堆放在脚手板上，不得抛掷踩撞，中途停歇时，应将活动部件固定牢靠。

（6）装拆模板应有稳固的登高工具或脚手架，高度超过 3.5 m 时，应搭设脚手架。装拆过程中，除操作人员外，脚手架下面不得站人，高处作业时，操作人员应系安全带，地面应设置安全通道、围栏和警戒标志，并应派专人看守，非操作人员不得进入作业范围内。

（7）安装墙、柱模板时，应随时支撑固定。

（8）安装预组装成片模板时，应边就位、边校正和安设连接件，并应加设临时支撑稳固。

（9）预组装模板装拆时，垂直吊运应采取两个以上的吊点，水平吊运应采取 4 个吊点，吊点应合理布置并进行受力计算。

（10）预组装模板拆除时，宜整体拆除，并应先挂好吊索，然后拆除支撑及拼接两片模板的配件，待模板离开结构表面后再起吊，吊钩不得脱钩。

（11）拆除承重模板时，应先设立临时支撑，然后进行拆卸。

（12）模板支承系统在使用过程中，立柱底部不得松动悬空，不得任意拆除任何杆件，不得松动扣件，且不得用作缆风绳的拉接。

（13）钢模板宜放在室内或敞棚内，模板的底面应垫离地面 100 mm 以上；露天堆放时，地面应平整、坚实，并应采取排水措施，模板底面应垫离地面 150 mm 以上，两支点离模板两端的距离不应大于模板长度的 1/6。

2.6 施工用电安全

施工现场用电安全是整个工程安全的基础管理工作。不安全使用电气设备，会导致人身伤害等事故，导致工程成本上升、工期延长，给施工企业信用产生负面影响，同时也影铁路响营业运营安全，是营业线施工安全监督检查的基础工作之一。本节重点介绍《建筑施工安全技术统一规范》和《施工现场临时用电安全技术规范》规定。

2.6.1 一般规定

（1）建筑施工现场临时用电工程专用的电源中性点直接接地的 220/380 V 三相四线制低压电力系统，必须符合下列规定：

① 采用三级配电系统。

② 采用 TN-S 接零保护系统（工作零线与保护零线分开设置的接零保护系统）。

③ 采用二级漏电保护系统。

（2）施工用电设备数量在 5 台及以上，或用电设备容量在 50 kW 及以上时，应编制用电施工组织设计，并经企业技术负责人审核。

（3）临时用电组织设计及变更时，必须履行"编制、审核、批准"程序，由电气工程技术人员组织编制，经相关部门审核及具有法人资格企业的技术负责人批准后实施。变更用电组织设计时应补充有关图纸资料。

（4）临时用电工程必须经编制、审核、批准部门和使用单位共同验收，合格后方可投入使用。

（5）施工现场临时用电设备在 5 台以下和设备总容量在 50 kW 以下者，应制定安全用电和电气防火措施。

（6）电工必须经过按国家现行标准考核合格后，持证上岗工作；其他用电人员必须通过相关教育培训和技术交底，考核合格后方可上岗工作。

（7）安装、巡检、维修或拆除临时用电设备和线路，必须由电工完成，并应有人监护。电工等级应同工程的难易程度和技术复杂性相适应。

（8）各类用电人员应掌握安全用电基本知识和所用设备的性能，并应符合下列规定：

① 使用电气设备前必须按规定穿戴和配备好相应的劳动防护用品，并应检查电气装置和保护设施，严禁设备带"缺陷"运转。

② 保管和维护所用设备，发现问题及时报告解决。

③ 暂时停用设备的开关箱必须分断电源隔离开关，并应关门上锁。

④ 移动电气设备时，必须经电工切断电源并做妥善处理后进行。

（9）施工现场临时用电必须建立安全技术档案，并应包括下列内容：

① 用电组织设计的安全资料。

② 修改用电组织设计的资料。

③ 用电技术交底资料。

④ 用电工程检查验收表。

⑤ 电气设备的试、检验凭单和调试记录。

⑥ 接地电阻、绝缘电阻和漏电保护器漏电动作参数测定记录表。

⑦ 定期检（复）查表。

⑧ 电工安装、巡检、维修、拆除工作记录。

（10）施工现场应定期对电工和用电人员进行安全用电教育培训和技术交底。

2.6.2 用电环境

（1）与外电架空线路的安全距离应符合下列规定：

① 在建工程不得在高、低压线路下方施工、搭设作业棚、生活设施及堆放构件、材料等。

② 在架空线路一侧施工时，在建工程应与架空线路边线之间保持安全操作距离，安全操作距离不得小于表 2-5 中数值。

表 2-5　在建工程（含脚手架）外侧边缘与外电架空线路的边缘之间的最小安全操作距离

架空线路电压/kV	<1	1～10	35～110	154～220	330～500
最小安全操作距离/m	4	6	8	10	16

③ 起重机严禁越过无防护设施的外电架空线路作业。起重机的任何部位或被吊物边缘与 10 kV 以下的架空线路边缘最小水平距离不得小于 2 m。

④ 施工现场开挖沟槽边缘与外电埋地电缆沟槽边缘之间的距离不得小于 0.5 m。

（2）对外电架空线路的防护应符合下列规定：

① 施工现场不能满足表 2-5 规定的最小距离时，必须按现行行业规范规定搭设防护设施并设置警告标志。

② 在架空线路一侧或上方搭设或拆除防护屏障等设施时，必须停电后作业，并设

监护人员。

（3）架设防护设施时，必须经有关部门批准，采用线路暂时停电或其他可靠的安全技术措施，并应有电气工程技术人员和专职安全人员监护。

表 2-6　防护设施与外电线路之间的最小安全操作距离

架空线路电压/kV	≤10	35	110	220	330	500
最小安全距离/m	1.7	2.0	2.5	4.0	5.0	6.0

（4）当表 2-6 规定的防护措施无法实现时，必须与有关部门协商，采取停电、迁移外电线路或改变工程位置等措施，未采取上述措施的严禁施工。

（5）电气设备周围应无可能导致电气火灾的易燃、易爆物和导致绝缘损坏的腐蚀介质，否则应予清除或做防护处理。

（6）电气设备设置场所应能避免物体打击、撞击等机械伤害，否则应做防护处理。

2.6.3　接地、接零

（1）在施工现场专用变压器的供电的 TN-S 接零保护系统中，电气设备的金属外壳必须与保护零线连接。保护零线应由工作接地线、配电室（总配电箱）电源侧零线或总漏电保护器电源侧零线处引出。

（2）当施工现场与外电线路共用同一供电系统时，电气设备的接地、接零保护应与原系统保护一致。不得一部分设备做保护接零，另一部分设备做保护接地。

（3）采用 TN 系统做保护接零时，工作零线（N 线）必须通过总漏电保护器，保护零线（PE 线）必须由电源进线零线重复接地处或总漏电保护器电源侧零线处，引出形成局部 TN-S 接零保护系统。

（4）在 TN 接零保护系统中通过总漏电保护器的工作零线与保护零线之间不得再做电气连接。PE 零线应单独敷设。重复接地线必须与 PE 线相连接，严禁与 N 线相连接。

（5）施工现场的临时用电电力系统严禁利用大地作相线或零线。

（6）保护零线必须采用绝缘导线。

（7）PE 线上严禁装设开关或熔断器，严禁通过工作电流，且严禁断线。

（8）系统中的保护零线除必须在配电室或总配电箱处做重复接地外，还必须在配电系统的中间处和末端处做重复接地。

（9）严禁将单独敷设的工作零线再做重复接地。

（10）每一接地装置的接地线应采用 2 根及以上导体，在不同点与接地体做电气连接。

（11）不得采用铝导体做接地体或地下接地线。垂直接地体宜采用角钢、钢管或光面圆钢，不得采用螺纹钢。

2.6.4　配电线路

（1）架空线敷设高度应满足下列要求：

① 距施工现场地面不小于 4 m。

② 距机动车道不小于 6 m。

③ 距铁路轨道不小于 7.5 m。

④ 距暂设工程和地面堆放物顶端不小于 2.5 m。

⑤ 距交叉电力线路：0.4 kV 线路不小于 1.2 m；10 kV 线路不小于 2.5 m。

（2）施工用电电缆线路应符合下列规定：

① 电缆线路应采用埋地或架空敷设，不得沿地面明设。

② 埋地敷设深度不应小于 0.6 m，并应覆盖硬质保护层；穿越建筑物、道路等易受损伤的场所时，应另加防护套管。

③ 架空敷设时，应沿墙或电杆做绝缘固定，电缆最大弧垂处距地面不得小于 2.5 m。

④ 在建工程内的电缆线路应采用电缆埋地穿管引入，沿工程竖井、垂直孔洞，逐层固定，电缆水平敷设高度不应小于 1.8 m。

2.6.5　配电箱及开关箱

（1）施工用电应实行三级配电，即设置总配电箱或室内总配电柜、分配电箱、开关箱三级配电装置。开关箱以下应为用电设备。

（2）施工用电动力配电与照明配电宜分箱设置，当合置在同一箱内时，动力与照明配电应分路设置。

（3）施工用电配电箱、开关箱应采用铁板（厚度为 1.2 mm ~ 2.0 mm）或阻燃绝缘材料制作。不得使用木质配电箱、开关箱及木质电器安装板。

（4）施工用电移动式配电箱、开关箱应装设在坚固的支架上，严禁于地面上拖拉。

（5）施工用电开关箱应实行"一机一闸"制，不得设置分路开关。

（6）施工用电配电箱、开关箱中应装设电源隔离开关、短路保护器、过载保护器，其额定值和动作整定值应与其负荷相适应。总配电箱、开关柜中还应装设漏电保护器。

2.6.6　照　明

（1）施工照明供电电压应符合下列规定：

① 一般场所，照明电压应为 220 V。

② 隧道，人防工程，高温、有导电粉尘和狭窄场所，照明电压不应大于 36 V。

③ 潮湿和易触及照明线路场所，照明电压不应大于 24 V。

④ 特别潮湿、导电良好的地面、锅炉或金属容器内，照明电压不应大于 12 V。

⑤ 行灯电压不应大于 36 V。

（2）施工用电照明变压器必须为隔离双绕组型，严禁使用自耦变压器。

施工照明室外灯具距地面不得低于 3 m，室内灯具距地面不得低于 2.5 m。

（3）施工照明使用 220 V 碘钨灯应固定安装，其高度不应低于 3 m，距易燃物不得小于 500 mm，并不得直接照射易燃物，不得将 220 V 碘钨灯做移动照明。

（4）需要夜间或暗处施工的场所，必须配置应急照明电源。

夜间可能影响行人、车辆、飞机等安全通行的施工部位或设施、设备，必须设置红色警戒照明。

2.7 机械作业安全

《建筑施工安全技术统一规范》中对中小型机具设备和垂直运输机械的使用安全进行了统一规范。这些设备也是铁路营业线施工过程中比较常见的施工机械，其作业过程安全也是施工安全监督检查的一个重要环节。

大型施工机械如架桥机、塔式起重机等需要安装调试后方可使用的施工机械的检查需看其是否符合国家对特种设备的使用安全规定经过县级以上质量技术监督管理部门进行检测和备案，其铭牌是否安装在醒目位置、是否与使用的机械一致等。

本节只对一般安全规定作一个简要的介绍，也是平时施工中比较容易出问题的环节，更详细的使用安全要求请参照《建筑机械使用安全技术规程》（JGJ 33）。

2.7.1 中小型机械

（1）所有用电设备的金属外壳、基座除必须与 PE 线连接外，且必须在设备负荷线的首端处装设漏电保护器。对产生振动的设备其金属基座、外壳与 PE 线的连接点不得少于两处。

（2）每台用电设备必须设置独立专用的开关箱，必须实行"一机一闸"并按设备的计算负荷设置相匹配的控制电器。

（3）各种设备应按规定装设符合要求的安全防护装置。作业人员必须按规定穿戴劳动保护用品。

（4）固定式机械应符合下列规定：

① 机械安装应稳定牢固，露天应有防雨棚。开关箱与机械的水平距离不得超过 3 m，其电源线路应穿管固定。操作及分、合闸时应能看到机械各部位工作情况。

② 混凝土搅拌机作业中严禁将工具探入筒内扒料；维修、清洗前，必须切断电源并有专人监护；清理料坑时，必须用保险链将料斗锁牢。

③ 混凝土泵车作业前，应支牢支腿，周围无障碍物，上面无架空线路；混凝土浇

筑人员不得在布料杆正下方作业；当布料杆呈全伸状态时，不得移动车身，施工超高层建筑时，应编制专项施工方案。

④ 钢筋冷拉机场地应设置防护栏杆及警告标志，卷扬机位置应使操作人员看清全部冷拉现场，并应能避免断筋伤及操作人员。

⑤ 木工平刨、电锯必须有符合要求的安全防护装置，严禁随意拆除。操作人员必须是经培训的指定人员。严禁使用平刨和圆盘锯合用一台电动机的多功能机械。

（5）机动翻斗车司机应持有特种作业人员合格证。行车时必须将料斗锁牢，严禁料斗内载人。在坑边卸料时，应设置安全挡块，接近坑边时应减速行驶。司机离机时，应将内燃机熄火，并挂挡、拉紧手制动器。

2.7.2 焊接设备

1. 电焊机规定

（1）电焊机露天放置应有防雨设施。每台电焊机应有专用开关箱，使用断路器控制一次侧应装设漏电保护器，二次侧应装设空载降压装置。焊机外壳应与 PE 线相连接。

（2）电焊机二次侧进行接地（接零）时，应将二次线圈与工件相接的一端接地（接零），不得将二次线圈与焊钳相接的一端接地（接零）。

（3）一次侧电源线长度不应超过 5 m，且不应拖地，与焊机接线柱连接牢固，接线柱上部应有防护罩。

（4）焊接电缆应使用防水橡皮护套多股铜芯软电缆，且无接头，电缆经过通道和易受损伤场所时必须采取保护措施。严禁使用脚手架、金属栏杆、钢筋等金属物搭接代替导线使用。

（5）焊工必须经培训合格持证操作，并按规定穿工作服、绝缘鞋、戴手套及面罩。

（6）焊接场所应通风良好，不得有易燃、易爆物，否则应予清除或采取防护措施。

（7）下列作业情况应先分断电源：

① 改变焊机接头。

② 更换焊件、改接二次回路。

③ 焊机转移作业地点。

④ 焊机检修。

⑤ 暂停工作或下班时。

2. 气焊设备规定

（1）氧气瓶应符合下列规定：

① 氧气瓶应有防护圈和安全帽，瓶阀不得粘有油脂。场内搬运应采用专门抬架或小推车，不得采用肩扛、高处滑下、地面滚动等方法搬运。

② 严禁氧气瓶和其他可燃气瓶（如乙炔、液化石油等）同车运输和在一起存放。

③氧气瓶距明火应大于 10 m，瓶内气体不得全部用尽，应留有 0.1 MPa 以上的余压。

④夏季应防止暴晒，冬季当瓶阀、减压器、回火防止器发生冻结时可用热水解冻，严禁用火焰烘烤。

（2）乙炔瓶应符合下列规定：

①气焊作业应使用乙炔瓶，不得使用浮筒式乙炔罐。

②乙炔瓶存放和使用必须立放，严禁卧放。

③乙炔瓶的环境温度不得超过 40 ℃，夏季应防止暴晒，冬季发生冻结时，应采用温水解冻。

（3）胶管应符合下列规定：

①气焊、气割应使用专用胶管，不得通入其他气体和液体，两根胶管不得混用（氧气胶管为红色，乙炔胶管为黑色）。

②胶管两端应卡紧，不得有漏气，出现折裂应及时更换，胶管应避免接触油脂。

③操作中发生胶管燃烧时，应首先确定哪根胶管，然后折叠、断气通路、关闭阀门。

（4）气焊设备安全装置应符合下列规定：

①氧气瓶和乙炔瓶必须装有减压器，使用前应进行检查，不得有松动、漏气、油污等。工作结束时应先关闭瓶阀，放掉余气，表针回零位卸表妥善保管。

②乙炔瓶必须安装回火防止器。当遇回火爆破后，应检查装置。属于开启式应进行复位，属于泄压模式应更换膜片。

2.7.3 垂直运输机械

1. 一般规定

（1）各类垂直运输机械的安装及拆卸，应由具备相应承包资质的专业人员进行，其工作程序应严格按照原机械图纸及说明书规定，并根据现场环境条件制定安全作业方案。

（2）转移工地重新安装的垂直运输机械，在交付使用前，应按有关标准进行试验、检验并对各安全装置的可靠度及灵敏度进行测试，确认符合要求后方可投入运行。试验资料应纳入该设备安全技术档案。

（3）起重机的基础必须能承受工作状态的和非工作状态下的最大载荷，并应满足起重机稳定性的要求。

（4）除按规定允许载人的施工升降机外，其他起重机严禁在提升和降落过程中载人。

（5）起重机司机及信号指挥人员应经专业培训、考核合格并取得有关部门颁发的操作证后，方可上岗操作。

（6）每班作业前，起重机司机应对制动器、钢丝绳及安全装置进行检查，各机构进行空载运转，发现不正常时，应予以排除。

（7）起重机司机开机前，必须鸣铃示警。

（8）必须按照垂直运输机械出厂说明书规定的技术性能、使用条件正确操作，严禁超载作业或扩大使用范围。

（9）起重机处于工作状态时，严禁进行保养、维修及人工润滑作业。当需进行维修作业时，必须在醒目位置挂警示牌。

（10）作业中起重机司机不得擅自离开岗位或交给非本机的司机操作。工作结束后应将所有控制手柄扳至零位，断开主电源，锁好电箱。

2. 塔式起重机

邻近营业线施工中，各单位最常使用的起重设备中，塔式起重机占比较大。其对铁路营业线安全的危害主要是倾倒侵限、作业臂旋转侵限和吊装物坠落侵限等。因此，对其安全监管也是日常施工安全监督检查的重点之一。

（1）塔式起重机必须是取得生产许可证的专业生产厂生产的合格产品。使用塔式起重机除需进行日常检查、保养外，还应按规定进行正常使用时的常规检验。

（2）塔式起重机安装与拆卸安全检查中，主要是检查其基础及轨道铺设前是否对路基及轨道进行检验；安装及拆卸作业是否由具有资质的企业负责，是否严格分工和统一指挥；附墙杆件的布置和间隔是否检算并经技术部门确认和主管部门验收。

（3）检查是否按照《塔式起重机安全规程》（GB 5144）及说明书规定，安装起重力矩限制器、起重量限制器、幅度限制器、起升高度限制器、回转限制器、行走限位开关及夹轨器等安全装置。

（4）两台及两台以上塔式起重机之间的任何部位（包括吊物）的距离不应小于 2 m。当不能满足要求时，应采取调整相邻塔式起重机的工作高度、加设行程限位、回转限位装置等措施，并制定交叉作业的操作规程。

（5）作业完毕，塔式起重机应停放在轨道中间位置，起重臂应转到顺风方向，并应松开回转制动器，起重小车及平衡重应置于非工作状态。

（6）在塔身底部易于观察的位置应固定产品标牌。

（7）行程限位装置：

① 行走限位装置：轨道式塔机行走机构应在每个运行方向设置行程限位开关。在轨道上应安装限位开关碰铁。

② 回转限位器：回转部分不设集电器的塔机，应安装回转限位器。塔机回转部分在非工作状态下应能自由旋转；对有自锁作用的回转机构，应安装安全极限力矩联轴器。

在日常监督检查过程中，重点关注塔机高度与倾倒后是否可能侵入铁路设备安全限界，其作业臂在作业过程中是否回转侵入铁路安全限界内，以及吊装物是否有坠落侵入铁路限界的危险。

3．施工升降机（人货两用电梯）

（1）施工升降机吊笼与吊杆不得同时使用。吊笼顶部应装设安全开关，当人员在吊笼顶部作业时，安全开关应处于吊笼不能启动的断路状态。

（2）按照现行国家标准《施工升降机安全规程》（GB 10055）及说明书规定，施工升降机应安装限速器、安全钩、制动器、限位开关、笼门联锁装置、停层门（或停层栏杆）、底层防护栏杆、缓冲装置、地面出入口防护棚等安全防护装置。

（3）施工升降机操作、使用应符合下列规定：

① 每班使用前应对施工升降机金属结构、导轨接头、吊笼、电源、控制开关在零位、联锁装置等进行检查，并进行空载运行试验及试验制动器可靠度。

② 施工升降机额定荷载试验在每班首次载重运行时，应从最底层开始上升，不得自上而下运行，当吊笼升高离地面 1 m ~ 2 m 时，停机试验制动器的可靠性。

③ 施工升降机吊笼进门明显处必须标明限载重量和允许乘人数量，司机必须经核定后，方可运行。严禁超载运行。

④ 施工升降机司机应按指挥信号操作，作业运行前应鸣声示意。司机离机前，必须将吊笼降到底层，并切断电源锁好电箱。

⑤ 施工升降机的防坠安全器，不得任意拆检调整，应按规定的期限，由生产厂或指定的认可单位进行鉴定或检修。

4．物料提升机

（1）《龙门架及井架物料提升机安全技术规范》（JGJ 88）规定：**物料提升机严禁使用摩擦式卷扬机。**

（2）防护围栏应符合下列规定：

① 物料提升机地面进料口应设置防护围栏；围栏高度不应小于 1.8 m，围栏立面可采用网板结构。

② 进料口门的开启高度不应小于 1.8 m；进料口门应装有电气安全开关，吊笼应在进料口门关闭后才能启动。

（3）停层平台及平台门应符合下列规定：

① 停层平台外边缘与吊笼门外缘的水平距离不宜大于 100 mm，与外脚手架外侧立杆（当无外脚手架时与建筑结构外墙）的水平距离不宜小于 1 m。

② 停层平台两侧的防护栏杆上栏杆高度宜为 1.0 m ~ 1.2 m，下栏杆高度宜为 0.5 m ~ 0.6 m，在栏杆任一点作用 1 kN 的水平力时，不应产生永久变形；挡脚板高度不应小于 180 mm，且宜采用厚度不小于 1.5 mm 的冷轧钢板。

③ 平台门应采用工具式、定型化。

④ 平台门的高度不宜小于 1.8 m，宽度与吊笼门宽度差不应大于 200 mm，并应安装在台口外边缘处，与台口外边缘的水平距离不应大于 200 mm。

⑤ 平台门应向停层平台内侧开启，并应处于常闭状态。

（4）当物料提升机安装高度大于或等于 30 m 时，不得使用缆风绳。

（5）卷扬机操作棚应采用定型化、装配式，且应具有防雨功能。操作棚应有足够的操作空间。

（6）物料提升机的标志应齐全，其附属设备、备件及专用工具、技术文件均应与制造商的装箱单相符。

（7）物料提升机应设置标牌，且应标明产品名称和型号、主要性能参数、出厂编号、制造商名称和产品制造日期。

（8）物料提升机操作使用应符合下列规定：

① 每班作业前，应对物料提升机架体、缆风绳、附墙架及各安全防护装置进行检查，并经空载运行试验，确认符合要求后，方可投入使用。

② 物料提升机运行时，物料在吊篮内应均匀分配，不得超载运行和物料超出吊篮外运行；

③ 物料提升机作业时，应设置统一信号指挥，当无可靠联系措施时，司机不得开机；高架提升机应使用通信装置联系，或设置摄像显示装置。

④ 设有起重扒杆的物料提升机，作业时，其吊篮与起重扒杆不得同时使用。

⑤ 不得随意拆除物料提升机安全装置，发现安全装置失灵时，应立即停机修复。

⑥ 严禁人员攀登物料提升机或乘其吊篮上下。

⑦ 物料提升机司机下班或司机暂时离机，必须将吊篮降至地面，并切断电源，锁好电箱。

2.7.4　起重吊装

1. 一般规定

（1）参加起重吊装作业人员，包括司机、起重工、信号指挥、电焊工等均应属特种作业人员，必须是经专业培训、考核取得合格证，并经体检确认可进行高处作业的人员。

这里需要注意的是，质检总局《关于修订〈特种设备目录〉的公告》（2014 年第114 号）规定，汽车吊已经不属于特种设备管理范围，不用取特种设备作业人员证。

（2）起重吊装作业前应详细勘查现场，按照工程特点及作业环境编制专项施工方案。

（3）起重吊装作业前应进行安全技术交底，内容包括吊装工艺、构件重量及注意事项。

（4）当进行高处吊装作业或司机不能清楚地看到作业地点或信号时，应设置信号传递人员。

（5）起重吊装高处作业人员应佩带工具袋，工具及零配件应装入工具袋内，不得抛掷物品。

2．索具设备

（1）应正确使用吊钩，严禁使用焊接钩、钢筋钩，当吊钩挂绳断面处磨损超过高度 10%时应报废。

（2）手搬葫芦使用应符合下列规定：

① 手搬葫芦钢丝绳应选用钢芯钢丝绳，不得有扭结、接头。

② 不得采用加长搬把手柄的方法操作。

③ 当使用牵拉重物的手搬葫芦用于载人的吊篮时，其载重能力必须降为额定载荷的 1/3，且应加装自锁夹钳装置。

（3）绞磨使用应符合下列规定：

① 绞磨应与地锚连接牢固，受力后不得倾斜和悬空，起重钢丝绳在卷筒上缠绕不得少于 4 圈，工作时，应设专人拉紧卷筒后面绳头。

② 绞磨必须装设制动器，当绞磨暂时停止转动时应用制动器锁住，且推杠人员不得离开。

③ 松弛起重绳时，必须采用推杠反方向旋转控制，严禁采用松后尾拉绳的方法。

3．起重机吊装作业

（1）构件吊点的选择应符合下列规定：

① 当采用一个吊点起吊时，吊点必须选择在构件重心以上，使吊点与构件重心的连线和构件的横截面呈垂直。

② 当采用多个吊点起吊时，应使各吊点吊索拉力的合力作用点置于构件的重心以上，使各吊索的汇交点（起重机的吊钩位置）与构件重心的连线和构件的支座面垂直。

（2）履带式起重机应按照现行国家标准《起重机械安全规程》（GB 6067）和该机说明书的规定安装幅度指示器、超高限位器、力矩限制器等安全装置。

（3）汽车、轮胎式起重机作业前应全部伸出支腿，并采用方木或铁板垫实，调整水平度，锁牢定位销。

4．起重吊装"十不吊"

（1）起重臂和吊起的重物下面不准有人停留或行走。

（2）起重指挥应由技术培训合格的专职人员担任，无指挥或信号不清不准吊。

（3）钢筋、型钢、管材等细长和多根物件必须捆扎牢靠，多点起吊。单头"千斤"或捆扎不牢靠不准吊。

（4）多孔板、积灰斗、手推翻斗车不用四点吊或大模板外挂板不用卸甲不准吊。预制钢筋混凝土楼板不准双拼吊。

（5）吊砌块必须使用安全可靠的砌块夹具，吊砖必须使用砖笼，并堆放整齐。木砖、预埋件等零星物件要用盛器堆放稳妥，叠放不齐不准吊。

（6）楼板、大梁等吊物上站人不准吊。

（7）埋入地面的板桩、井点管等，以及粘连、附着的物件不准吊。

（8）多机作业，应保证所吊重物距离不小于 3 m，在同一轨道上多机作业，无安全措施不准吊。

（9）六级以上强风区不准吊。

（10）斜拉重物或超过机械允许荷载不准吊。

2.8　危险性较大的分部分项工程

根据《危险性较大的分部分项工程安全管理办法》（建质〔2009〕87 号）的规定，危险性较大的分部分项工程是指建筑工程在施工过程中存在的、可能导致作业人员群死群伤或造成重大不良社会影响的分部分项工程。

施工单位、监理单位应当建立危险性较大的分部分项工程安全管理制度。

建筑工程实行施工总承包的，专项方案应当由施工总承包单位组织编制。其中，起重机械安装拆卸工程、深基坑工程、附着式升降脚手架等专业工程实行分包的，其专项方案可由专业承包单位组织编制。

建设单位在申请领取施工许可证或办理安全监督手续时，应当提供危险性较大的分部分项工程清单和安全管理措施。施工单位、监理单位应当建立危险性较大的分部分项工程安全管理制度。

施工单位应当在危险性较大的分部分项工程施工前编制专项方案；对于超过一定规模的危险性较大的分部分项工程，施工单位应当组织专家对专项方案进行论证。

2.8.1　专项方案

1．转向方案的内容

（1）工程概况：危险性较大的分部分项工程概况、施工平面布置、施工要求和技术保证条件。

（2）编制依据：相关法律、法规、规范性文件、标准、规范及图纸（国家标准图集）、施工组织设计等。

（3）施工计划：包括施工进度计划、材料与设备计划。

（4）施工工艺技术：技术参数、工艺流程、施工方法、检查验收等。

（5）施工安全保证措施：组织保障、技术措施、应急预案、监测监控等。

（6）劳动力计划：专职安全生产管理人员、特种作业人员等。

（7）计算书及相关图纸。

2．相关要求

专项方案应当由施工单位技术部门组织本单位施工技术、安全、质量等部门的专业技术人员进行审核。经审核合格的，由施工单位技术负责人签字。实行施工总承包的，专项方案应当由总承包单位技术负责人及相关专业承包单位技术负责人签字。

不需专家论证的专项方案，经施工单位审核合格后报监理单位，由项目总监理工程师审核签字。超过一定规模的危险性较大的分部分项工程专项方案，应当由施工单位组织召开专家论证会。实行施工总承包的，由施工总承包单位组织召开专家论证会。

本项目参建各方的人员不得以专家身份参加专家论证会。

施工单位应当严格按照专项方案组织施工，不得擅自修改、调整专项方案。

如因设计、结构、外部环境等因素发生变化确需修改的，修改后的专项方案应当重新审核。对于超过一定规模的危险性较大工程的专项方案，施工单位应当重新组织专家进行论证。

施工单位应当指定专人对专项方案实施情况进行现场监督和按规定进行监测。发现不按照专项方案施工的，应当要求其立即整改；发现有危及人身安全紧急情况的，应当立即组织作业人员撤离危险区域。

施工单位技术负责人应当定期巡查专项方案实施情况。

监理单位应当将危险性较大的分部分项工程列入监理规划和监理实施细则，应当针对工程特点、周边环境和施工工艺等，制定安全监理工作流程、方法和措施。

监理单位应当对专项方案实施情况进行现场监理；对不按专项方案实施的，应当责令整改，施工单位拒不整改的，应当及时向建设单位报告；建设单位接到监理单位报告后，应当立即责令施工单位停工整改；施工单位仍不停工整改的，建设单位应当及时向住房城乡建设主管部门报告。

2.8.2　危险性较大的分部分项工程范围

1．基坑支护、降水工程

开挖深度超过 3 m（含 3 m）或虽未超过 3 m 但地质条件和周边环境复杂的基坑（槽）支护、降水工程。

2．土方开挖工程

开挖深度超过 3 m（含 3 m）的基坑（槽）的土方开挖工程。

3．模板工程及支撑体系

（1）各类工具式模板工程：包括大模板、滑模、爬模、飞模等工程。

（2）混凝土模板支撑工程：搭设高度 5 m 及以上；搭设跨度 10 m 及以上；施工总荷载 10 kN/m² 及以上；集中线荷载 15 kN/m 及以上；高度大于支撑水平投影宽度且相

对独立无联系构件的混凝土模板支撑工程。

（3）承重支撑体系：用于钢结构安装等满堂支撑体系。

4. 起重吊装及安装拆卸工程

（1）采用非常规起重设备、方法，且单件起吊重量在 10 kN 及以上的起重吊装工程。

（2）采用起重机械进行安装的工程。

（3）起重机械设备自身的安装、拆卸。

5. 脚手架工程

（1）搭设高度 24 m 及以上的落地式钢管脚手架工程。

（2）附着式整体和分片提升脚手架工程。

（3）悬挑式脚手架工程。

（4）吊篮脚手架工程。

（5）自制卸料平台、移动操作平台工程。

（6）新型及异型脚手架工程。

6. 拆除、爆破工程

（1）建筑物、构筑物拆除工程。

（2）采用爆破拆除的工程。

7. 其　他

（1）建筑幕墙安装工程。

（2）钢结构、网架和索膜结构安装工程。

（3）人工挖扩孔桩工程。

（4）地下暗挖、顶管及水下作业工程。

（5）预应力工程。

（6）采用新技术、新工艺、新材料、新设备及尚无相关技术标准的危险性较大的分部分项工程。

施工单位在编制施工组织（总）设计的基础上，针对危险性较大的分部分项工程单独编制的安全专项施工方案，对于超过一定规模的危险性较大的分部分项工程，施工单位应当组织专家对专项方案进行论证。

2.8.3　超过一定规模的危险性较大的分部分项工程范围

1. 深基坑工程

（1）开挖深度超过 5 m（含 5 m）的基坑（槽）的土方开挖、支护、降水工程。

（2）开挖深度虽未超过 5 m，但地质条件、周围环境和地下管线复杂，或影响毗邻建筑（构筑）物安全的基坑（槽）的土方开挖、支护、降水工程。

2．模板工程及支撑体系

（1）工具式模板工程：包括滑模、爬模、飞模工程。

（2）混凝土模板支撑工程：搭设高度 8 m 及以上；搭设跨度 18 m 及以上，施工总荷载 15 kN/m² 及以上；集中线荷载 20 kN/m 及以上。

（3）承重支撑体系：用于钢结构安装等满堂支撑体系，承受单点集中荷载 700 kg 以上。

3．起重吊装及安装拆卸工程

（1）采用非常规起重设备、方法，且单件起吊重量在 100 kN 及以上的起重吊装工程。

（2）起重量 300 kN 及以上的起重设备安装工程；高度 200 m 及以上内爬起重设备的拆除工程。

4．脚手架工程

（1）搭设高度 50 m 及以上落地式钢管脚手架工程。

（2）提升高度 150 m 及以上附着式整体和分片提升脚手架工程。

（3）架体高度 20 m 及以上悬挑式脚手架工程。

5．拆除、爆破工程

（1）采用爆破拆除的工程。

（2）码头、桥梁、高架、烟囱、水塔或拆除中容易引起有毒有害气（液）体或粉尘扩散、易燃易爆事故发生的特殊建、构筑物的拆除工程。

（3）可能影响行人、交通、电力设施、通信设施或其他建、构筑物安全的拆除工程。

（4）文物保护建筑、优秀历史建筑或历史文化风貌区控制范围的拆除工程。

6．其　他

（1）施工高度 50 m 及以上的建筑幕墙安装工程。

（2）跨度大于 36 m 及以上的钢结构安装工程；跨度大于 60 m 及以上的网架和索膜结构安装工程。

（3）开挖深度超过 16 m 的人工挖孔桩工程。

（4）地下暗挖工程、顶管工程、水下作业工程。

（5）采用新技术、新工艺、新材料、新设备及尚无相关技术标准的危险性较大的分部分项工程。

2.9 施工现场消防安全

施工现场消防安全管理也是项目安全管理的重要环节，是安全生产中不可缺少的部分。

施工现场消防安全应严格落实《消防法》，严格执行《建设工程施工现场消防安全技术规范》（GB 50720）的规范要求。

2.9.1 通用规定

《消防法》第二十一条规定：禁止在具有火灾、爆炸危险的场所吸烟、使用明火。因施工等特殊情况需要使用明火作业的，应当按照规定事先办理审批手续，采取相应的消防安全措施；作业人员应当遵守消防安全规定。

《消防法》第二十六条规定：建筑构件、建筑材料和室内装修、装饰材料的防火性能必须符合国家标准；没有国家标准的，必须符合行业标准。

《建设工程施工现场消防安全技术规范》规定：施工现场出入口的设置应满足消防车通行的要求，并宜布置在不同方向，其数量不宜少于两个。当确有困难只能设置 1 个出入口时，应在施工现场内设置满足消防车通行的环形道路。

易燃易爆危险品库房与在建工程的防火间距不应小于 15 m，可燃材料堆场及其加工场、固定动火作业场与在建工程的防火间距不应小于 10 m，其他临时用房、临时设施与在建工程的防火间距不应小于 6 m。

《建筑施工安全技术统一规范》对消防安全也作了相关规定：

工地防火管理是施工安全管理的一项重要工作。工地应建立消防管理制度、动火审批制度和易燃易爆物品的管理办法。工地应按照总平面图划分防火责任区，根据作业条件合理配备灭火器材。当工程施工高度超过 30 m 时，应配备有足够扬程的消防水源和必须保障畅通的疏散通道。

对各类灭火器材、消火栓及水带应经常检查和维护保养，保证使用效果。

工地应设置吸烟室，吸烟人员必须到吸烟室吸烟。

当发生火险工地消防人员不能及时扑救时，应迅速准确地向当地消防部门报警，并清理通道障碍和查清消火栓位置，为消防灭火做好准备。

2.9.2 建筑防火

（1）宿舍、办公用房建筑层数不应超过 3 层，每层建筑面积不应大于 300 m²。层数为 3 层或每层建筑面积大于 200 m² 时，应设置至少两部疏散楼梯，房间疏散门至疏散楼梯的最大距离不应大于 25 m。

（2）宿舍、办公用房不应与厨房操作间、锅炉房、变配电房等组合建造。

（3）会议室、文化娱乐室等人员密集的房间应设置在临时用房的第一层，其疏散门应向疏散方向开启。

（4）在建工程作业场所临时疏散通道的设置应符合下列规定：

① 设置在地面上的临时疏散通道，其净宽度不应小于 1.5 m；利用在建工程施工完毕的水平结构、楼梯作临时疏散通道时，其净宽度不宜小于 1.0 m；用于疏散的爬梯及设置在脚手架上的临时疏散通道，其净宽度不应小于 0.6 m。

② 临时疏散通道为坡道，且坡度大于 25°时，应修建楼梯或台阶踏步或设置防滑条。

③ 临时疏散通道的侧面为临空面时，应沿临空面设置高度不小于 1.2 m 的防护栏杆。

④ 临时疏散通道应设置明显的疏散指示标识。

⑤ 临时疏散通道应设置照明设施。

（5）临时疏散通道的安全防护网应采用阻燃型安全防护网。

2.9.3 临时消防设施

（1）施工现场应设置灭火器、临时消防给水系统和应急照明等临时消防设施。

（2）临时消防设施应与在建工程的施工同步设置。房屋建筑工程中，临时消防设施的设置与在建工程主体结构施工进度的差距不应超过 3 层。

（3）**施工现场的消火栓泵应采用专用消防配电线路。专用消防配电线路应自施工现场总配电箱的总断路器上端接入，且应保持不间断供电。**

（4）在建工程及临时用房的下列场所应配置灭火器：

① 易燃易爆危险品存放及使用场所。

② 动火作业场所。

③ 可燃材料存放、加工及使用场所。

④ 厨房操作间、锅炉房、发电机房、变配电房、设备用房、办公用房、宿舍等临时用房。

⑤ 其他具有火灾危险的场所。

（5）灭火器的配置数量应按现行国家标准《建筑灭火器配置设计规范》（GB 50140）的有关规定经计算确定，且每个场所的灭火器数量不应少于两具。

（6）施工现场或其附近应设置稳定、可靠的水源，并应能满足施工现场临时消防用水的需要。

（7）在建工程结构施工完毕的每层楼梯处应设置消防水枪、水带及软管，且每个设置点不应少于两套。

2.9.4 防火管理

1. 一般规定

施工单位应根据建设项目规模、现场消防安全管理的重点，在施工现场建立消防安全管理组织机构及义务消防组织，并应确定消防安全负责人和消防安全管理人员，同时应落实相关人员的消防安全管理责任。

（1）施工单位应针对施工现场可能导致火灾发生的施工作业及其他活动，制定消防安全管理制度。消防安全管理制度应包括下列主要内容：

① 消防安全教育与培训制度。

② 可燃及易燃易爆危险品管理制度。

③ 用火、用电、用气管理制度。

④ 消防安全检查制度。

⑤ 应急预案演练制度。

（2）施工单位应编制施工现场防火技术方案，并应根据现场情况变化及时对其修改、完善。防火技术方案应包括下列主要内容：

① 施工现场重大火灾危险源辨识。

② 施工现场防火技术措施。

③ 临时消防设施、临时疏散设施配备。

④ 临时消防设施和消防警示标识布置图。

（3）施工单位应编制施工现场灭火及应急疏散预案。灭火及应急疏散预案应包括下列主要内容：

① 应急灭火处置机构及各级人员应急处置职责。

② 报警、接警处置的程序和通讯联络的方式。

③ 扑救初起火灾的程序和措施。

④ 应急疏散及救援的程序和措施。

（4）施工人员进场时，施工现场的消防安全管理人员应向施工人员进行消防安全教育和培训。消防安全教育和培训应包括下列内容：

① 施工现场消防安全管理制度、防火技术方案、灭火及应急疏散预案的主要内容。

② 施工现场临时消防设施的性能及使用、维护方法。

③ 扑灭初起火灾及自救逃生的知识和技能。

④ 报警、接警的程序和方法。

（5）施工作业前，施工现场的施工管理人员应向作业人员进行消防安全技术交底。消防安全技术交底应包括下列主要内容：

① 施工过程中可能发生火灾的部位或环节。

② 施工过程应采取的防火措施及应配备的临时消防设施。

③ 初起火灾的扑救方法及注意事项。

④ 逃生方法及路线。

（6）施工过程中，施工现场的消防安全负责人应定期组织消防安全管理人员对施工现场的消防安全进行检查。消防安全检查应包括下列主要内容：

① 可燃物及易燃易爆危险品的管理是否落实。

② 动火作业的防火措施是否落实。

③ 用火、用电、用气是否存在违章操作，电、气焊及保温防水施工是否执行操作规程。

④ 临时消防设施是否完好有效。

⑤ 临时消防车道及临时疏散设施是否畅通。

施工单位应做好并保存施工现场消防安全管理的相关文件和记录，并应建立现场消防安全管理档案。

2. 可燃物及易燃易爆危险品管理

（1）可燃材料及易燃易爆危险品应按计划限量进场。进场后，可燃材料宜存放于库房内，露天存放时，应分类成垛堆放，垛高不应超过 2 m，单垛体积不应超过 50 m³，垛与垛之间的最小间距不应小于 2 m，且应采用不燃或难燃材料覆盖；易燃易爆危险品应分类专库储存，库房内应通风良好，并应设置严禁明火标志。

（2）**室内使用油漆及其有机溶剂、乙二胺、冷底子油等易挥发产生易燃气体的物资作业时，应保持良好通风，作业场所严禁明火，并应避免产生静电。**

（3）施工产生的可燃、易燃建筑垃圾或余料，应及时清理。

3. 用火、用电、用气管理

（1）**焊接、切割、烘烤或加热等动火作业前，应对作业现场的可燃物进行清理；作业现场及其附近无法移走的可燃物应采用不燃材料对其覆盖或隔离。**

裸露的可燃材料上严禁直接进行动火作业。

（2）**焊接、切割、烘烤或加热等动火作业应配备灭火器材，并应设置动火监护人进行现场监护，每个动火作业点均应设置 1 个监护人。**

具有火灾、爆炸危险的场所严禁明火。

施工现场不应采用明火取暖。

（3）厨房操作间炉灶使用完毕后，应将炉火熄灭，排油烟机及油烟管道应定期清理油垢。

（4）施工现场供用电设施的设计、施工、运行和维护应符合现行国家标准《建设工程施工现场供用电安全规范》（GB 50194）的有关规定。

（5）**施工现场用气应符合下列规定：**

① 储装气体的罐瓶及其附件应合格、完好和有效；严禁使用减压器及其他附件缺损的氧气瓶，严禁使用乙炔专用减压器、回火防止器及其他附件缺损的乙炔瓶。

② 气瓶运输、存放、使用时，应符合下列规定：

气瓶应保持直立状态，并采取防倾倒措施，乙炔瓶严禁横躺卧放。

严禁碰撞、敲打、抛掷、滚动气瓶。

气瓶应远离火源，与火源的距离不应小于 10 m，并应采取避免高温和防止暴晒的措施。

燃气储装瓶罐应设置防静电装置。

③ 气瓶应分类储存，库房内应通风良好；空瓶和实瓶同库存放时，应分开放置，空瓶和实瓶的间距不应小于 1.5 m。

④ 气瓶使用时，应符合下列规定：

使用前，应检查气瓶及气瓶附件的完好性，检查连接气路的气密性，并采取避免气体泄漏的措施，严禁使用已老化的橡皮气管。

氧气瓶与乙炔瓶的工作间距不应小于 5 m，气瓶与明火作业点的距离不应小于 10 m。

冬季使用气瓶，气瓶的瓶阀、减压器等发生冻结时，严禁用火烘烤或用铁器敲击瓶阀，严禁猛拧减压器的调节螺丝。

氧气瓶内剩余气体的压力不应小于 0.1 MPa。

气瓶用后应及时归库。

4. 其他消防安全规定

（1）施工现场的重点防火部位或区域应设置防火警示标识。

（2）施工单位应做好施工现场临时消防设施的日常维护工作，对已失效、损坏或丢失的消防设施应及时更换、修复或补充。

（3）临时消防车道、临时疏散通道、安全出口应保持畅通，不得遮挡、挪动疏散指示标识，不得挪用消防设施。

（4）施工期间，不应拆除临时消防设施及临时疏散设施。

（5）施工现场严禁吸烟。

（6）冬季施工需现场防寒作业的要严禁明火采暖，严格落实现场看守作业制度，及时清理现场可燃垃圾。

（7）电焊作业现场必须严格落实看护制度，坚决落实"五个必须"硬性措施，即凡未经审批擅自施工装修的，必须立即停止施工；凡违规留宿人员的，必须依法清理；凡违规采用易燃可燃材料装修的，必须停工整改；凡擅自停用消防设施、违规用火用电用气用油的，必须严肃追责；凡是使用无证电焊工的，必须立即清退。

（8）开展电气线路消防安全自查自纠工作，检查重点如下：

① 是否存在违规生产、采购、安装、使用无证、"三无"电气产品和质量不合格电气产品问题。

② 铁路建设工程电气设计是否严格按工程建设强制性标准执行，是否按设计图纸施工、安装电器产品，是否存在偷工减料、使用劣质电线等问题。

③ 电气线路配线、布线是否符合设计规范及相关技术要求，是否严格按工艺执行

并进行绝缘检测，线槽、顶棚、墙板敷设电线的隐蔽部位和电缆井（沟）等封堵是否到位。

④ 是否存在应设未设短路保护装置、绝缘监测装置及火灾报警装置，是否用电负荷超额和私拉乱接电线、电气线路老化、敷设不规范等问题。

⑤ 是否按规定定期维护、保养和检测防雷装置、电气系统、线路和设备。

⑥ 是否按规定严格落实用电安全管理制度，电热毯、电暖器、"小太阳"等冬季取暖设备离人后必须断电；各单位还应规定配备专业电工，落实相关作业人员安全培训考核取证。

2.10　施工现场职业健康安全

施工现场职业健康安全管理主要涉及高温、高寒作业、重体力劳动、粉尘防护、对女工保护等。

2.10.1　施工现场化学有害因素

施工现场化学有害因素包括化学物质、粉尘外，还包括生物因素。化学有害因素的控制，应严格执行《工作场所有害因素职业接触限值 化学有害因素》（GBZ 2.1，全文均为强制性标准）之规定。

铁路营业线施工安全监督检查中，常见的化学有害因素主要是粉尘，如电焊烟尘（修理所人员接触较多）、聚氯乙烯粉尘、麻尘、煤尘（沿线设备管理单位人员接触较多）、木粉尘、砂轮磨尘、石灰石粉尘、水泥粉尘、矽尘（隧道施工及工务人员接触比较多）等。

对于粉尘的防护，主要检查施工单位是否为从业人员配备了相应的防尘口罩，从业人员是否按规定佩戴。

2.10.2　施工现场物理有害因素

物理有害因素的控制，应严格执行《工作场所有害因素职业接触限值 物理因素》（GBZ 2.2）之规定。

铁路营业线施工中常见的物理有害因素有紫外辐射、高温、高寒、噪声、手传振动、重度及以上体力劳动。

噪声职业接触限值：每周工作 5 d，每天工作 8 h，稳态噪声限值为 85 dB（A），非稳态噪声等效声级的限值为 85 dB（A）；每周工作日不是 5 d，需计算 40 h 等效声级，限值为 85 dB（A）。

手传振动 4 h 等能量频率计权振动加速度限值为 5 m/s^2。

物理因素的检查主要是劳动强度、时长是否符合规范要求，防护用品使用是否符合国家规定。

2.10.3　女职工劳动保护的规定

《女职工劳动保护特别规定》（国务院令第 619 号）规定如下：

女职工在孕期不能适应原劳动的，用人单位应当根据医疗机构的证明，予以减轻劳动量或者安排其他能够适应的劳动。

对怀孕 7 个月以上的女职工，用人单位不得延长劳动时间或者安排夜班劳动，并应当在劳动时间内安排一定的休息时间。

对哺乳未满 1 周岁婴儿的女职工，用人单位不得延长劳动时间或者安排夜班劳动。

施工现场主要检查是否安排女职工从事女职工禁忌从事的劳动范围之内的劳动工作。

2.11　文明施工

文明施工最能直观反映一个施工项目安全管理的水平。文明施工就是针对施工项目具体情况从项目部到施工现场的各类布置是否规整、制度是否齐全有效、标牌是否齐全、人员管理是否规范、现场是否整齐等文明施工的各项要求，落实相应的各项管理措施。

2.11.1　施工平面布置

施工总平面图是现场管理、实现文明施工的依据。施工总平面图应对施工机械设备、材料和构配件的堆场、现场加工场地，以及现场临时运输道路、临时供水供电线路和其他临时设施进行合理布置，并随工程实施的不同阶段进行场地布置和调整。

2.11.2　现场围挡、标牌

（1）《建筑施工安全技术统一规范》规定：工程建设施工工地应创造条件实行封闭管理。在作业区域范围设置高度不低于 1.8 m 的围挡，应选用坚固、整洁的材料，沿工地四周连续设置。

（2）《建设工程施工现场环境与卫生标准》第 3.0.8 条规定：施工现场应实行封闭管理，并应采用硬质围挡。市区主要路段的施工现场围挡高度不应低于 2.5 m，一般路段围挡高度不应低于 1.8 m，围挡应牢固、稳定、整洁。距离交通路口 20 m 范围内占据道路施工设置的围挡，其 0.8 m 以上部分应采用通透性围挡，并应采取交通疏导和警示措施。

封闭管理的原因：未封闭管理的施工现场作业条件差，不安全因素多，在作业过程中既容易伤害作业人员，也容易伤害现场以外的人员。因此，施工现场必须实施封闭式管理，将施工现场与外界隔离，以保护环境、美化市容。

（3）《建设工程施工现场环境与卫生标准》第 3.0.9 条规定：施工现场出入口应标有企业名称或企业标识。主要出入口明显处应设置工程概况牌，施工现场大门内应有施工现场总平面图和安全管理、环境保护与绿色施工、消防保卫等制度牌和宣传栏。

（4）施工现场的进口处应有整齐明显的"五牌一图"。

① 五牌：工程概况牌、管理人员名单及监督电话牌、消防保卫牌、安全生产（无重大事故）牌、文明施工牌；工程概况牌内容一般应写明工程名称、面积、层数、建设单位、设计单位、施工单位、监理单位、开竣工日期、项目负责人（经理）以及联系电话。

② 一图：施工现场总平面图。可根据情况再增加其他牌图，如工程效果图、项目部组织机构及主要管理人员名单图等。

③ 施工现场应合理悬挂安全生产宣传和警示牌，标牌悬挂牢固可靠，特别是主要施工部位、作业点和危险区域以及主要通道口都必须有针对性地悬挂醒目的安全警示牌。

（5）施工现场入口处、施工起重机具（械）、临时用电设施、脚手架、出入通道口、楼梯口、电梯井口、孔洞口、桥梁口、隧道口、基坑边沿、爆破物及有害危险气体和液体存放处等属于危险部位，应当设置明显的安全警示标志。

安全警示标志的类型、数量应当根据危险部位的性质不同，设置不同的安全警示标志。如：在爆破物及有害危险气体和液体存放处设置禁止烟火、禁止吸烟等禁止标志；在施工机具旁设置当心触电、当心伤手等警告标志；在施工现场入口处设置必须戴安全帽等指令标志；在通道口处设置安全通道等指示标志；在施工现场的沟、坎、深基坑等处，夜间要设红灯示警。

2.11.3 施工场地

（1）施工现场应积极推行硬地坪施工，作业区、生活区主干道地面必须用一定厚度的混凝土硬化，场内其他道路地面也应硬化处理。

（2）施工现场道路畅通、平坦、整洁，无散落物。

（3）施工现场设置排水系统，排水畅通，不积水。

（4）严禁泥浆、污水、废水外流或未经允许排入河道，严禁堵塞下水道和排水河道。

（5）施工现场适当地方设置吸烟处，作业区内禁止随意吸烟。

（6）积极美化施工现场环境，根据季节变化，适当进行绿化布置。

2.11.4　材料堆放、周转设备管理

（1）建筑材料、构配件、料具必须按施工现场总平面布置图堆放，布置合理。

（2）建筑材料、构配件及其他料具等必须做到安全、整齐堆放（存放），不得超高。堆料分门别类，悬挂标牌，标牌应统一制作，标明名称、品种、规格数量等。

（3）建立材料收发管理制度，仓库、工具间材料堆放整齐，易燃易爆物品分类堆放，专人负责，确保安全。

（4）施工现场建立清扫制度，落实到人，做到工完料尽场地清，车辆进出场应有防泥带出措施。建筑垃圾及时清运，临时存放现场的也应集中堆放整齐、悬挂标牌。不用的施工机具和设备应及时出场。

（5）施工设施、大模板、砖夹等，集中堆放整齐，大模板成对放稳，角度正确。钢模及零配件、脚手扣件分类分规格，集中存放。竹木杂料，分类堆放、规则成方，不散不乱，不作他用。

2.11.5　现场生活设施

（1）施工现场作业区与办公、生活区必须明显划分，确因场地狭窄不能划分的，要有可靠的隔离栏防护措施。

（2）宿舍内应确保主体结构安全，设施完好。宿舍周围环境应保持整洁、安全。

（3）宿舍内应有保暖、消暑、防煤气中毒、防蚊虫叮咬等措施。严禁使用煤气灶、煤油炉、电饭煲、热得快、电炒锅、电炉等器具。

（4）食堂应有良好的通风和洁卫措施，保持卫生整洁，炊事员持健康证上岗。

（5）建立现场卫生责任制，设卫生保洁员。

（6）施工现场应设固定的男、女简易淋浴室和厕所，并要保证结构稳定、牢固和防风雨。并实行专人管理、及时清扫，保持整洁，要有灭蚊蝇滋生措施。

2.11.6　现场消防、防火管理

（1）现场建立消防管理制度，建立消防领导小组，落实消防责任制和责任人员，做到思想重视、措施跟上、管理到位。

（2）定期对有关人员进行消防教育，落实消防措施。

（3）现场必须有消防平面布置图，临时设施按消防条例有关规定搭设，做到标准规范。

（4）易燃易爆物品堆放间、油漆间、木工间、总配电室等消防防火重点部位要按

规定设置灭火器和消防沙箱，并有专人负责，对违反消防条例的有关人员进行严肃处理。

（5）施工现场用明火做到严格按动用明火规定执行，审批手续齐全。

2.11.7　医疗急救的管理

展开卫生防病教育，准备必要的医疗设施，配备经过培训的急救人员，有急救措施、急救器材和保健医药箱。在现场办公室的显著位置张贴急救车和有关医院的电话号码等。

2.11.8　社区服务的管理

建立施工不扰民的措施。现场不得焚烧有毒、有害物质等。

2.11.9　治安管理

（1）建立现场治安保卫领导小组，有专人管理。

（2）新入场的人员做到及时登记，做到合法用工。

（3）按照治安管理法规和施工现场的治安管理规定搞好各项管理工作。

（4）建立门卫值班管理制度，严禁无证人员和其他闲杂人员进入施工现场，避免安全事故和失盗事件的发生。

3 基坑工程安全

基坑施工的安全与否,直接影响后续上部工程的安全。在国家标准及行业标准中,对基坑工程施工安全技术都作了非常详细的规定,因此将基坑工程安全单独成章进行介绍。

3.1 基坑施工安全一般规定

3.1.1 《建筑施工安全技术统一规范》对基坑作业的一般规定

(1)基坑工程应贯彻先设计后施工、先支撑后开挖、边施工边监测、边施工边治理的原则。严禁坑边超载,严禁相邻基坑施工不防范相互干扰等做法。

深基工程施工方案应经主管部门审批或经专家论证。

(2)应加强基坑工程的监测和预报工作,包括对支护结构、周围环境及对岩土变化的监测。

(3)支撑安装必须按设计位置进行,施工过程严禁随意变更,并应切实使围檩与挡土桩墙结合紧密。挡土板或板桩与坑壁间的回填土应分层回填夯实。支撑拆除前,应采取换撑措施,防止边坡卸载过快。

基坑下部封闭施工,应采取通风措施。

(4)人工挖孔桩施工,应遵守以下规定(人工挖孔桩施工是营业线施工当中常见的类型,如下穿框架涵的支墩桩等):

① 各种大直径桩的成孔,应首先采用机械成孔。当采用人工挖孔或人工扩孔时,必须经上级主管部门批准后方可施工。

② 应由熟悉人工挖孔桩施工工艺、遵守操作规定和具有应急监测自防护能力的专业施工队伍施工。

③ 开挖桩孔应从上自下逐层进行,挖一层土及时浇筑一节混凝土护壁。第一节护

壁应高出地面 300 mm。

④ 距孔口顶周边 1 m 搭设围栏，防护栏杆埋深不应小于 0.6 m，高度宜为 1 m～1.2 m，栏杆柱距不得大于 2 m，距离坑边水平距离不得小于 0.5 m。孔口应设安全盖板，当盛土吊桶自孔内提出地面时，必须将盖板关闭孔口后，再进行卸土。孔口周边 1 m 范围内不得有堆土和其他堆积物。

⑤ 提升吊桶的机构其传动部分及地面扒杆必须牢靠，制作、安装应符合施工设计要求。人员不得搭乘盛土吊桶上下，必须另配钢丝绳及滑轮并有断绳保护装置，或使用安全爬梯上下。

⑥ 应避免落物伤人，孔内应设半圆形防护板，随挖掘深度逐层下移。吊运物料时，作业人员应在防护板下面工作。

⑦ 每次下井作业前应检查井壁和抽样检测井内空气，当有害气体超过规定时，应进行处理和用鼓风机送风。严禁用纯氧进行通风换气。

⑧ 井内照明应采用安全矿灯或 12 V 防爆灯具。桩孔较深时，上下联系可通过对讲机等方式，地面不得少于 2 名监护人员。井下人员应轮换作业，连续工作时间不应超过 2 h。

⑨ 挖孔完成后，应当天验收，并及时将桩身钢筋笼就位和浇筑混凝土。正在浇筑混凝土的桩孔周围 10 m 半径内，其他桩不得有人作业。

3.1.2 《建筑施工土石方工程安全技术规范》对基坑工程的规定

1. 一般规定

基坑工程应分层、分段、均衡开挖。基坑工程应编制应急预案。

2. 基坑开挖的防护

（1）开挖深度超过 2 m 的基坑周边必须安装防护栏杆。防护栏杆应符合下列规定：

① 防护栏杆高度不应低于 1.2 m。

② 防护栏杆应由横杆及立杆组成；横杆应设 2～3 道，下杆离地高度宜为 0.3 m～0.6 m、上杆离地高度宜为 1.2 m～1.5 m；立杆间距不宜大于 2.0 m，立杆离坡边距离宜大于 0.5 m。

③ 防护栏杆宜加挂密目安全网和挡脚板；安全网应自上而下封闭设置；挡脚板高度不应小于 180 mm，挡脚板下沿离地高度不应大于 10 mm。

④ 防护栏杆应安装牢固，材料应有足够的强度。

（2）基坑内宜设置供施工人员上下的专用梯道。梯道应设扶手栏杆，梯道的宽度不应小于 1 m。梯道的搭设应符合相关安全规范的要求。

（3）同一垂直作业面的上下层不宜同时作业。需同时作业时，上下层之间应采取隔离防护措施。

3．作业要求

（1）在电力管线、通信管线、燃气管线 2 m 范围内及上下水管线 1 m 范围内挖土时，应有专人监护。

（2）基坑支护结构必须在达到设计要求的强度后，方可开挖下层土方，严禁提前开挖和超挖。施工过程中，严禁设备或重物碰撞支撑、腰梁、锚杆等基坑支护结构，亦不得在支护结构上放置或悬挂重物。

（3）基坑边坡的顶部应设排水措施。基坑底四周宜设排水沟和集水井，并及时排除积水。基坑挖至坑底时应及时清理基底并浇筑垫层。

（4）对人工开挖的狭窄基槽或坑井，开挖深度较大并存在边坡塌方危险时，应采取支护措施。

（5）除基坑支护设计允许外，基坑边不得堆土、堆料、放置机具。

（6）施工现场应采用防水型灯具，夜间施工的作业面及进出道路应有足够的照明措施和安全警示标志。

3.2 深基坑工程施工安全规定

深基坑工程施工是超过一定规模的危险性较大的分部分项工程。

根据《危险性较大的分部分项工程安全管理办法》（建质〔2009〕87 号），施工单位在编制施工组织（总）设计的基础上，针对危险性较大的分部分项工程单独编制的安全专项施工方案，必须有专门的施工方案，对于超过一定规模的危险性较大的分部分项工程，施工单位应当组织专家对专项方案进行论证。

深基坑施工应遵循《建筑深基坑工程施工安全技术规范》（JGJ 311）的规定，严格按规范要求进行设计及施工，并建立完善的观测体系。

3.2.1 一般规定

施工单位在基坑工程实施前应进行下列工作：

（1）组织所有施工技术人员熟悉设计文件、工程地质与水文地质报告、安全监测方案和相关技术标准，并参与基坑工程图纸会审和技术交底。

（2）进行施工现场勘查和环境调查，进一步了解施工现场、基坑影响范围内地下管线、建筑物地基基础情况，必要时制定预先加固方案。

（3）掌握支护结构施工与地下水控制、土方开挖、安全监测的重点与难点，明确施工与设计和监测进行配合的义务与责任。

（4）按照评审通过的基坑工程设计施工图、基坑工程安全监测方案、施工勘查与环境调查报告等文件，编制基坑工程施工组织设计，并应按照有关规定组织施工开挖方案的专家论证；施工安全等级为一级的基坑工程应编制施工安全专项方案。

3.2.2 支 护

基坑的支护应符合《建筑基坑支护技术规程》（JGJ 120）规范要求。

支护结构施工与基坑开挖期间，支护结构达到设计强度要求前，严禁在设计预计的滑裂面范围内堆载；临时土石方的堆放应进行包括自身稳定性、邻近建筑物地基和基坑稳定性验算。

支撑系统的施工与拆除顺序，应与支护结构的设计工况相一致，应严格遵守先撑后挖的原则。

支撑结构上不应堆放材料和运行施工机械。

支撑结构拆除施工前，必须对施工作业人员进行书面安全技术交底。

进行人工拆除作业时，作业人员应站在稳定的结构或脚手架上操作，支撑构件应采取有效的下坠控制措施，方可切断两端的支撑，被拆除的构件应有安全的放置场所。

3.2.3 降排水

基坑施工过程中必须采取降排水措施，确保坑壁稳定。

基坑施工中降排水有各种详细的措施要求，是非常专业的技术规范，可参考《建筑深基坑工程施工安全技术规范》第 7 章的规定。

铁路营业线施工中常见的基坑排水措施应按照其施工组织设计执行，并检查其是否符合相关规范要求、是否有相关工程记录文件。

施工现场的沟、坑等处应有防护装置或明显标志，护孔管埋好后应加盖或设置警戒线，泥浆池要设置防护栏杆。

3.2.4 开 挖

基坑开挖应按照先撑后挖、限时支撑、分层开挖、严禁超挖的方法确定开挖顺序，应减小基坑无支撑暴露开挖时间和空间。混凝土支撑应在达到设计要求的强度后进行下层土方开挖；钢支撑应在质量验收并施加预应力后进行下层土方开挖。

严禁在底部已经挖空的支撑上行走或作业。

开挖应尽量避开雨天施工，并根据作业面周边的地形条件采取地表水截排措施，避免施工期间各类地表水进入工作面。

基坑周边必须进行有效防护，并设置明显的警示标志；基坑周边要设置堆放物料的限重牌，严禁堆放大量的物料。

开挖过程中应建立沉降观测体系并做好相应记录。

基坑施工过程除应按《建筑基坑工程监测技术规范》（GB 50497）的规定进行第三方专业监测外，施工方应同时编制并实施施工监测，监测方案应包括以下内容：（1）工程概况；（2）监测依据和项目；（3）监测人员配备；（4）监测方法、精度和主要仪器设备；（5）测点布置与保护；（6）监测频率、监测报警值；（7）异常情况下的处理措施；（8）数据处理和信息反馈。

3.2.5 使用安全及应急

基坑工程应在四周设置高度大于 0.15 m 的防水围挡，并应设置防护栏杆，防护栏杆埋深不应小于 0.6 m，高度宜为 1 m ~ 1.2 m，栏杆柱距不得大于 2 m，距离坑边水平距离不得小于 0.5 m。

基坑周边 1.2 m 范围内不得堆载，3 m 以内限制堆载，坑边严禁重型车辆通行。当支护设计中已考虑堆载和车辆运行时，必须按设计要求进行，严禁超载。

基坑的上、下部和四周必须设置排水系统，流水坡向及坡率应明显和适当，不得积水。基坑上部排水沟与基坑边缘的距离应大于 2 m，排水沟底和侧壁必须做防渗处理。基坑底部四周应设置排水沟和集水坑。

施工单位应根据施工现场安全管理、工程特点、环境特征和危险等级，制定建筑施工安全专项应急预案，做好包括水淹、坍塌、坠落、窒息、物体打击、触电、粉尘爆炸、抢救等的应急准备工作。

《建筑施工高处作业安全技术规范》第 5.1.11 条规定：深基坑施工应设置扶梯、人坑踏步及专用载人设备或斜道等设施。采用斜道时，应加设间距不大于 400 mm 的防滑条等防滑措施。作业人员严禁沿坑壁、支撑或乘运土工具上下。

4　营业线施工安全检查通用项目

4.1　铁路营业线施工安全管理总述

《铁道部关于印发〈铁路营业线施工安全管理办法〉的通知》（铁运〔2012〕280号）对铁路营业线施工进行了详细的阐述。

铁路营业线施工是指影响营业线设备稳定、使用和行车安全的各种施工作业，按组织方式、影响程度分为施工和维修两类。

邻近营业线施工是指在营业线两侧一定范围内，新建铁路工程、既有线改造工程及地方工程等影响或可能影响铁路营业线设备稳定、使用和行车安全的施工作业。

铁路营业线施工必须把确保安全放在首位，坚持"安全第一、预防为主、综合治理"的方针，建设、设计、施工、监理、行车组织、设备管理等单位和部门必须严格执行本办法和施工管理有关规定。

4.1.1　营业线施工项目

《铁路营业线施工安全管理办法》规定，营业线施工项目如下：

（1）线路及站场设备技术改造，增建双线、新线引入、电气化改造等施工。

（2）跨越、穿越线路、站场的桥梁、涵洞、管道、渡槽和电力线路、通信线路、油气管线以及铺设道口、平过道等设备设施的施工。

（3）在铁路安全保护区内架设、铺设管道、渡槽和电力线路、通信线路、杆塔、油气管线等设施的施工。

（4）在规定的安全区域内实施爆破作业，在线路隐蔽工程（含通信、信号、电力电缆径路）上作业，影响路基稳定的各种施工。

（5）在信号、联锁、闭塞、CTC（分散自理式调度集中系统）/TDCS（铁路调度指挥信息管理系统）、列控等行车设备上的大中修、改造施工。

（6）影响营业线正常运营的铁路重要信息系统运行环境改造、软硬件平台更新、应用软件变更等施工。

（7）设置在线路上的安全检测、监控设备的新建、技术改造、大中修及 TPDS（车辆轴温智能探测系统）设备标定施工。

（8）承载行车通信业务的通信网络调整施工和中断行车通信业务的通信设备施工。本实施细则中行车通信业务是指列车调度语音通信、无线调度命令信息、无线车次号校核信息以及列控数据等与列车运行相关的信息传送业务和承载列车控制、CTC/TDCS、信号闭塞、5T、牵引供电远动、防灾监控等系统的网络通道。

（9）线路大中修，路基、桥隧涵大修及大型养路机械施工。

（10）成段破底清筛、更换钢轨或轨枕，成组更换道岔（含钢轨伸缩调节器），更换轨枕板施工。

（11）无缝线路应力放散。

（12）牵引供电变配电设备、电力、接触网技术改造及大修施工。

（13）车站站台、雨棚、天桥等建筑物及客运上水和吸污设备、站场供水设施技术改造及大中修施工。

（14）高速铁路线路、路基、桥隧涵病害整治，冻害整治，更换轨枕（板）及道岔主要部件等施工。

（15）高速铁路整锚段更换接触线、承力索，更换接触网支柱，隧道内接触网预埋件整治等施工。

（16）其他影响营业线设备稳定、使用和行车安全的施工。

维修项目是指作业开始前不需限速，结束后须达到正常放行列车条件，并且在维修天窗时间内能完成的项目。

4.1.2 邻近营业线施工分类

邻近营业线施工分为 A、B、C 三类。电气化铁路接触网支柱外侧 2 m（接触网支柱外侧附加悬挂外 2 m，有下锚拉线地段时在下锚拉线外 2 m）、非电气化铁路信号机立柱外侧 1 m 范围称为营业线设备安全限界。

（1）邻近铁路营业线进行以下影响营业线设备稳定、使用和行车安全的工程施工，列为 A 类施工，必须纳入铁路局集团公司月度施工计划，并根据其中断既有线行车的影响时间，按相应的施工等级进行管理。

①吊装作业时侵入营业线设备安全限界的施工。

②架设或拆除各类铁塔、支柱及接触网杆等在作业过程中侵入营业线设备安全限界的施工。

③开挖路基、路基注浆、基桩施工等影响路基稳定的施工。

④需要对邻近的营业线进行限速的施工。

（2）邻近营业线进行以下可能因翻塌、坠落等意外而危及营业线行车安全的工程施工，列为 B 类施工。B 类施工应设置"防抛、防落、防撞、绝缘"等防护设施并经铁路局集团公司有关部门审批，确不能设置防护设施时纳入集团公司月度施工计划。影响营业线设备稳定、使用和行车安全的防护设施设置必须纳入集团公司月度施工计划。

①使用高度或作业半径大于吊车至营业线设备安全限界之间距离的吊车吊装作业。

②影响铁路通信杆塔、通信基站、信号中继站、箱式机房及供电铁塔、支柱等基础稳定的各类施工。

③邻近营业线进行现浇梁、钢板桩、钢管桩、搭设脚手架、膺架等施工的设备和材料翻落后侵入营业线设备安全限界的施工。

④营业线路堑地段有可能发生物体坠落，翻落侵入营业线设备安全限界的施工。

⑤新线安装接触网支撑装置、架设承力索、接触线和架空地线，与既有带电设备无电气连接，距带电部分的最小距离小于 5 m 的施工。

（3）邻近营业线进行以下可能影响铁路路基稳定、行车设备使用安全的施工，列为 C 类施工。

①铲车、挖掘机、推土机、装载机等大型自轮运行的工程机械施工作业。

②不需限速的人工挖掘基坑和人工挖孔桩、人工开挖电缆沟、人工开挖水沟等施工。

③邻近供电、通信、信号电（光）缆沟槽及供电支柱、通信信号杆塔（箱盒、通话柱）10 m 范围内的挖沟、取土、路基碾压等施工。

④绑扎钢筋、安装拆除模板等未侵入营业线设备安全限界的施工。

⑤路基填筑或弃土等施工。

以上邻近营业线的施工，施工单位必须结合营业线设备安全限界，划分工程机械的安全作业范围，设置安全警戒标志、标线，实行"一车一人"的专人防护，列车通过前停止作业；对路基填筑，基坑、孔桩开挖，电缆沟、水沟开挖及弃土堆放等施工，必须对铁路路基基础采取"防溜、防坍塌"措施，并专人进行监护；邻近通信、信号及供电光缆沟、电缆沟、给水管路、电力架空线 10 m 范围内的挖沟、取土、路基碾压等施工，必须对既有光电缆等隐蔽设施进行探测，并须划定安全作业区，在设备管理单位的监控下施工。必要时需对营业线运营设备进行迁改、过渡后方可进行施工。

（4）其他影响或可能影响营业线设备稳定、使用和行车安全的邻近营业线施工，按上述原则界定类别。

4.1.3　邻近营业线施工计划管理

邻近营业线 A 类及 B 类纳入月度施工计划的施工按营业线施工有关规定执行，按Ⅲ级施工计划办理。邻近营业线 B 类不纳入月度施工计划的施工以及 C 类施工由铁路局集团公司负责编制邻近营业线施工安全监督计划，编制程序如下：

（1）施工单位（或建设项目管理机构）应于次月邻近营业线施工安全监督计划申请提报前于与监理单位、设备监护单位对接，明确施工项目的监理单位、设备监护单位具体负责人。

（2）施工单位（或建设项目管理机构）于每月 15 日前将经相关站段会签的次月邻

近营业线施工安全监督计划申请上报铁路局集团公司主管业务部室，主管业务部室审核后，于每月 20 日前，将本专业邻近营业线施工安全监督计划报集团公司施工计划管理部门，并由其汇总后作为集团公司月度施工计划附件下发。

4.1.4　铁路局集团公司三级施工管理

铁路局集团公司营业线施工协调小组主要从集团公司、站段、站区三个层面对邻近营业线施工进行管理，其相应职责：

1．集团公司职责

（1）负责审批施工单位上报的邻近营业线的施工方案、安全措施、影响范围、施工组织，并制订监督计划进行监督检查。

（2）按监督计划定期检查邻近营业线的施工，检查各种安全措施的落实情况，对安全措施落实不到位的单位给予停工处罚。

（3）按监督计划定期检查邻近营业线的施工，检查站段、站区邻近营业线施工安全检查记录，对站段、站区检查记录不全的单位进行通报，对责任人给予处罚。

2．站段职责

（1）负责审查施工单位上报的施工计划，涉及邻近营业线的施工计划无集团公司的审查批复、未签订施工安全协议一律不得上报，并加强对施工单位的监督，在未得到集团公司的正式批复前不准进场施工。

（2）负责按集团公司的批复上报邻近营业线的施工计划和制订本单位的监督计划，明确专人加强施工安全措施的落实情况进行检查，对安全措施落实不到位的单位下发停工、整改通知，并报集团公司领导小组。

（3）按监督计划定期检查邻近营业线的施工，检查站区邻近营业线施工安全检查记录，对站区检查记录不全的进行通报，对责任人给予处罚。

3．站区职责

（1）负责邻近营业线施工的配合及根据月度施工计划按月组织相关单位召开施工安全预想会，掌握施工进度，协调解决施工过程中各结合部间的问题，并做好相关会议记录。

（2）设备管理单位车间主任（工区工长）或本单位指定人员负责邻近营业线施工的安全巡视和检查，并组织各单位按《邻近营业线施工现场安全重点监控表》中规定的内容做好每日检查的记录交站长签认、存查。

（3）负责将每日检查的安全信息和存在的问题上报站段领导小组。

邻近营业线施工的现场检查和监督工作由集团公司施工安全监督队伍负责，对瞒报、漏报施工项目，无计划、超计划、未按规定申报、违章蛮干和危及行车安全的行为，要立即制止和纠正，并由铁路安全执法部门按规定进行处置。

4.1.5 慢行规定

1. 慢 行

（1）各项施工、维修作业要采用平行作业的方式，综合利用天窗，提高天窗的利用率。要严格按照运行图预留的慢行附加时分控制线路慢行处所，干线原则上单线 1 个区段慢行处所不超过两处，双线 1 个区段每个方向慢行处所不超过两处，同一区间内慢行处所不超过 1 处（包括施工慢行处所）。各项施工要按规定控制慢行速度和慢行距离。

针对施工需要，编制施工分号运行图时，可依据慢行附加时分，适当增加施工慢行处所。滚动施工阶梯提速，按一处慢行处所掌握。施工后产生的慢行在 12 h 以内恢复常速时，可不统计慢行处所。

（2）各项施工作业，施工点前不得安排慢行。大机清筛、换轨、更换道岔、路基处理车施工时，在运行图条件允许的情况下，应适当增加天窗时间。增加天窗时间影响图定跨集团公司旅客列车开行时，必须报国铁集团调度批准。

2. 施工邻线限速

在线间距不足 6.5 m 地段进行施工维修时，邻线列车应限速 160 km/h 及以下；在线间距不足 5.0 m 地段进行清筛、成段更换钢轨及轨枕、成组更换道岔、成锚段更换接触网线索作业时，邻线列车应限速 60 km/h。限速地段应做好隔离并按规定进行防护。施工单位在提报施工计划时，应提出邻线限速的条件。

4.1.6 营业线施工等级划分

1. 高速铁路施工等级划分

（1）Ⅰ级施工。

① 超出图定天窗时间且需要调整图定跨集团公司旅客列车开行（含确认列车）的大型站场改造、新线引入、全站信联闭改造、CTC 中心系统设备及列控系统设备改造、换梁、上跨铁路结构物等施工。

② 中断跨集团公司行车通信业务且影响范围内有图定列车运行的 GSM-R 核心网络设备施工。

（2）Ⅱ级施工。

① 不需要调整图定跨集团公司旅客列车开行（含确认列车）的站场改造、新线引入、全站信联闭改造、CTC 中心系统设备及列控系统设备改造、整锚段更换接触线或承力索、换梁、上跨铁路结构物施工。

②中断跨集团公司行车通信业务且影响范围内没有图定列车运行以及中断本集团公司行车通信业务且影响范围内有图定列车运行的通信网络设备施工。

（3）Ⅲ级施工。

除Ⅰ级、Ⅱ级施工以外的各类施工。

2．普速铁路施工等级划分

（1）Ⅰ级施工。

①干线封锁 6 h 及以上或干线影响信联闭 8 h 及以上的大型站场改造、新线引入、信联闭改造、电气化改造、CTC 中心系统设备改造施工。

②干线大型换梁施工。

③干线封锁 2 h 及以上的大型上跨铁路结构物施工。

④中断繁忙干线 6 h 及以上或干线 7 h 及以上且同时中断两站以上行车通信业务的通信网络设备施工。

（2）Ⅱ级施工。

①干线封锁正线 4 h 及以上或影响全站（全场）信联闭 6 h 及以上的施工。

②干线其他换梁施工。

③干线封锁 2 h 以内的大型上跨铁路结构物施工（搭建、拆除临时防护棚架除外）。

④中断繁忙干线 4 h 及以上或干线 5 h 以上且同时中断两站以上行车通信业务的通信网络设备施工。

大型养路机械维修、清筛，人工处理路基基床，成段更换钢轨和轨枕以及不影响邻线正线行车的更换道岔施工除外。

（3）Ⅲ级施工。

除Ⅰ级、Ⅱ级施工以外的各类施工。

3．维修等级划分

高速铁路和普速铁路按照作业复杂程度和设备影响范围，维修项目分为Ⅰ级维修和Ⅱ级维修。

4.1.7 营业线施工组织领导

1．施工协调小组

（1）Ⅰ级施工由集团公司分管运输副总经理、有关分管副总经理担任施工协调小组正、副组长，成员由施工管理部门、行车组织、设备管理、建设、设计、施工、监理、安监等有关部门和单位负责人组成。

（2）Ⅱ级施工由集团公司施工管理部门、施工主体项目业务部室分管副处长担任施工协调小组正、副组长，成员由行车组织、设备管理、建设、设计、施工、监理、安监等有关部门和单位主管人员组成。

（3）Ⅲ级施工：

① 普速铁路Ⅲ级施工和高速铁路在车站登记的Ⅲ级施工由车务段（直属站）分管副段长（副站长）担任施工协调小组组长、设备管理单位分管副段长担任施工协调小组副组长（建设项目由建设项目管理机构分管负责人担任施工协调小组副组长），成员由行车组织、设备管理、建设、施工等有关单位成员组成。

② 高速铁路在调度所登记的Ⅲ级施工，按照施工主体项目专业，由设备管理单位分管副段长担任施工协调小组组长（建设项目由建设项目管理机构分管负责人担任施工协调小组组长、设备管理单位分管副段长担任施工协调小组副组长），成员由行车组织、设备管理、建设、施工等有关单位成员组成。

③ 施工协调小组组长（副组长）因Ⅲ级施工较多等原因不能亲自到现场组织时，可委托车间副主任及以上级别胜任人员。

（4）施工协调小组的主要职责。

① 负责组织相关部门和单位协调解决营业线施工、运输、安全等问题，做到运输、施工统筹兼顾，确保行车、人身和施工安全。

② 负责施工现场的组织协调工作。检查施工前的准备工作，检查各项安全措施的落实，掌握施工进度，维护施工期间的运输秩序，协调解决施工各部门临时发生的问题。

③ 负责组织召开施工协调会和总结会。

④ Ⅰ、Ⅱ级施工协调小组负责审定相应施工等级的施工方案、施工过渡方案、施工安全措施等。

2. 施工负责人及配合人员

（1）施工负责人由施工单位按照施工等级安排相应人员担当。

① 建设项目Ⅰ级施工由标段项目负责人担当，Ⅱ级施工由标段副职担当，Ⅲ级施工由分项目负责人（副）担当。

② 技术改造、大中修项目Ⅰ级施工由施工单位负责人担当，Ⅱ级施工由施工单位分管副职担当，Ⅲ级施工由施工单位段领导或车间主任（副主任）担当。

（2）施工配合人员资格要求：

《成都局集团公司营业线施工安全管理实施细则》对各级施工负责人的级别及资格要求做了详细规定。

① Ⅰ、Ⅱ级施工主体专业配合单位由分管副职及以上人员担当施工配合负责人，其他专业配合单位根据施工涉及本专业相关内容指定胜任人员担当施工配合负责人。

② Ⅲ级施工各配合单位根据施工涉及本专业相关内容指定胜任人员担当施工配合负责人。

（3）施工负责人的主要职责：

① 负责施工现场的组织指挥工作。检查施工和开通前的各项准备工作，指挥现场施工，安排施工防护，确认放行列车条件等。

② 负责协调解决施工中发生的问题，协调各单位施工作业，掌握施工进度，反馈

现场信息，及时向施工协调小组汇报施工情况。

③负责总结分析施工组织、进度和安全等情况，对施工现场的安全负责。

（4）综合维修负责人。

维修的组织领导工作由设备管理单位负责。Ⅰ级维修负责人由车间主任（副）担当（Ⅰ级维修较多时，车间主任可委托车间干部担当），Ⅱ级维修负责人由工（班）长担当。

（5）综合利用天窗负责人。

施工现场为两个及以上施工单位综合利用天窗作业时，由运输部门负责综合施工（维修）计划，并指定主体单位，明确主体施工（维修）负责人。主体施工（维修）负责人负责协调各单位施工组织，各单位必须服从主体施工（维修）负责人指挥，按时完成施工和维修任务，确保达到规定的列车放行条件。

两个及以上单位作业车进入同一个区间移动作业时，由主体施工（维修）负责人统一划分各单位作业车作业范围及分界点，作业单位必须按规定分别进行防护。

（6）设备管理单位要实时掌握施工和维修作业动态，段调度要对当天施工和维修作业计划、作业进度、安全防护措施、盯控干部到岗离岗情况实时掌握并记录。

4.1.8 营业线施工计划审批权限

1. 施工计划审批权限

维修计划和国铁集团负责审批以外的施工计划，全部由铁路局集团公司负责审批。

工务、电务、供电、机务、车辆、动车（所）段所属段管线内有关行车设备的施工作业，在确保安全和不影响机车（动车组）出入、车辆取送的前提下，由工务、电务、供电、机务、车辆、动车（所）段根据机车（动车组）出入、车辆取送、检修的情况确定施工作业时间并组织实施。

大型客运站、枢纽、高速铁路和干线影响较大的Ⅰ级施工，按规定须国铁集团审批时，由铁路局集团公司分管领导组织研究，提出施工方案、运输组织和安全措施等报国铁集团调度。根据施工对运输的影响情况，调度部组织相关铁路局集团公司及施工单位进行专题研究审定。

影响行车或影响行车设备稳定、使用的施工项目未经申报批准严禁施工，擅自施工或擅自扩大施工内容和范围的，一经发现立即停工并追究施工单位责任。

2. 综合维修计划审批

设备管理单位负责对本系统的各专业维修计划，按照区间（站），在图定天窗内进行综合编制，并上报属地车务段（直属站）审核。

车务段（直属站）负责对各设备管理单位上报的维修计划，以供电臂停电范围内涉及的区间（站）为单元，按照"各专业平行不交叉"的原则，并根据各专业上报的维修计划对设备的停用范围、路用列车的开行方案等要求，在图定天窗内进行综合编制，同时上报集团公司施工管理部门审批。

集团公司施工管理部门对上报的综合维修计划结合施工日计划进行集中审批，避免施工和维修计划之间的冲突。

4.1.9 营业线施工方案审核

施工方案由施工单位制定，经相关设备管理单位会签后，上报集团公司主管业务部室，其中建设项目施工方案应先报项目管理机构预审，再报集团公司主管业务部室。提报的施工方案应包括：地点和时间、作业内容、天窗需求、影响范围（封锁、信联闭停用、接触网停电、限速范围等）、设备变化、施工方式及流程、施工过渡方案、施工组织、施工安全风险点（危险源）排查、施工安全和质量的保障措施、施工防护办法、列车运行条件、路料装卸回收及守护措施、验收安排、施工项目及负责人、配合单位等基本内容。

（1）影响路基稳定的开挖施工项目。

① 技术方案：开挖地段地形、地貌、地质结构；开挖方法、工序；路基、边坡及开挖处所支护方法；临时或永久性过渡设计方案，轨束梁、便梁的型号及安装、吊装连接方法。

② 施工组织：涉及行车方式变化的慢行处所、长度、速度要求及阶梯提速、恢复常速的时间安排；施工工期、节点施工项目控制工期及各阶段天窗需求；施工各作业面安排，施工劳力、机具组织、指挥体系；施工机具、设备进场方式及施工（路）材料供应方式；纳入施工安全监督计划的项目及作业方式；相关专业配合方式及设备迁改、临时过渡施工项目安排及天窗需求。

③ 安全措施及应急预案：作业现场采取的防护措施；开挖地段泄洪度汛措施；相关行车设备防护及技术状态日常监测、检查、巡养制度；易燃易爆物品管理及现场消防安全措施；施工现场料具管理；非正常情况下应急机具、材料、照明用具及人员准备，应急响应及指挥体系。

（2）上跨营业线施工项目。

① 技术方案：跨越处所地形、地貌；跨越架、铁塔、支墩、平台梁等永久或临时过渡项目的设计方案、施工方法、稳固措施及限界技术标准的符合性；结构物（线索）上跨方法及技术措施；起重（架桥设备）作业条件及场地要求。

② 施工组织措施：施工劳力、机具组织；邻近营业线施工作业项目内容；施工工期、节点施工项目控制工期及各阶段天窗需求；相关专业配合方式及设备迁改、临时过渡施工项目安排及天窗需求；梁片等上跨结构物供应方式、拉运组织及架设工法。

③ 安全措施及应急预案：铁路两侧跨越架、铁塔、支墩、平台梁等永久或临时过渡项目日常监测、检查制度；相关行车设备防护及技术状态日常监测、检查制度；起重机（起重设备选型依据）、架桥设备安全性验证及其稳固措施；吊装索具安全检查措

施（涉及起重设备的必须有起重设备摆放示意图并标示作业半径，起吊点计算）；防止上跨过程中高空坠物、触电措施；非正常情况下应急机具、材料、照明用具及人员准备，应急响应及指挥体系。

（3）行车设备大修（集中修）施工项目。

①施工组织：涉及行车方式变化的慢行处所、长度、速度要求及阶梯提速、恢复常速的时间安排；施工影响范围及相关专业配合要求；施工作业面安排，各施工点劳力及机具配置；施工工期推进安排、作业流程、各阶段天窗需求及日计划完成工作量；施工人员料具进场方式及施工材料供应安排；相关专业配合、迁改及临时过渡要求及安排；施工结束设备检测安排；废旧材料回收组织。

②安全措施及应急预案：施工现场防护措施；施工车辆、大型施工机具作业过程中安全防护措施；小型施工机具使用安全卡控措施；施工结束，现场料具清理及开通确认措施；施工驻地、宿营车、施工车消防安全措施；非正常情况下应急机具、材料、照明用具及人员准备，应急响应及指挥体系。

（4）施工方案由集团公司主管业务部室负责组织审查，初步确定施工等级（含邻近营业性施工类别），Ⅰ、Ⅱ级施工分别报Ⅰ、Ⅱ级施工协调小组审定，Ⅲ级、邻近营业线施工由有关业务部室共同审定。

（5）施工方案审查实行归口管理。

①外委工程施工，由业主单位（建设管理单位、施工单位）向集团公司施工管理部门提报施工审查申请。集团公司施工管理部门接到施工单位的施工审查申请后，组织相关业务部、总工室、安全监察室对施工方案进行审查。

②基建项目的施工，由各建设指挥部对施工方案组织初审后，向集团公司建设管理处提报施工方案，同时抄送集团公司施工管理部门和相关业务部（室）。集团公司建设管理处接到建设指挥部提报的施工审查申请后，组织施工管理部门、相关业务部、安全监察室对施工方案进行审查。

③除上述工程外的工务、信号、通信、供电、水电、车辆、房建、信息等专业的施工，由工务段、电务段、通信段、供电段、车辆段、建筑段、信息所分别向集团公司主管业务部提报施工审查申请，集团公司主管业务部接到施工审查申请后，组织对施工方案进行审查。

（6）施工安全协议。

①施工方案审核通过后，施工单位凭集团公司施工审查批复和相关已修订施工的施工组织设计和安全措施应与设备管理单位和行车组织单位按施工项目分别签订施工安全协议。

②设备管理单位在自管范围内进行的维修作业，不需签订施工安全协议，涉及非自管设备时应与相关单位签订施工安全协议。

③Ⅰ、Ⅱ级施工和有件名的Ⅲ级施工以及外委、基建涉及慢行和站场改造引起的信联闭设备及接触网改造的Ⅲ级施工按件名、工点与属地设备管理段、车务段（直属站）按年度（年度指1月1日至12月31日）签订一次，由集团公司主管业务部和安

全监察室负责审查。

④非件名的Ⅲ级施工和涉及非自管设备的维修作业按项目列表，与属地设备管理段、车务段（直属站）一年按年度（年度指 1 月 1 日至 12 月 31 日）签订一次，由相关主管业务部和安全监察室、施工管理部门负责审核。

⑤施工安全协议书的基本内容应包括：工程概况（施工项目、作业内容、地点和时间、影响范围）；施工责任地段和期限；双方所遵循的技术标准、规程和规范；安全防护内容、措施及专业结合部安全分工（根据工点、专业实际情况，由双方制定具体条款）；双方安全责任、权利和义务（包括共同安全职责和双方各自安全职责）；违约责任和经济赔偿办法（包括发生铁路交通责任事故时双方所承担的法律责任）；安全监督检查和基建、更新改造项目配合费用；法律法规规定的其他内容。

⑥施工单位在提报施工计划申请时，必须同时提报施工安全协议。未签订施工安全协议的施工计划申请，集团公司主管业务部室不予审核，严禁施工。

4.1.10　计划变更及临时施工

（1）未纳入月度施工计划的施工项目原则上不准进行施工。特殊情况必须施工时，由施工单位提出施工申请，并签订安全协议，制定安全措施，通过主管业务部室审查（建设项目施工计划应先报项目管理机构预审），经分管运输副总经理（总调度长）批准，由施工管理部门安排施工（原则上每月 10 日前不予安排）。需增加国铁集团所管施工项目时，铁路局集团公司提前 10 天向国铁集团调度提出申请电报（涉及修改 LKJ 基础数据、旅客列车提前开车和停站变化、快运货物班列提前开车和装卸车组织站变化的须提前 15 天），经国铁集团调度批准后方可安排施工。

（2）月度施工计划原则上不准变更。特殊情况必须进行调整时，需提出书面申请。

（3）纳入月度施工计划的施工项目原则上不准停止施工。

（4）维修计划下达后，因特殊原因需临时增加维修作业时，在不与其他施工及维修作业产生冲突的前提下，高速铁路由设备管理单位报主管业务部室、普速铁路由设备管理单位报车务段（直属站）审核后，报施工管理部门审批，下达调度所实施。

（5）施工、维修日计划下达后，特殊情况下需临时取消时，规定如下：

①因列车晚点、临时开行重点列车、车流调整等运输组织原因及设备故障、灾害、事故等突发性因素影响，调度所无法组织施工计划兑现时，由列车调度员向调度所值班主任汇报，调度所值班主任须会同施工调度员共同确认后报调度所值班领导，再由调度所值班领导报经主管运输副总经理（总调度长）批准后，方可临时取消施工计划。维修计划无法兑现时，列车调度员向值班主任汇报，值班主任会同施工调度员共同确认，经调度所值月主任批准后，方可临时取消维修计划。对批准临时取消的施工、维修计划，原则上由施工调度员提前 3 h 通知集团公司相关工种专业调度员及配合站段，调度所发布取消施工计划的调度命令。

②因恶劣天气、机械故障、计划调整等意外因素影响，施工单位需临时取消施工

（维修）计划时，施工单位应填写临时取消施工（维修）计划申请并经本单位主管领导签字批准后，向集团公司相关工种专业调度员提报，专业调度员取得主管业务部批准后，原则上提前 3 h 通知登记站取消施工（维修）计划，车站值班员接到通知后立即向列车调度员汇报，列车调度员向值班主任汇报，值班主任通知施工调度员。施工调度员向集团公司相关工种专业调度员了解具体停工原因，并将经相关业务部签认的临时取消施工（维修）计划申请留存备查。

③ 临时取消施工计划涉及限速运行揭示调度命令时，施工单位须在车站《行车设备施工登记簿》上重新登记施工计划取消后的限速里程、限速条件及行车注意事项等内容（对连续性施工需确认慢行接续）。列车调度员须在取消前发运行揭示调度命令的同时，向有关车站值班员、司机、施工负责人重新发布全部内容的调度命令。相关车站值班员须认真核对登销记及调度命令内容，并按规定向司机交付列车调度员发布的实际调度命令。机车乘务员值乘时必须加强了望，发现限速条件与调度命令不符等异常时按最低限速条件运行，并立即通过前方站向列车调度员报告。施工单位应重新向施工管理部门提报运行揭示请示，经主管业务部审核后，由施工管理部门重新发布运行揭示调度命令。

（6）综合检测列车及设备管理单位发现 160 km/h 以上区段行车设备需要临时维修时，由设备管理单位向集团公司主管业务部室提出申请，经主管业务部室审核后会同调度所向分管运输副总经理（总调度长）汇报并同意后，由调度所及时安排。

（7）对突发性设备故障和灾害的紧急抢修及轨道状态超过临时补修标准和重伤设备处理等需临时封锁要点的施工，按下列程序办理：

① 需临时封锁要点时，由设备管理单位向集团公司主管业务部室提出申请，主管业务部室审查，经分管运输副总经理（总调度长）批准后，由调度所安排施工。

② 危及行车安全需立即抢修时，设备管理单位按规定采取措施，在《行车设备检查登记簿》内登记，高速铁路经调度所值班主任（副主任）批准，普速铁路通过车站值班员报告集团公司列车调度员经调度所值班主任批准，发布调度命令进行抢修，设备管理单位同时通知配合单位和集团公司主管业务部室。

4.1.11 轧道的规定

扰动道床不能预先轧道的线路、道岔施工，开通后第一趟列车不准为旅客列车，具备下列条件之一时可视为轧道：① 大型养路机械施工经过稳定车作业；② 开通后经过重型轨道车牵引的施工列车；③ 开通后经过单机。

速度 160 km/h 以上区段，线路、接触网封锁施工开通后，第一趟列车不准为载客动车组列车。

4.1.12 施工监控重点

（1）施工安全管理。重点检查《施工组织设计》和《施工安全措施》是否制定并审批；相关单位是否制定非正常情况下行车组织办法和应急措施；是否签订施工安全协议；施工计划是否审批；是否召开施工协调会；施工负责人、安全负责人是否具备应有资质；施工单位、监理单位、设备管理单位、行车组织部门相关管理人员、监督检查人员是否到岗到位等。

（2）施工准备工作。重点检查是否准备好必需、充分、质量合格的施工料具，堆码是否侵限；施工人员及配合人员是否到位；是否在准备阶段提前进行影响行车的施工作业；封锁前区间是否空闲，相关接发列车、调车作业是否完毕或按规定停止，相关进路、道岔是否按要求锁定等。

（3）施工登销记及调度命令发布情况。重点检查《行车设备施工登记簿》（运统-46）登销记情况是否规范，与施工计划是否相符；施工日计划、运行揭示调度命令、施工调度命令、开通调度命令的下达、传递是否符合规定；开通前施工单位、设备管理单位是否按要求签认等。

（4）施工现场作业控制。重点检查是否存在超范围施工、轨道车违章行驶、违章使用封联线或手摇把、违章操纵施工机械等违章蛮干现象；慢行过程中安全卡控措施是否落实；线路昼夜巡养制度是否建立并严格执行；复线地段、慢行地段施工机械、料具是否侵限；非正常情况下接发列车作业是否标准；应急预案是否健全完善，施工过程中的突发问题是否及时有效处理等。

（5）放行列车条件。施工单位作业完成后，督促施工单位、设备管理单位认真检查确认放行列车条件，按规定签认；封锁施工后新开通的线路，开通后列车运行速度必须按速度阶梯逐步提高，放行第一列列车必须严格按规定的列车类型办理；多工种、多单位联合施工、分步开通时，必须督促相关单位明确该阶段恢复使用的范围和条件。对线路、道岔等主要行车设备的施工质量，要进行重点抽查。

（6）施工中的劳动安全。是否对作业人员（含劳务工）进行劳动安全培训及考试合格；安全防护员是否具备应有资质；施工前是否对施工机具进行安全检查；劳务工上道作业是否有带班人员带领；施工中防护人员是否到位，防护用品（备品）是否齐全有效，防护标志设立是否标准，作业人员是否加穿防护服（黄背心），是否及时下道避车以及相关劳动安全作业标准等。

（7）其他各铁路局集团公司规定的重点检查项目，如成都局集团公司营业线施工就规定了"八不准"：① 施工计划未经审批，不准施工；② 未按规定签订施工安全协议书，不准施工；③ 没有合格的施工负责人不准施工；④ 没有经过培训并考试合格的人员不准施工；⑤ 没有召开施工协调会、没有准备好必需、充分的施工料具及其他准备工作的不准施工；⑥ 不登记要点不准施工；⑦ 配合单位人员不到位不准施工；⑧ 没有制订安全应急措施不准施工。

4.2 安全"红线"管理制度

安全"红线"是最低的底线，任何单位和个人都不能越过，这是确保安全生产的最低限要求。

4.2.1 国铁集团安全红线内容

1. 高铁和客车安全红线

《中国铁路总公司关于进一步加强高铁和客车安全红线管理的通知》（铁总安监〔2014〕314号）对高铁和客车安全红线的规定：

（1）高铁发生列车占用丢失、线路设备故障、接触网倒杆塌网、异物侵限报警等问题，未按规定处理放行动车组列车。

（2）高铁未按规定设置限速放行动车组列车。

（3）作业人员在天窗点外违规进入高铁线路防护栅栏内，或在高铁线路防护栅栏内遗留作业机具、材料。

（4）存在严重故障的动车组、客车机车车辆上线使用。

（5）动车组、客运机车车辆走行部等关键部件漏检、漏修、漏探，存在严重安全隐患；将走行部、制动系统存在故障的机车车辆编入快速旅客列车。

（6）客车径路钢轨、道岔尖轨（含心轨）、基本轨、翼轨、辙叉达到更换标准未及时进行处置。

（7）违章进行施工、检修、故障处理，天窗点外违规上道或违规使用机具上道作业，危及客车安全。

（8）不具备放行列车条件冒险放行客车。

（9）违章使用封连线；违章拆、改配线，造成联锁关系错误。

（10）漏装、错装LKJ（列车运行监控装置）控车数据，漏写、错写LKJ临时数据，列控系统控制速度数据设置错误。

（11）未按规定正确及时发布、交递、传达限速运行调度命令。

（12）擅自关闭、人为破坏行车安全装备，违章解锁监控装置或擅自隔离列控车载设备。

（13）客车车辆乘务员、随车机械师应急处置时，不按规定办理，盲目带车。

（14）客车径路上的轨旁设备、防护设施、工具材料侵入机车车辆限界。

（15）不按规定对停留机车、车辆采取防溜措施，危及客车安全。

（16）装车（含换装整理）站装载旋转、吊挂、开放、脱垂货物（含部件）时，货物及部件加固不良、发生漏检，存在刮碰客车隐患。

（17）有人看守道口，作业人员未按规定落杆（关闭栏门）或未及时采取有效防护措施，危及客车运行安全。

（18）客车弹簧压死冒险运行；运行途中车门漏锁。

（19）客车运行中发生电器装置打火、冒烟等异常现象未立即进行处置。看车人员在车内吸烟、使用明火。

（20）其他严重危及客车安全的行为。

2. 工务、房建系统安全红线

《中国铁路总公司工电部关于印发〈工务、房建系统安全红线管理办法〉的通知》（工电函〔2018〕97号）工务、房建专业相关红线规定：

（1）不设防护上道作业。

（2）高速铁路作业后遗留工机具。

（3）未按规定处置伤损钢轨（道岔）。

（4）作业人员当班饮酒。

（5）擅自关闭工务机械车运行控制设备或列车无线调度通信设备。

（6）防护员漏报、错报本线列车。

（7）房建部门未按规定检测站台等建筑限界。

（8）房建部门有限空间、高空作业不设防护。

各铁路局集团公司不应擅自增加"红线"条款。各铁路局集团公司应结合实际，制定触碰"红线"处理办法。

4.2.2 铁路建设项目质量安全红线问题

1. 工程实体方面

（1）隧道初支、衬砌厚度和混凝土强度不足。

（2）隧道不按规定的方法和安全步距开挖。

（3）隧道施工不按规定开展围岩监控量测和超前地质预报，有毒有害气体逸出的隧道不按专项方案开展监测。

（4）路基填料不符合设计要求，CFG（水泥粉煤灰碎石）桩等地基处理检测不合格，边坡防护应力锚索不按设计要求施工。

（5）桥梁桩基出现Ⅲ、Ⅳ类桩和钢筋笼长度不足，站房钢结构配件不合格，使用不合格电缆。

（6）现浇梁满堂支架、连续梁挂篮施工不进行专项设计，不按设计要求施工。

（7）监理人员旁站不到位或现场随意签认，第三方检测数据虚假不实。

2．建设行为方面

（1）偷工减料、以次充好。

偷工减料：隧道超挖后故意遮挡形成空洞；地基处理桩长度不足、换填深度不够；土工格栅铺设层数不满足设计要求。

以次充好：型钢、钢筋强度不满足设计要求；使用不合格的水泥、外加剂；砂石料含泥量超标，级配不符合要求；防水板质量不合格等。

（2）转包和违法分包。

认定标准：执行《中国铁路总公司关于开展铁路建设项目施工分包试点工作的通知》（铁总建设〔2017〕246号）。

（3）内业资料弄虚作假。

人为修改拌和站数据；监控量测、沉降观测数据作假；出具混凝土试块强度检验假报告；隐蔽工程验收资料作假。

4.2.3　成都局集团公司安全红线内容

1．公共部分

（1）当班打牌、饮酒、脱岗（适用管理人员和作业人员）。

（2）违章钻、扒车（适用管理人员和作业人员）。

（3）未设置防护（监护）上道作业（适用作业人员）。

（4）移动设备停留不采取防溜措施（适用作业人员）。

（5）无计划、超范围上道施工、维修等作业（适用管理人员和作业人员）。

（6）高速铁路区段作业违规进入防护栅栏或遗留作业机具、材料（适用作业人员）。

（7）不具备列车放行条件冒险放行列车（适用管理人员和作业人员）。

2．车务系统

（1）未正确发布、交递、传达临时限速运行调度命令（适用作业人员）。

（2）在正线、到发线进行的原进路返回作业、分路不良区段作业不单独锁闭道岔（适用作业人员）。

（3）违反《铁路技术管理规程》（简称《技规》）（普速铁路部分）第301条、《技规》（高速铁路部分）第319条规定进行调车作业（适用作业人员）。

（4）推进调车不领车（适用作业人员）。

（5）分界口未经邻局同意强行组织分界站开车（适用管理人员和作业人员）。

3．机务系统

（1）违背"两统一"。不执行"运输调度集中统一指挥、行车单一指挥"（适用管理人员和作业人员）。

（2）无证驾驶。无资质人员驾驶机车、动车组，擅自交无资质人员驾驶机车、动车组（适用管理人员和作业人员）。

（3）擅自关机。机车乘务员擅自关闭或切除行车安全装备（适用作业人员）。

（4）盲目运行。列车运行中机车制动系统、走行部故障，未按规定处置盲目运行（适用作业人员）。

（5）停车不报告。非正常停车后，机车乘务员不按规定报告车站值班员或列车调度员（适用作业人员）。

（6）值乘中睡觉、离岗。机车乘务员值乘运行中睡觉；机车乘务员值乘中擅自离开司机室，造成司机室无人值守（适用作业人员）。

（7）客机超里程。客运机车、代客货运机车超检修周期上线使用（适用管理人员）。

4．供电系统

（1）误停、误送电（适用作业人员）。

（2）未执行停电、验电、接地措施开展停电作业（适用作业人员）。

（3）擅自关闭、隔离、解锁自轮运转设备"三项安全装备"（适用作业人员）。

（4）接触网作业车司机未按规定确认信号，未按标准执行车机联控行车（适用作业人员）。

5．车辆系统

（1）动车组、客车定检过期上线使用（适用管理人员）。

（2）不彻底处理动车组、客车"181"较大故障和车辆安全监控系统预报的严重故障（适用作业人员）。

（3）违规关闭动车组、客车火灾报警、漏电报警、TCDS 等车载安全监控装置（适用作业人员）。

（4）车辆乘务员、随车机械师不按规定进行应急处置或盲目带车造成不良后果（适用作业人员）。

6．工务系统

（1）擅自关闭、破坏自轮运转设备"三项安全装备"（适用管理人员和作业人员）。

（2）未按规定处置伤损钢轨（道岔）（适用管理人员和作业人员）。

（3）防护员漏报、错报本线列车（适用作业人员）。

7．电务系统

（1）在施工、检修、故障处理等各项作业中，违章使用封连线（适用管理人员和作业人员）。

（2）无设计批复、无施工计划或天窗点、无段（车间）组织，置换联锁软件或进行拆、改、配线作业（适用管理人员和作业人员）。

（3）施工、检修、故障处理等各项作业，简化联锁试验程序，联锁试验不彻底开通设备（适用管理人员和作业人员）。

（4）错装、漏装 LKJ 数据或违章修改、变更运用中的 LKJ、信号、通信行车安全数据（适用管理人员和作业人员）。

8. 土房系统

（1）未按规定检测站台等建筑限界（适用管理人员和作业人员）。

（2）有限空间、高空作业不设防护（适用管理人员和作业人员）。

4.3 施工准备阶段安全检查

施工准备工作的好坏是决定该施工项目是否能顺利进行的基础，也是施工安全管理过程的重要环节。营业线施工安全监督检查最容易忽视的往往也是施工准备阶段情况。

施工准备工作检查主要包括技术准备、人员准备、物资准备、教育培训、应急准备等方面。

4.3.1 技术准备

技术准备是指对某一施工项目所需要的施工方案、施工现场调查、施工组织设计、各项专项措施、安全协议、施工安全管理制度建立、安全技术交底、各类台账等进行施工前的准备。

施工方案：主要检查施工方案设计是否按现行标准、规范进行设计，是否经相关部门审批通过等，包括各类专项施工方案。

施工现场调查。施工单位在提报施工组织方案前，应组织相关车务部门及设备管理单位查看现场，完成施工现场设备调查表（须经各设备管理单位签字盖章），并结合现场调查表，完善施工组织方案，包括详细的施工内容、影响范围、安全防护措施、应急预案等。

施工组织设计（措施）：是指导整个施工稳步推进的主要技术文件，必须经过严密的编制和审核，对新技术、新工艺等必须有专项的方案措施，对危险性较大的分部分项工程必须编制专项方案，必要时还需经过专家论证。主要检查方案是否按现行标准、规范进行编制，是否符合现场调查的情况，是否按规定编制行车安全措施、人身安全措施，是否对重点、关键施工环节制定详细卡控措施及各环节的组织方案是否合理及可操作，涉及行车方式变化的慢行处所、长度、速度要求及阶梯提速、恢复常速的时间安排。施工单位是否按照批复要求对施工方案进一步细化和优化。

施工安全协议：主要检查是否与相关设备管理单位及行车组织单位签订了施工安全协议，施工主体单位责任是否明确，安全协议是否根据现场实际和专业情况，制定具体、有针对性的安全防范措施和内容；安全协议到期是否重新签订；相关单位是否严格执行安全协议。

施工安全管理制度：查施工单位是否按规定建立各项施工安全管理制度，项目管理机构是否健全，是否配置相关制度文件，施工现场"五牌一图"（也说"七牌一图"）是否齐全有效，是否建立易燃易爆物品管理及现场消防安全措施、施工现场料具管理措施。是否建立铁路两侧跨越架、铁塔、支墩、平台梁等永久或临时过渡项目日常监测、检查制度。是否有防止上跨过程中高空坠物、触电措施。

安全技术交底：是施工前的一项重要工作，其目的是让参与施工的人员了解该施工项目各项技术、安全要求，使施工质量安全可控的重要技术文件。首先是设计单位要向施工单位进行设计交底，讲清楚设计意图、施工难点、地质条件等基础资料。其次是施工单位内部交底，根据《建设工程安全生产管理条例》第二十七条规定：建设工程施工前，施工单位负责项目管理的技术人员应当对有关安全施工的技术要求向施工作业班组、作业人员作出详细说明，并由双方签字确认。

建设项目中，分部（分项）工程在施工前，项目部应按批准的施工组织设计或专项安全技术措施方案，向有关人员进行安全技术交底。安全技术交底主要包括两个方面的内容：① 在施工方案的基础上按照施工的要求，对施工方案进行细化和补充；② 要将操作者的安全注意事项讲清楚，保证作业人员的人身安全。安全技术交底工作完毕后，所有参加交底的人员必须履行签字手续，班组、交底人、安全员三方各留执一份，并记录存档。

需要注意的是，安全技术交底应由项目技术负责人进行，而非安全管理人员。安全员只监督交底工作的执行情况，最多是参与交底工作，但是不能作为交底工作的负责人来签字。

施工记录台账：是否按铁路营业线施工安全管理的规定建立各项安全监测检查台账及记录是否齐全规范，如线路（道岔）检查记录、曲线检查记录、无缝线路作业轨温检查记录、路基沉降监测记录、位移监测记录、视频监控、巡守记录、材料消耗记录、火工品管理台账、特种设备使用管理台账、工具备品检查记录等。是否与相关设备管理单位进行联合检查并建立相关设备（特别是隐蔽设备如光电缆等）的联合检查记录。

施工计划及配合通知：施工计划必须按照规定要求时限提报。施工单位是否在正式施工 72 小时前向设备管理单位提出施工计划、施工地点及影响范围。设备管理单位接到施工单位的施工请求后，应对施工方案和计划及影响范围进行认真核对，并在施工开始前派员进行施工安全监督。主要检查施工计划与方案内容是否一致，计划中各要素是否齐全、是否有错漏，计划中施工负责人是否具备相应资质。施工单位是否按规定向设备管理单位送达配合通知书。

4.3.2　人员准备

配置足够完成该施工项目的专业技术人员和管理人员，主要是施工单位和监理单位涉及铁路营业线施工相关人员资质及第三方监测机构等的检查。

施工单位项目经理、副经理，安全、技术、质量等主要负责人配置是否符合工程需要并取证。

施工单位安全员、防护员、联络员、带班人员和工班长配置是否符合工程需要并取证。

监理单位监理人员是否具有铁路营业线施工资质。

劳务作业人员是否按规定进行了营业线施工安全知识培训并考核合格，重点是新进场作业人员既有线施工的培训等。

特种作业人员是否经过相应的培训并取得合格证。

涉及第三方机构的是否按相关规定取得资质。

对于铁路企业管内各单位施工人员准备工作，还必须检查及适应性培训及施工安全培训两方面的内容，从而考察其是否具备相应施工所需知识和能力。

4.3.3　物资准备

主要检查是否按施工实际需要准备了充足的机具材料，对不能堆放在施工现场的机具材料是否有可靠的保障途径，是否与料具供应部门建立了畅通的联系机制。

施工前是否对机具进行了有效的保养，是否对存在问题的机具进行维修或更换。施工现场的特种设备使用前是否经相关职能部门或机构进行专业检测。

对施工现场需要的安全标志标识是否及时准备到位，夜间作业前机具是否粘贴了反光标识等。

4.3.4　教育培训

重点检查：施工人员的教育培训，特别是实作演练培训；施工负责人的培训，能否熟练运用各种工具、备品，掌握各种非正常情况下的应对技术和技能；根据工程特点对施工主要人员的适应性培训是否达标。

（1）设备管理单位指派的安全监管人员是否经过专门的营业线施工安全监管培训。

（2）检查劳务工管理制度办法是否完善，从业人员"先培训，后上岗"的规定是否执行到位，是否按规定对劳务工进行培训。

（3）参与施工的路工是否按规定进行"三级安全教育"培训，培训内容是否符合要求。

（4）每次施工前是否进行了班前安全教育，是否对每次施工的重点和难点及安全要求进行了详细的布置。

4.3.5   应急准备

检查施工单位是否针制订相关应急预案，对施工中各种可以预见的突发事件是否制订了可操作的应急措施，是否建立起与铁路各相关站段的安全应急联动机制，是否认真落实预案规定的各种机具、材料、应急人员的准备。是否准备好充足的照明设备，做好夜间施工的各项准备工作。

4.4   施工现场安全检查

施工现场安全卡控是安全监督检查的重点，也是施工得以安全、平稳推进的基础，大部分施工安全事故均发生在卡控环节上。

4.4.1   施工负责人

施工负责人由施工单位按照施工等级安排相应人员担当。

（1）建设项目Ⅰ级施工由标段项目负责人担当，Ⅱ级施工由标段副职担当，Ⅲ级施工由分项目负责人（副）担当。

（2）技术改造、大中修项目Ⅰ级施工由施工单位负责人担当，Ⅱ级施工由施工单位分管副职担当，Ⅲ级施工由施工单位段领导或车间主任（副主任）担当。

（3）施工配合人员资格要求：

① Ⅰ、Ⅱ级施工主体专业配合单位由分管副职及以上人员担当施工配合负责人，其他专业配合单位根据施工涉及本专业相关内容指定胜任人员担当施工配合负责人。

② Ⅲ级施工各配合单位根据施工涉及本专业相关内容指定胜任人员担当施工配合负责人。

（4）维修的组织领导工作由设备管理单位负责。Ⅰ级维修负责人由车间主任（副）担当（Ⅰ级维修较多时，车间主任可委托车间干部担当），Ⅱ级维修负责人由工（班）长担当。

施工现场为两个及以上施工单位综合利用天窗作业时，由运输部门负责综合施工（维修）计划，并指定主体单位，明确主体施工（维修）负责人。主体施工（维修）负责人负责协调各单位施工组织，各单位必须服从主体施工（维修）负责人指挥，按时完成施工和维修任务，确保达到规定的列车放行条件。

两个及以上单位作业车进入同一个区间移动作业时，由主体施工（维修）负责人统一划分各单位作业车作业范围及分界点，作业单位必须按规定分别进行防护。

现场检查时，主要查施工负责人是否佩戴相应的标识，是否在施工现场进行施工组织指挥工作。是否检查施工和开通前的各项准备工作、安排施工防护、确认放行列车条件等。是否协调解决施工中发生的问题，协调各单位施工作业，掌握施工进度，反馈现场信息，及时向施工协调小组汇报施工情况。是否总结分析施工组织、进度和安全等情况。

4.4.2 施工"三会"

施工组织管理实行"施工协调会、施工准备会、施工总结会"制度。

1. 施工协调会

施工协调会由施工协调小组于施工前按施工项目组织召开。施工协调会应明确施工范围及设备影响范围、施工单位及配合单位的准备工作是否就绪、是否具备施工条件、结合部的相关工作、施工期间行车方式的变化及行车组织、安全风险源的卡控是否到位及应急预案是否落实到位。

2. 施工准备会

施工准备会由车务段（直属站）的施工作业站组织参与行车组织工作的车务人员，施工单位组织参与施工的作业人员，于施工日计划下达后，施工清点登记前，分别以适当时机召开。车务施工准备会应周知监控人员、参与行车组织工作的所有车务人员施工范围及设备影响范围、施工期间行车方式的变化及行车组织、人员的定岗定位及落实安全风险源的卡控。施工单位施工准备会应周知监控人员、作业人员施工准备范围及施工范围、施工方式、人员的定岗定位及落实安全风险源的卡控。

3. 施工总结会

施工总结会由施工协调小组组织召开，总结当日施工中的经验和问题，对施工中的不足制定整改措施，及时解决存在的问题，连续性的施工需布置次日施工的重点工作。

4. Ⅰ、Ⅱ级施工协调会、总结会记录

Ⅰ级由集团公司施工管理部门负责整理发布；Ⅱ级由行车组织单位负责整理备查并抄送施工管理部门、相关业务部；Ⅲ级施工协调会、施工总结会记录由施工协调小组组长单位整理备查。施工准备会记录由施工单位、施工配合单位分别整理。

4.4.3 登销记

（1）施工开始前各单位人员是否按规定提前 40 min（高速铁路提前 60 min）到车站运转室（调度所）进行登销记。

（2）登销记是否按规定格式进行，是否与运行揭示、施工计划相符。

（3）由驻站联络员进行的登销记是否持有施工负责人的委托书，是否按规定在登记簿备注栏内进行了备注。

（4）共用天窗施工需要各单位分别登记的是否按规定安排相应人员进行登销记。

（5）登销记内容不得涂改，登销记错误的是否按规定进行处理。

（6）天窗点外作业项目是否按规定编制点外作业计划并携带至车站，是否按规定在车站《行车设备检查登记簿》内进行登记。

（7）《高速铁路行车组织细则》（以下简称《行细》）对施工维修登销记的规定：

① 列车调度台仅设置1本《行车设备施工登记簿》，车站行车室仅设置1本《行车设备施工登记簿》，任何单位不得另行造册；

② 调度中心设备（CTC/TDCS调度终端、涉及多站的通信设备、自然灾害及异物侵限监测系统、隧道防灾等）施工维修，在调度台登销记，并在施工计划中明确。其他设备施工维修在车站行车室登销记；

③ 调度中心设备施工维修在列车调度台登销记时，工务、电务、通信、供电、信息等部门应指定一名具有协调能力、熟悉作业情况的胜任人员，作为本部门作业单位驻调度所联络员，负责涉及本单位施工维修的登销记工作。在车站办理登、销记手续时，由相关单位在车站安排驻站联络员。

4.4.4　施工安全防护及人员到位情况

（1）行车安全防护。

① 检查施工调度命令是否规范、严谨，传递是否准确、畅通，互控把关是否落实到位，调度命令下达、传递、核对的流程和措施是否建立和完善，是否存在错传、漏传、误传调度命令。

② 检查防护安全体系是否建立，防护制度是否健全并得到有效落实，人身安全防护设置及劳动保护用品配备使用是否符合规定，防护备品是否齐全有效，作业人员进网和上道是否严格执行卡控措施，对影响设备使用、人身安全和行车安全的作业项目是否纳入天窗点内完成。

③ 是否按规定设立驻站及现场施工防护人员，防护人员是否携带齐全相应的备品及记录。所有施工人员在线路旁施工时，必须穿黄色防护服，严禁穿红色服装，夜间时穿带有反光标志的防护服，防护标志设立是否标准等情况，特别是涉及高速铁路（动车径路）施工的安全防护情况。防护人员是否按规定距离进行防护，是否按规定设置相应的防护标志及显示相应的防护信号，是否按规定程序拆除防护。

④ 防护员必须严格执行通话联系制度，加强防护人员与驻站联络员、施工负责人三者相互联系，一旦联系中断，要采取安全措施，联系中断超过规定时间全部人员机具要立即下道撤至安全地带。

⑤ 是否及时下道避车，避车的距离、地点是否符合规定。

⑥ 重点检查施工过程是否执行防护作业标准。

⑦ 是否存在人员跨越铁路线路行走和进行材料、机具设备转运。

（2）防护信号配备。

① 《普速铁路工务安全规则》规定：线（桥）车间、工区和巡道、巡守小组的防护信号备品数量，应按表 4-1 规定配备。

表 4-1　普速铁路防护信号用品表

名称	单位	单线			双线		
		车间	工区	巡道巡守	车间	工区	巡道巡守
作业标	个		4			6	
停车信号	个		2			4	
减速信号	个		2			4	
减速地点标	个		2			4	
双面信号灯	盏	1	4	1/人	1	6	1/人
喇叭	个		6	1		6	1
红色信号旗	面	2	6	3	2	9	3
黄色信号旗	面	2	6	1	2	6	1
短路铜线（自动闭塞区间）	条		2	1		4	2
无线电话机	台	2	4	2	2	5	2
有线电话机	台	2	4	2	2	4	2
"T"字减速信号	个		4			4	

注：① 巡守人员多人值班时，喇叭、信号灯、信号旗应按实际需要相应增加；
　　② 施工单位需要的信号用品数量，可根据实际情况规定；
　　③ 单线有道岔的工区，停车信号应配备 3 个，并配备双面黄色减速信号 2 个；
　　④ 速度大于 120 km/h 区段的工区配置带 "T" 字减速信号；
　　⑤ 电气化区段工区，配备 70 mm² 回流线，其数量与长度根据需要确定；
　　⑥ 无线电话机宜设有列车无线调度电话频点。

② 《高速铁路工务安全规则》规定：作业负责人、驻调度所（驻站）联络员和现场防护员，应佩戴标志，并按表 4-2 要求携带防护信号用品。

表 4-2　高速铁路防护信号用品表

名称	单位	数量（每人）			
		作业负责人	驻调度所联络员	驻站联络员	现场防护员
喇叭	个				1
红、黄色信号旗（昼）	面				各 1
信号灯（夜）	盏				1
短路铜线	条				1
手持无线电台	台	1		1	1
GSM-R 手机	台	1	1	1	1

（3）施工机械防护。

在铁路安全保护区范围内使用吊车、挖掘机、混凝土输送罐车等大型机械时，必须实行"一机一人、车过机停"安全防护，操作人员是否经过培训和持证上岗，对地方租赁机械、车辆的管理卡控是否到位等。大型机械施工作业区域隐患排查是否到位，是否存在侵入铁路限界、挖断地下管线或与附近高压线、电力线存在联电的可能，针对大型机械可能挂碰 D 型梁、吊车吊臂侵入既有线是否制定并落实相关的卡控措施。

（4）封闭隔离设施。

① 是否按规定将施工场所与既有线采取"全封闭、全隔离、全监控"措施，隔离设施是否完好，隔离设施本身是否稳定。是否存在以软隔离代替硬隔离、以防护网代替封闭隔离设施的情况，封闭隔离设施是否纳入现场检查，破损是否及时修复，工程完工后施工隔离措施是否及时拆除。

② 检查安全警戒线是否牢固完好，安设高度是否能够起到警示作用。

③ 进入工地的工作门是否按规定进行看守，相关管理制度是否建立健全，无关人员和机具，尤其大型施工机械是否可随意进入施工区域。

（5）高空、临边、有限空间作业安全措施是否执行到位。邻近营业线的高空施工是否设置了可靠的防坠落保护措施，其坠落有效半径是否符合规范要求，防止物体坠落侵入铁路建筑接近限界。

（6）施工现场是否按规范要求设置明显的标志和警示标牌。夜间施工是否按规定在工机具上粘贴反光标识。

（7）施工便道与既有线间没有设置隔离墩。

（8）各单位人员是否按规定到场进行施工监控。设备管理单位及行车组织单位所派监控人员是否具备相应的级别及应急处置能力。

4.4.5　施工机料具管理

（1）施工机具状态是否良好，施工路料摆放是否侵限、看守是否到位，大型施工机械和轨道作业车的防相撞、防超速、防误认、防脱落等安全措施是否制定完善，单轨车、吊轨车、小平车使用是否严格执行《普速铁路工务安全规则》规定。

（2）是否建立施工现场看守制度并派员 24 h 对施工机具、材料及安全隔离设施进行巡查，避免施工机具、材料被盗及侵入铁路限界。是否"一日一清，工完料尽"，是否建立看守记录及记录是否连续有效。既有线两侧的料具堆放是否侵限、稳固，施工区域料具是否做到集中堆放，既有线两侧零星材料机具是否及时清理。

（3）是否及时清理施工产生的弃土、泥浆，严禁堆砌在铁路安全保护区范围内，影响铁路设备安全。

（4）施工料具是否符合现场实际需要，对有问题的料具是否及时进行处理。

（5）上道使用前必须对工机具进行检查，严禁机具、工具带病上道作业。

（6）对于铁路安全保护区内的路材路料，易于搬动的必须在施工结束后进行回收处理，确实无法回收的必须集中安全堆放并派人看守。

（7）对于桥梁钢支架人行道堆放材料的规定：根据《关于铁路混凝土桥梁钢支架人行道堆载管理的通知》（运工桥隧函〔2012〕292号）的规定：

① 每3m长钢支架人行道上放置混凝土枕或混凝土桥枕不得超过1根。

② 每3m长钢支架人行道上放置木枕或木桥枕不得超过2根。

③ 轨枕或桥枕必须紧靠挡砟墙顺桥向放置，且支承轨枕或桥枕的钢支架不少于2个。

④ 任何情况下，禁止在钢支架人行道上放置钢轨。

⑤ 桥上维修作业或大修施工时，必须由专人负责检查，确保有效控制钢支架人行道堆载重量。

（8）铁路道床范围内不应放置任何机具、工具、材料等易于搬动的物品。

4.4.6 既有铁路设备保护

（1）邻近既有线的土建施工是否按相关规范进行，是否对既有铁路路堑、路堤采取保护措施。是否对铁路光电缆径路进行联合探测并对已开挖裸露的光电缆进行有效保护。

（2）施工中确需拆除的铁路边坡、水沟等设施，施工完后必须恢复完好。同时应做好水沟过渡迁改时的排水畅通，确保汛期安全。

（3）是否按规范要求采取分层进行开挖，是否对开挖面进行保护和监测，是否影响非施工面既有线设备安全。

（4）对既有铁路接触网支柱及其他接触网、供电设备设施应采取护桩、围栏、警戒等相应的安全保护措施。

（5）跨线桥两侧设置的防撞墙是否符合审查方案要求，并根据跨线桥及两端道路的等级、线型、纵坡等，在跨线桥两端引道的适当位置设置减速带及相应的限速、限载等安全警示牌。防撞墙上应按相关规定设置防抛网安全防护设施。铁路供电单位应在相应的防抛设施上设置"高压危险"等标识。

（6）是否对其他既有铁路设备采取可靠的安全防护措施。

（7）涉及需要对营业线运营设备进行迁改、过渡的施工，是否按规定及时进行迁改、过渡，需要采取"防抛、防落、防撞、绝缘"等安全措施是否执行到位。

（8）采用旋挖钻机进行桩基作业时，应确保旋挖钻机安装稳定、牢固，钻机位置以尽量远离铁路隧道边墙，垂直于线路摆放为原则。

4.4.7 施工监管

（1）现场实际施工负责人与计划不一致是否按规定履行了变更手续，施工负责人是否按规定佩戴相应的标识。是否安排了不具备资质的人员担任施工负责人或安全监管人员。

（2）检查各单位的监管情况。

① 各级领导和相关业务部室、站段监控干部是否按施工等级要求到岗到位，是否真正发挥作用，是否对施工进行全过程监控。

② 各设备管理单位人员是否按规定对施工进行监管，现场监管人员是否满足施工要求。

③ 检查各设备管理单位是否针对各施工点的实际情况制定监管方案，现场监管人员是否进行过有针对性地培训并持证上岗，监管人员是否携带相应的备品及材料，是否认真履行职责。

在施工安全监督检查过程中，比较突出的问题是设备管理单位指派的监管人员多是一些老弱病人员，站段认为这部分人员往往是业务素质不高、责任心不强，到施工现场后不知道该监管些什么，不知道从哪些方面入手查找施工对铁路安全造成的隐患和威胁。

（3）行车组织单位对其管辖范围内的施工是否清楚，是否按规定组织召开邻近营业线施工安全预想会，记录是否齐全。是否留存各相关单位签字的《邻近营业线施工现场安全重点监控表》。

（4）施工单位是否按规定通知设备管理单位派员进行施工安全监督。

4.4.8　线路开通及提速

（1）封锁施工结束前，施工单位是否组织各设备管理单位针进行开通前联合检查并共同确认，检查项目是否齐全，记录是否齐全。严格执行施工放行列车条件，严把施工放行列车安全关，杜绝盲目冒险放行列车行为。

（2）线路开通前各单位使用的料具是否撤至限界外，高速铁路区段施工结束后施工使用的各项材料是否及时清理并撤除网外。

（3）需要阶梯提速的施工，每次提速前是否对线路进行检查整修，是否达到提速条件，是否按规定进行登记，各设备管理单位是否进行了共同确认。

（4）《普速铁路工务安全规则》规定的放行列车条件如表 4-3 所示。

表 4-3 《普速铁路工务安全规则》第 2.1.17 条规定的放行列车条件

项目	施工条件	作业方式	放行列车条件
一、影响道床稳定的施工作业 1. 破底清筛 2. 更换道床石砟 3. 成段更换轨枕（板） 4. 成组更换道岔 5. 基床更换填埋 6. 一次起道量或成段起道或拨道超过 40 mm 的成段 7. 利用小型养路机械开挖爆破侧沟或基坑（限于影响路基稳定范围）	封锁施工	大型养路机械捣固、稳定车作业	1. 两捣一稳作业后，开通后第一列 35 km/h，第二列 45 km/h，自第三日捣固后第一列起限速 60 km/h，第二列起限速 80 km/h，第三列起限速 120 km/h，至第三日捣固后恢复常速。 2. 三捣两稳作业后，开通后第一列 45 km/h，第二列 60 km/h，自第三日捣固后第一列起限速 80 km/h，第二列起限速 120 km/h，至第四日捣固后恢复常速。
		小型养路机械捣固	未达到上述捣固直向、侧向标准数的，应相应降低列车放行速度。道岔施工后直向、侧向捣固，稳定车到道，比照上述起道梯提速。
		人工捣固	开通后第一列 35 km/h，至次日捣固后第一列起限速 60 km/h，至第三日捣固后第一列限速 80 km/h，至第四日捣固后恢复常速 1. 施工期间当日第一列 15 km/h，第二列 25 km/h，第三列 45 km/h，不少于 4 h，以后限速 60 km/h，至下次封锁前。 2. 施工结束，开通后第一列 15 km/h，第二列 25 km/h，以后 60 km/h，80 km/h，120 km/h 各 45 km/h，不少于 4 h，不少于 24 h 捣固后阶梯提速，其后正常
二、不影响道床稳定的施工作业 1. 成段更换钢轨 2. 无缝线路应力放散 3. 成段调整轨缝，拆开接头并插入短轨头 4. 成段修整整轨底坡	封锁施工		开通后第一列 45 km/h，第二列 60 km/h，第三列 120 km/h，其后恢复常速
1. 使用冻害护板一次总厚度超过 40 mm 2. 长大隧道宽轨枕垫件 3. 道口大修（若影响道床稳定，比照第一大项办理）	封锁施工		开通后第一列 35 km/h，第二列 45 km/h，第三列 60 km/h，其后恢复常速

项目	施工条件	放行列车条件
三、桥隧涵施工作业 1. 更换或拨正钢梁、混凝土梁 2. 抬高或降低桥梁 3. 拨正支座、更换桥梁支座、翻修支承垫石、垫砂浆厚度超过50 mm 4. 不拆除钢轨整孔更换明桥面桥枕 5. 明桥面移动桥枕 6. 翻修、加深隧道内排水沟	封锁施工	施工作业期间，封锁开通后限速45 km/h，至下次天窗前；施工作业结束后，第一列限速45 km/h，以后限速60 km/h，不少于24 h，再限速80 km/h，120 km/h 各一列后恢复常速
1. 明桥面移动桥枕后，上盖板喷砂除锈涂装横梁，安装、拆除纵横梁体系的横梁 2. 架空施工中，安装D型施工便梁 3. 修补或重新施做有砟轨道板面、桥台顶面防水层	慢行施工	施工作业期间，限速45 km/h
线路架空或加固后桥涵顶进	慢行施工	施工作业期间，限速45 km/h，施工结束后，第一列限速45 km/h，后限速60 km/h，80 km/h各不少于12 h，后限速120 km/h一列后恢复常速
新建明、棚洞的基础施工	慢行施工	施工作业期间，本线限速45 km/h，施工基础施工结束后恢复常速；邻线列车限速160 km/h
三、桥隧涵施工作业 1. 在线路上安装轨束梁、工字钢纵梁、D型便梁的纵横梁 2. 喷锚加固隧道衬砌 3. 整治隧道仰拱破损及换填隧道铺底 4. 隧道整体道床翻修 5. 影响行车安全的其他复杂架梁施工	封锁施工	按经审查批准的施工作业设计文件所确定的列车放行条件
1. 路基注浆、旋喷桩、挖孔桩施工，路基降水 2. 隧道内增设密井暗管施工	按经审查批准的施工作业确定施工条件和放行列车条件。	

注：表内未列出的其他施工作业项目，可由集团公司比照本表类似施工作业确定施工条件和放行列车条件。
表中所列项目以外的影响行车安全的较复杂架梁施工，列车或单机运行速度按设计文件执行。

（5）《普速铁路工务安全规则》规定的放行列车条件如下：

施工地段放行列车时，轨道静态几何尺寸偏差不得超过经常保养容许偏差管理值。列车速度 $v_{max} > 45$ km/h 时，工务设备状态符合铁路线路、桥隧修理有关规定。列车限速 $v_{max} \leq 45$ km/h 时，线路状态应符合下列要求：

① 轨枕盒内及轨枕头部道砟不少于 1/3。

② 枕底道砟串实。

③ 轨枕每隔 6 根可空 1 根。

④ 道钉或扣件：

a. 钢轨接头两根轨枕和桥枕上道钉、扣件齐全、有效。

b. 半径小于或等于 800 m 曲线地段，混凝土轨枕可每隔 1 根拧紧 3 根，木枕可每隔 1 根钉紧 6 根。

c. 半径大于 800 m 曲线及直线地段，混凝土轨枕可每隔 2 根拧紧 1 根，木枕可每隔 1 根钉紧 1 根。

⑤ 接头螺栓：每个接头至少拧紧 4 个（每端 2 个）。

⑥ 钩螺栓：每隔 3 根桥枕拧紧 1 根。

⑦ 起道（含垫砟）顺坡率不小于 200 倍。

⑧ 冻害垫板平台两端的顺坡率不小于 200 倍。

（6）施工作业过程中，设备管理单位应对施工前准备、施工中控制、线路开通和逐步提速等关键环节进行监控。线路开通、速度变更执行施工单位和设备管理单位共同检查签认制度。

故障处理后的放行列车条件由工务现场负责人决定。

（7）下列作业应办理临时封锁手续，设置停车手信号防护。封锁完毕放行列车或单机时限速与否及限速列车的时间、次数、速度由作业负责人根据具体情况决定：

① 危及行车安全的突发性灾害的紧急抢修。

② 钢轨、辙叉或夹板折断后的紧急处理。

③ 线路胀轨的紧急处理。

④ 更换重伤钢轨、辙叉或联结零件。

⑤ 轨道几何尺寸超过临时补修标准的病害整修。

⑥ 其他影响行车安全的故障处理。

（8）《高速铁路工务安全规则》规定的放行列车条件如表 4-4 所示。

表 4-4 《高速铁路工务安全规则》第 3.3.4 条规定的放行列车条件

项目	作业方式	放行列车条件
一、影响道床基稳定的施工作业 1. 有砟轨道 （1）连续 2 根及以上轨枕道床破底清筛 （2）成段更换道床 （3）大型养路机械换砟 （4）基床换填 （5）平纵断面改造 （6）利用小型爆破开挖侧沟或路基稳坑后的线路整修（限于影响路基稳定范围） （7）成组更换道岔（钢轨伸缩调节器）或 2 根及以上轨枕连续更换、方正 （8）2 根及以上轨枕起道、拨道	大型养路机械捣固、稳定车作业	（1）两捣一稳作业后，第一列起限速 45 km/h，第二列限速 60 km/h，至次日捣固后第一列起限速 80 km/h，第二列起限速 80 km/h，第三列起限速 120 km/h，至第三日捣固后第一列限速 120 km/h，第二列限速 160 km/h，至第四日捣固后第一列限速 160 km/h，第二列起限速 160 km/h，至第五日捣固后第一列限速 160 km/h，检查确认后限速 200 km/h，检查确认后恢复常速。 （2）三捣两稳作业后，第一列起限速 60 km/h，第二列限速 80 km/h，至次日捣固后第一列限速 120 km/h，第三列起限速 120 km/h，至第三日捣固后第一列限速 160 km/h，第二列限速 160 km/h.检查确认后 160 km/h，至第四日捣固后第一列限速 160 km/h，第二列起限速 200 km/h，检查确认后恢复常速。 （3）五捣三稳作业后，第一列起限速 80 km/h，第二列限速 120 km/h，第三列起限速 160 km/h，至次日捣固后第一列限速 160 km/h，第二列限速 160 km/h，至第三日捣固后第一列限速 200 km/h，第二列起限速 200 km/h，检查确认后恢复常速。 道岔施工直向、侧向按此标准分别梯速分阶提速达到上述捣固、稳定数值时定速。降低列车放行速度时，应相应降低列车放行速度。
2. 无砟轨道 （1）更换无砟道床（含轨道板、道床板、底座板、支承层） （2）CRTS Ⅱ型无砟轨道轨道板间接缝凿除和浇筑 （3）侧向挡块凿除和浇筑 （4）CRTS Ⅰ型无砟轨道凸型挡台凿除和浇筑	小型养路机械捣固	（1）施工作业期间：当第一列限速 35 km/h；第二列起限速 60 km/h 至下次天窗前。施工作业期间，以后限速 60 km/h，至少于 4 h，以后限速 60 km/h，至下次天窗前。 （2）施工作业结束后，稳定车检查捣固、稳定列车确认可开行综合侧向列车确认"大型养路机械作业，应安排大型养路机械作业，放行列车条件按'大型养路机械作业'办理"
3. 路基注浆、挖孔桩、旋挖桩施工，路基降水		按经审查批准的施工作业设计文件所确定的列车放行条件，必要时可开行综合检测列车确认 按经审查批准的施工作业设计文件所确定的列车放行条件

项目	作业方式	放行列车条件
二、影响道床稳定的施工作业	（1）成段更换钢轨或扣件 （2）无缝线路应力放散 （3）更换道岔（钢轨伸缩调节器）轨件 （4）使用道岔垫板一次总厚度超过 25 mm	第一列限速 45 km/h，第二列限速 80 km/h，第三列限速 120 km/h，第四列起限速 160 km/h 至下次天窗前。恢复常速前必须经整修精调经调点。恢复常速前须经整修、检测、确认，阶梯提速
	（1）单根更换钢轨 （2）处理胶接绝缘接头 （3）更换道岔尖轨、基本轨、护轨、可动心轨道岔辙叉 （4）焊接钢轨 （5）单根更换、方正轨枕 （6）成段改道、撒垫板、更换铁垫板、更换轨下胶垫，使用冻害垫板一次总厚度大于等于 10 mm，小于 25 mm （7）大型养路机械维修捣固作业 （8）成段更换弹条、轨距挡板	第一列限速不超过 160 km/h，以后恢复常速
三、桥涵隧道施工作业	箱梁支座调高、拨正、更换	施工作业期间，第一列限速 80 km/h，第二列限速 160 km/h 至下一个天窗前；施工作业结束后，第一列限速 80 km/h，以后限速 160 km/h 至下次日天窗结束，其后恢复常速
	其他桥梁的支座调高、拨正、更换	施工作业期间，限速 45 km/h 至下次日天窗前，第二列限速 160 km/h 至下次日天窗结束，施工作业结束后，第一列限速 45 km/h，其后恢复常速
	（1）翻修、加深隧道内侧沟	施工作业期间，限速 120 km/h，第二列限速 45 km/h，第三列限速 45 km/h，以后恢复常速
	（2）翻修、加深隧道中心水沟	施工作业期间，限速 45 km/h，以后限速 80 km/h 至下次日天窗前；施工作业结束，第一列限速 45 km/h，以后限速 120 km/h，160 km/h，各至次日天窗结束，其后恢复常速
	新建明洞、拥洞的基础施工	本线限速 45 km/h，邻线限速 160 km/h，基础施工结束后恢复常速

项目		作业方式	放行列车条件
三、隧、桥涵施工作业	加厚隧道二次衬砌	施工作业期间，限速120 km/h 至次日天窗结束，其后恢复常速	施工作业期间，限速120 km/h 至下次天窗前；施工作业结束后，第一列限速120 km/h，以后限速160 km/h
	架空施工中、安装、拆除纵梁、横梁体系的横梁，安装D型便梁的横梁	施工作业期间，限速45 km/h	施工作业期间，限速45 km/h；施工结束后，第一列限速45 km/h，以后限速60 km/h、80 km/h、120 km/h、160 km/h
	线路架空或加固后桥涵顶进	施工作业期间，限速45 km/h；施工结束后，其后恢复常速	
	(1) 在线路上安装或拆除轨束梁、工字钢束梁、D型便梁，拆除D型便梁、纵横梁体系的纵梁，纵横梁体系的横梁 (2) 整治隧道仰拱破损及换填隧道铺底 (3) 影响行车安全的其他复杂桥隧施工	160 km/h 各至次日天窗结束后，其后恢复常速	按经审查批准的施工作业设计文件所确定的列车放行条件

注：表内未列出的其他施工作业项目，可由集团公司比照本表类似施工作业确定施工条件和放行列车条件。

4.4.9　其他检查要点

（1）是否严格按照施工方案组织施工，是否存在擅自变更施工方案、降低施工安全标准的行为。

（2）施工安全卡控措施及"点内""点外"作业内容是否严格按规定进行区分。是否点内作业点外干。

（3）施工现场是否按规定设置了消防安全设备设施。施工用电是否严格执行《施工现场临时用电安全技术规范》规定。

（4）严格禁止利用列车运行间隔时间组织影响既有铁路安全及稳定的相关施工。

（5）各单位现场监控人员履职情况。

（6）关键人员是否做到持证上岗，是否经过国铁集团或铁路局集团公司营业线施工安全培训。劳务工管理制度办法是否完善，"先培训，后上岗"的规定是否执行到位，劳务工上道作业是否有正式职工负责带工。

（7）LKJ数据管理情况。机车LKJ及轨道车GYK（轨道车运行控制系统）数据是否按计划换装，是否按规定进行首趟车添乘，数据是否与现场设备相符，轨道车GYK作用是否良好。

（8）非正常情况下接发列车，站长（或主管副站长、车间主任、车间副主任）必须到岗监督作业，严格执行作业标准，落实施工安全卡控措施。控制好发布行车命令、确认区间空闲、进路检查确认、行车凭证填写交付、引导信号使用等关键环节。施工开通必须严格执行施工单位、设备管理单位登记开通、车站签认和列车调度员发布开通命令的程序。

（9）各级技术、安全管理人员对施工进行检查的情况，是否发现施工过程中存在的安全问题及隐患，是否督促进行了整改。主要检查《干部巡视记录簿》记录情况。

（10）作业人员生火是否影响铁路设备设施安全。

（11）施工单位对前期检查发现的问题是否进行了整改，整改效果如何。

5 主要专业营业线施工安全检查

铁路营业线施工安全监督检查涉及铁路方方面面的知识，本章重点介绍涉及营业线施工的车务、电务、供电、工务等施工体量和占比较大的专业施工安全监督检查，其他专业的这里不做叙述。

5.1 车务施工安全检查

5.1.1 施工特定行车办法

1.《技规》第 381 条规定

遇有施工又必须接发列车的特殊情况时，可按以下施工特定行车办法办理：

（1）车站采用固定进路的办法接发列车。施工开始前，车站须将正线进路开通，并对进路上所有道岔按规定加锁（集中联锁良好的道岔可在控制台上进行单独锁闭）。有关道岔密贴的确认及具体的加锁办法，由铁路局规定。

（2）引导接车并正线通过时，准许列车司机凭特定引导手信号的显示，以不超过 60 km/h 的速度进站。

（3）准许车站不向司机递交书面行车凭证和调度命令，但车站仍按应规定办理行车手续，并使用列车无线调度通信设备（其语音记录装置须作用良好）将行车凭证号码（路票为电话记录号码、绿色许可证为编号）和调度命令号码通知司机，得到司机复诵正确后，方可显示通过手信号。列车凭通过手信号通过车站。

2.《普速铁路行车组织规则》（以下简称《行规》）对施工特定行车办法的规定

（1）采用施工特定行车办法的限制条件

① 在集团公司下达的月度施工计划或施工电报中明确，并纳入施工日计划。

② 列车无线调度通信设备及语音记录装置必须良好。

（2）准备进路的补充规定

车站在施工开始前将正线进路开通，并将进路上所有对向道岔、顺向道岔及邻线上的防护道岔按规定加锁（集中联锁良好的道岔可在控制台上进行单独锁闭；使用专用的勾锁器对分动外锁闭道岔的密贴尖轨、斥离尖轨和可动心轨加锁）。每次接发列车前，必须再次对勾锁器是否紧固进行检查。采用固定进路办法接发列车的车站，列车调度员不得安排列车会让，施工特定行车方式终止后，车站方可撤除勾锁器。

（3）凭证填写、确认、交付办法

与施工站相邻的车站，列车通过或停车会让时，准许车站不向司机递交书面行车凭证和调度命令，但车站仍按规定办理行车手续，使用语音记录装置良好的列车无线调度通信设备向司机转达调度命令，并将行车凭证号码（路票为电话记录号码、绿色许可证为编号）和调度命令号码通知司机，得到司机复诵正确后，方可显示通过手信号或组织发车。

（4）接发列车的补充规定

引导接车并正线通过时，特定引导手信号必须在站内通过手信号已显示或出站（发车进路）信号机已全部开放，并且不再变更的情况下，方可显示（区域联锁受控站不显示特定引导手信号和通过手信号）。车站（助理）值班员应使用列车无线调度通信设备预告司机。列车在车站正线停车到开时，不交递书面凭证和调度命令。遇列车无线调度通信设备（含语音记录装置）临时故障或列车司机没有复诵传达或预告的内容时，必须停车交递行车凭证。

（5）其他规定

列车调度员得到机车或车站列车无线调度通信设备故障（含语音记录装置故障）的报告后，应立即下发调度命令停止施工特定行车办法的实施。

5.1.2 施工路用列车

封锁施工需要路用列车配合，如大型施工机械、卸砟、接触网作业车等。

1.《技规》第 382 条规定

向施工封锁区间开行路用列车时，列车进入封锁区间的行车凭证为调度命令。该命令中应包括列车车次、停车地点、到达车站的时刻等有关事项，需限速运行时在命令中一并注明。

向施工封锁区间开行路用列车，原则上每端只准进入一列，如超过时，其安全措施及运行办法由铁路局规定。

2.《行规》《高速铁路行车组织细则》（以下简称《行细》）对向施工封锁区间开行路用列车的规定

（1）向施工封锁区间开行路用列车，原则上每端只准进入一列。特殊情况需超过时，应遵守下列规定：

① 特殊情况每端进入需超过一列时，施工单位应在提报的施工（维修）计划中注明路用列车发站、到站及各自作业地点。

② 施工单位须在施工前制定完备的安全防护措施，并指派人员带班作业。

③ 施工主体单位负责人统一划分各单位路用列车的作业范围及分界点，各施工单位必须按规定分别进行防护。路用列车在区间作业时，应接通全部软管，禁止分摘（编挂有多台动力的列车需分组作业时除外）。编挂有多台动力的列车，可分组解体后，根据施工需要在各自作业地段进行分项作业，各分项作业完成后，仍按原编组连挂，并接通全部软管，根据调度命令到达指定车站。列车需要移动时，由施工负责人通知司机按调车办法动车，速度不得超过 10 km/h（大型养路机械及配合单位作业车除外）。区间内有两列及其以上路用列车时，禁止两列相对方向同时动车。两列路用列车间距离不足 1 000 m 时，可在两列车中点进行防护。

④ 施工负责人须在先发列车到达指定停车地点停妥，并设好停车防护后，方可通过驻站联络员向车站值班员（列车调度员）申请开行续行列车。

⑤ 列车由区间返回时，应由施工单位胜任人员在前端瞭望，并与司机保持无线通话良好；车站应开放进站信号或按引导办法接车，于列车全部返回车站后，两端站车站值班员应根据书面销记，确认区间已空闲后报告列车调度员，列车调度员发布开通封锁区间的调度命令。

（2）同时封锁站内线路和区间开行路用列车的运行组织办法。

① 施工路用列车在封锁线路（封锁区段）内施工作业时，不受封锁线路（封锁区段）内的信号限制，进路由施工单位派员现场确认。

② 进入封锁区间运行时，要根据施工限速要求设定运行限速值。封锁范围内进路准备由施工负责人通过驻站联络员向车站值班员申请，车站负责在室内准备进路并锁闭。车站原则上应正排调车进路、开放调车信号，并以光带锁闭整条进路；不能开放信号锁闭进路时，车站负责在室内对有关道岔进行单操单锁。

《行细》对此条的规定是：封锁范围内进路准备由施工负责人通过驻站联络员向车站值班员申请。车站值班员通过控制台准备进路并锁闭。原则上应正排调车进路、开放调车信号（未设或不能开放调车信号时，可开放进、出站或引导信号），并以光带锁闭整条进路；不能开放信号锁闭进路时，通过控制台对有关道岔进行单操单锁。需反方向开放出站、引导信号，车站值班员（车务应急值守人员）进行改方操作时，应得到列车调度员口头准许。

③ 发车作业前，车站须在准备好进路后，方可向施工路用列车司机书面交付或通过调度命令无线传送系统转达作为行车凭证的调度命令，书面交付时应加盖车站站名

印。交付命令后，车站应按照车机联控标准用语与施工路用列车司机核对命令，核对无误后方可组织发车。封锁区间并封锁站内线路及岔区时，车站除首次发车外不需办理其他接发车作业。

《行细》对此条的规定：发车作业前，列车调度员（车站值班员）须在准备好进路后，方可向路用列车司机发布（转达）作为行车凭证的调度命令。交付命令后，司机在得到列车调度员（车站值班员）"××（次）××（站）×道发车进路好了"的通知后，方可启动列车。封锁区间并封锁站内线路及岔区时，车站除首次发车外不需办理其他接发车作业。

④ 封锁施工作业中施工路用列车在封锁范围内需进出站时，施工路用列车司机按照施工负责人指示行车。《行细》增加规定：进入封锁区间运行时，要根据施工限速要求设定运行限速值。

⑤ 封锁区间并封锁站内线路及岔区时，封锁时间内从封锁区间进入站内的施工用列车，原则上只准许接入封锁线路（《行细》只对此点作了要求）。

在施工封锁开通前，如需接入非封锁线路，由施工负责人通过驻站联络员向车站值班员申请，车站负责在室内准备进路并锁闭。接车进路准备妥当后，由施工负责人通知施工路用列车司机进站。接入非封锁线路后，该列车不得再进入封锁范围。

⑥ 施工路用列车进入车站前，应在进站信号机（或站界外）外停车（已确认进路准备好时，可不停车），由施工负责人通过驻站联络员与车站联系进路，车站根据驻站联络员的请求，正排进路并开放信号；不能开放信号锁闭进路时，应在室内对有关道岔进行单操单锁，室内无法进行单操单锁的道岔，由施工单位现场准备进路并确认。接车进路准备妥当后，由施工负责人通知施工路用列车司机进站。

《行细》对此条的规定：施工作业完毕路用列车需进入站内股道时，应在进站信号机外停车，由施工负责人通过驻站联络员与车站值班员联系进路（列车调度员准备进路时，车站值班员报告列车调度员）。列车调度员（车站值班员）根据驻站联络员的请求，正排进路并开放信号；不能开放信号锁闭进路时，通过控制台对有关道岔进行单操单锁，控制台无法进行单操单锁的道岔，由施工单位现场准备进路并确认。路用列车接车进路准备妥当后，由施工负责人通知路用列车司机进站。

（3）其他规定。

① 路用列车尾部为车辆时，施工单位负责以吊起的软管作为列车尾部标志。

② 路用列车在区间作业时，不得无动力停留机车车辆。

《行细》规定：施工单位、部门在提报和审核扰动道床施工计划时，应在施工计划中注明"扰动道床施工"和轧道方案；施工负责人在登记时，注明"扰动道床施工"，在销记时注明"是否经过轧道"，列车调度员据此确定施工开通后第一趟能否开行旅客列车。

3.《行规》对列车在区间装卸车时行车组织的补充规定（《技规》第384条）

（1）列车（含路用列车、货物列车及其他列车）在区间装卸路料时，按以下规定执行：

①列车在区间装卸路料应纳入施工计划，按照施工管理部门理。未纳入施工计划的，由装卸车单位向集团公司主管业务部提出申请，主管业务部审查后，提前 2 日向施工管理部门提出计划，经施工管理部门审批后，由调度所组织实施。

②装卸路料单位须在车站行车室设置驻站联络员，纳入施工计划的区间装卸路料在《行车设备施工登记簿》内登销记，未纳入施工计划的区间装卸路料在《行车设备检查登记簿》内登销记。装卸路料的列车进入区间后，车站值班员（列车调度员）不得再向该区间放行列车，区间路料装卸完毕，装卸路料的列车返回或到达前方站后，车站值班员（列车调度员）根据装卸路料单位的销记恢复行车。

登销记均须在相同车站办理，不得一站办理登记手续，另一站办理销记手续。

（2）遇防洪、抢险等特殊情况需区间装卸车时，由调度所及时安排。

（3）双线、两线或多线区间卸车时，不得影响邻线的列车运行安全。有危及邻线列车运行安全时，装卸车负责人应立即采取拦停列车措施，并报告车站值班员（列车调度员）。车站值班员（列车调度员）接到影响邻线的报告后，立即通知邻线有关列车停车，在原因消除前，不得向邻线放行列车。

（4）在装卸车作业过程中，装卸车负责人必须在确认货物堆放距离不妨碍车辆移动和货物不偏重后，才可指挥列车移动。

（5）在长大上坡道进行区间装卸车作业时，牵引重量不得大于该区段牵引定数的 2/3。

（6）列车在区间装卸车时，由装卸车负责人负责区间装卸车作业安全、车辆自动制动机空重位置调整及检查、指挥机车移动。禁止装卸车负责人以外的人员指挥机车动车。

（7）区间作业完毕后，装卸车负责人须通知司机进行自动制动机简略试验，确认全列通风，符合发车条件，方可用无线对讲设备通知司机发车。用语为：装卸车负责人×××，××次司机请发车（动车时用语为：前进××米，或后退××米）。

（8）机车乘务员应做到：

①加强瞭望，随时注意列车情况，未得到装卸车负责人的发车通知，不得起动列车。

②用风动石砟车卸石砟时，应以不超过 10 km/h 的速度边走边卸，用非风动石砟车散布石砟时，不得超过 5 km/h。

（9）电气化区段区间装卸车的规定：

①需停电进行的区间装卸车，装卸车单位须事先通知供电段派人监护作业。请求停、送电及验电接地等安全措施由供电段监护人员办理。

②不停电进行的区间装卸车，装卸车负责人须指定专职的安全员监护作业。

5.1.3 《行规》对其他施工维修行车组织的规定

1. 接触网停电施工、维修的补充规定

（1）区间接触网停电维修作业应安排在图定天窗进行，同一牵引变电所两供电臂

停电天窗重合时间一般不应少于 30 min。

不封锁线路的区间接触网施工，可以利用接触网维修天窗开行非电力机车牵引的列车。但应纳入日班计划。在下达日班计划时，停电施工计划应下达给有关站段及施工单位。

（2）站内接触网停电施工、维修除按有关规定办理外，在请求停电命令前，施工负责人应在车站《行车设备施工登记簿》内将施工地段、作业内容、影响范围及是否需要封锁线路等登记清楚，经车站值班员签认后，方可请求停电施工。

停电的线路，禁止电力机车进入；封锁施工的线路，禁止非施工的机车、车辆进入。双线区段接触网采用"V"型天窗作业时，在停电区段内禁止电力机车通过上下行渡线及相关道岔，内燃机车不得在上述地点停留。

接触网正在维修的线路，车站需要使用时，维修但未封锁线路的，车站值班员应提前告诉施工负责人。车站在接发列车和调车作业中，应认真确认线路、接触网及施工人员状态，发现情况及时采取有效措施，防止事故发生。

施工结束后，施工负责人在《行车设备施工登记簿》内销记后，方可请求送电。

2.《行规》《行细》对涉及站台、风雨棚限界施工的规定

铺装（或移动）站台帽石，翻修站台、雨棚、天桥，以及在邻近站台、雨棚、天桥的线路上进行起拨道等施工作业时，施工单位须制定防侵限措施，并与房建单位签订施工配合协议。施工作业前，施工单位会同房建单位确认站台限界现状；施工作业完毕后，施工单位和房建单位共同复查限界情况。因施工作业造成的站台、雨棚侵限，由责任单位负责恢复限界。

5.1.4 车辆防溜安全

1.《技规》对车辆防溜的规定

编组站、区段站在到发线、调车线以外的线路上停留车辆，不进行调车作业时，应连挂在一起，并须拧紧两端车辆的人力制动机，或以铁鞋（止轮器、防溜枕木等）牢靠固定。因装卸车对货位等情况，不能连挂在一起时，应分组做好防溜措施。

中间站停留车辆，无论停留的线路是否有坡道，均应连挂在一起，拧紧两端车辆的人力制动机，并以铁鞋（止轮器、防溜枕木等）牢靠固定。因装卸车对货位等情况，不能连挂在一起时，应分组做好防溜措施。一批调车作业中临时停留的车辆，须拧紧两端车辆的人力制动机或以铁鞋（止轮器）止轮。

编组站和区段站的到发线、调车线是否需要防溜以及作业量较大中间站执行上述规定有困难时，由铁路局规定。

2.《行规》《行细》对动车段（所）内防溜办法的规定

（1）动车组无动力停留时，有停放制动装置的动车组，由司机负责将动车组处于

停放制动状态；动车组无停放制动装置时，动车段（所）检修库内的防溜由机械师负责，检修库外的防溜由司机负责。

（2）重联动车组在设置铁鞋（止轮器）防溜时，仅设置前列。设置铁鞋（止轮器）位置方向，在《所细》中明确。

（3）随车机械师设置、撤除防溜时，均须通知司机。

（4）防溜设置好后，司机方可降弓；司机升弓后，方可撤除防溜。

（5）自轮运转特种设备及其他机车车辆需在动车所停留时，由施工（使用）单位或所属单位负责防溜措施的设置和撤除。

3.《行规》防止车辆溜逸的补充规定（《技规》第306条）

（1）编组站、区段站到发线、调车线停留车辆防溜的规定。

① 到发线的到达列车，须对列车实施保压制动后，方可摘开机车。

② 到发线线路平均坡度超过1.5‰时，车站作业人员须拧紧两端车辆的人力制动机或以铁鞋牢靠固定。

③ 到发线线路平均坡度不超过1.5‰时：

a. 停留车组辆数在20辆（客车6辆）及其以下时，须拧紧两端车辆的人力制动机或以铁鞋牢靠固定。

b. 停留车组辆数在20辆（客车6辆）以上，无机务段（电力机车折返所）的车站，须拧紧两端车辆的人力制动机或以铁鞋牢靠固定；有机务段（电力机车折返所）的车站可不采取防溜措施，但停留时间超过4 h时，须拧紧两端车辆的人力制动机或以铁鞋牢靠固定。

④ 编组站、区段站调车线（驼峰下的调车线除外）停留车辆时：

a. 线路平均坡度不超过2.5‰时，车站作业人员拧紧两端车辆的人力制动机或以铁鞋牢靠固定；线路平均坡度超过2.5‰时，拧紧两端车辆的人力制动机，并对下坡端最外方车辆以铁鞋牢靠固定。

b. 一批调车作业中临时停留的车辆，线路平均坡度不超过2.5‰时可不采取防溜措施；线路平均坡度超过2.5‰时，拧紧两端车辆的人力制动机或以铁鞋牢靠固定。

⑤ 驼峰下的调车线、编发线的防溜措施及设有停车器、停车顶等防溜设备的线路，具体防溜办法根据设备技术条件和安装使用情况在《车站行车工作细则》（以下简称《站细》）内规定。

⑥ 与正线、到发线衔接的货物线、专用线停留车辆时，不论车站防溜方式如何，其靠到发线端必须拧紧车辆人力制动机，并以铁鞋（防溜枕木）牢靠固定。

（2）中间站防溜的补充规定。

① 中间站到达的列车，须对列车实施保压制动后，方可摘开机车。

② 中间站停留车辆，无论停留的线路是否有坡道，均应连挂在一起，并采取"双防溜"，车站作业人员拧紧两端车辆的人力制动机，并以铁鞋牢靠固定。因装卸车对货位等情况，不能连挂在一起时，应分组做好防溜措施。在分组采取防溜措施时，除两

端车组外侧须至少采取二道防溜措施外，其余车组及两端车组的内侧可拧紧两端车辆的人力制动机，或以铁鞋（止轮器、防溜枕木等）牢靠固定，保证至少一道防溜措施。

③ 中间站一批调车作业中临时停留的车辆，须拧紧两端车辆的人力制动机或以铁鞋牢靠固定。

④ 作业量较大的中间站执行《技规》有困难时停留车辆防溜的规定：

配有专用调车机或日均调车作业 100 钩以上的中间站，经集团公司运输部批准可执行"单防溜"的规定，由车站制定防溜措施，纳入《站细》。

⑤ 中间站到发线以及衔接到发线的线路停留货车车辆使用人力制动机（包括人力制动机紧固器）防溜时，车站作业人员应排出该车辆制动主管和副风缸余风，再拧紧该车辆人力制动机（一批作业中除外），确保对停留车辆实施有效防溜措施。

（3）在始发、终到及换挂机车的车站到发线停留的客车底，须对列车实施保压制动后，方可摘开机车。停留时间超过 2 h 或线路平均坡度超过 1.5‰时，按规定采取防溜措施。

（4）由车站负责取送车辆的专用线，调车组应将专用线停留的车辆连挂在一起，拧紧两端人力制动机，并以铁鞋牢靠固定；专用线人员负责对防溜措施进行检查并保持。

（5）段管线停留车辆的防溜办法由其管理单位制定。

（6）其他规定。

① 电气化区段不能采用人力制动机防溜时，应使用人力制动机紧固器防溜，使用的条件和办法比照人力制动机防溜的规定办理。

② 使用铁鞋防溜时，鞋尖应紧贴车轮踏面，牢靠固定；使用人力制动机或人力制动机紧固器防溜时，须拧紧制动机。

③ 线路内实际坡度超过 6‰的地段，不得无动力停留机车车辆。

④ 因车辆进行技术检查或故障处理等作业，列检（维修）人员在撤除车站采取的防溜措施前，应根据检修作业的要求，按规定重新设置防溜措施，技术检查或故障处理完毕，应及时恢复原防溜措施。

⑤ 有关调车作业岗点、信号楼（行车室）、扳道房、货场（货物线）、段管线以及专用线（专用铁路）等有关处所须配备足够数量的防溜器具。防溜器具的类型、配备数量、固定存放地点应在《站细》或相关《安全协议》中进行明确。

⑥ 机车连挂客车底在站无动力停留时，机车防溜由司机负责，列车后端（非机车端）防溜由车站负责。

⑦ 按照路用列车车次开行的通勤列车车底在站停留时，按照客车底防溜规定执行，在《站细》内明确具体防溜措施。

⑧ 人力制动机故障的车辆或车组不能按规定采取防溜措施时，应与人力制动机作用良好的车辆连挂在一起，禁止单独停留。执行"双防溜"措施时，遇最外方车辆人力制动机故障时，可顺延使用下一车辆人力制动机，车组两端仍须按规定采取防溜措施。

⑨ 无火回送的机车或自轮运转特种设备（含重联、成组）在站单独停留时，车站作业人员使用铁鞋防溜。

4.《铁路防溜防撞专用器材安全管理规定》相关规定

（1）投入生产现场使用的铁路防溜防撞专用器材，应建立专用台账，纳入交接班内容，实行清点登记。备用铁路防溜防撞专用器材应储存在专用仓库内，并指定专人管理、看护，严禁无关人员进入仓库内，并设置必要的安全防范设施。

（2）铁路单位应建立铁路防溜防撞专用器材专用仓库出入库检查、登记制度，发放铁路防溜防撞专用器材时，保管员、发放员、领取员应同时在场、核对数量和编号、签字确认，做到账目清楚，账物相符。应建立铁路防溜防撞专用器材流向登记"日清点、周核对、月检查"制度，保管员每日清点一次，分管安全负责人定期核对流向登记记录和库存情况，签字确认，存档备查。

（3）《成都铁路局铁路防溜防撞专用器材安全管理办法》进一步规定：

① 集团公司属各部门、各单位、合资铁路公司结合单位实际情况建立健全各项安全管理制度，及时修订完善铁路防溜防撞专用器材的"购、售、管、用、存、废"办法细则，明确逐级要求、细化逐级责任。

② 各拥有单位应建立铁路防溜防撞专用器材出入库检查登记、使用流向登记和定期巡视检查等制度；发放铁路防溜防撞专用器材时，保管员、发放员、领取员应同时在场、核对数量和编号、签字确认，保管员每日清点一次，各单位分管负责人应定期检查核对。

③ 使用铁路防溜防撞专用器材时，应采取铁链（或固定锁闭装置）锁闭、加装定位装置等措施予以保护，定时进行巡查，防止丢失被盗；在现场使用期间，应当及时使用保险柜或能起到锁闭作用的容器进行存放，自轮运转特种设备上存放的防溜防撞专用器材要固定存放地点，保障其安全防范设施、措施，明确保管人和相关责任，纳入交接班进行管理。

④ 铁路防溜防撞专用器材接触人员，坚持"政治可靠、品行端正、安全放心"的原则，严禁不安定人员接触防溜防撞专用器材。各单位必须对铁路防溜防撞专用器材接触人员逐年签订安全承诺书（新增人员及时签订），每季度开展法制、安全教育。

⑤ 与国铁接轨的专用线、专用铁路、工程线产权单位的防溜防撞专用器材管理比照执行。

5.1.5 施工路用列车、自轮运转特种设备调车作业的补充规定

1.《行规》对自轮运转特种设备调车作业指挥的补充规定（《技规》第279、285、288条）

（1）自轮运转特种设备调车作业（自轮运转特种设备转线除外），由所属单位派人担当调车指挥人。

调车作业应由自轮运转特种设备所属单位调车人员负责，自轮运转特种设备调车作业由所属单位提出申请，车站调车领导人根据请求编制调车作业计划。

（2）所属单位须按规定配备足够数量且符合规范的防溜器具。作业中按规定采取好防溜措施后方可摘开车钩；挂车时，没有连挂妥当，不得拆除防溜措施。

（3）自轮运转特种设备不得担当车站的调车作业。

2.《行细》对施工路用列车、自轮运转特种设备调车作业的补充规定（《技规》第 318 条）

（1）施工路用列车、自轮运转特种设备调车作业时，由施工（使用）单位或所属单位提供调车动力并安排胜任人员负责调车作业。

（2）施工路用列车、自轮运转特种设备调车作业由施工（使用）单位或所属单位提出申请，列车调度员（车站值班员）根据请求编制调车作业计划。

（3）施工路用列车、自轮运转特种设备车辆摘挂及三钩以上转线作业，应编制书面调车作业计划（使用附有示意图的调车作业通知单）。

（4）调车指挥人接到调车作业计划后，应将调车作业计划及注意事项传达到参加调车的所有人员。

（5）施工（使用）单位或所属单位须按规定配备足够数量且符合规范的防溜器具。作业中按规定采取好防溜措施后方可摘开车钩；挂车时，没有连挂妥当，不得拆除防溜措施。

5.2 电务施工安全检查

铁路光电缆是铁路通信信号的载体，一旦发生故障，将中断铁路运行，因此电务系统施工维修作业是铁路施工安全管理的重要环节。《铁路安全管理条例》第五十二条规定：禁止实施下列危及铁路通信、信号设施安全的行为：

（1）在埋有地下光（电）缆设施的地面上方进行钻探、堆放重物、垃圾，焚烧物品，倾倒腐蚀性物质。

（2）在地下光（电）缆两侧各 1 m 的范围内建造、搭建建筑物、构筑物等设施。

（3）在地下光（电）缆两侧各 1 m 的范围内挖砂、取土。

（4）在过河光（电）缆两侧各 100 m 的范围内挖砂、抛锚或者进行其他危及光（电）缆安全的作业。

5.2.1 基本安全制度和作业纪律

《铁路电务安全规则》规定：电务工作人员必须认真执行"三不动""三不离""三不放过""七严禁"通信电路纪律"十不准"等基本安全制度。

（1）三不动：未登记联系好不动；对设备性能、状态不清楚不动；正在使用中的设备（指已办理好进路或闭塞的设备）不动。

（2）三不离：工作完了，不彻底试验良好不离；影响正常使用的设备缺点未修好前不离；发现设备有异状时，未查清原因不离。

（3）三不放过：事故原因分析不清不放过；没有防范措施不放过；事故责任者和群众没有受到教育不放过；

（4）电务工作人员必须严格执行作业纪律"七严禁"：严禁甩开联锁条件，借用电源动作设备；严禁采用封连线或其他手段封连各种信号设备电气接点；禁在轨道电路上拉临时线沟通电路造成死区间，或盲目用提高轨道电路送电端电压的方法处理故障；严禁色灯信号机灯光灭灯时，用其他光源代替；严禁甩开联锁条件，人为沟通道岔假表示；严禁未登记要点使用手摇把转换道岔；严禁代替行车人员按压按钮、转换道岔、检查进路、办理闭塞和开放信号。

（5）通信电路纪律"十不准"：不准任意中断电路或业务；不准任意加、甩、倒换设备；准任意变更电路；不准任意配路、修改数据；不准任意切断告警；不准借故推迟故障处理时间和隐瞒谎报故障；不准泄露用户信息；不准泄露系统口令；不准在系统上进行与维护无关的操作；不准关闭业务联络电话。

5.2.2 施工安全

电务段应根据施工等级组织制定安全措施。安全措施的基本内容应包括：施工前的准备措施，施工中的单项作业措施、安全卡控措施及安全防护措施，施工后检查试验措施以及发生故障时的应急措施等。

电务调度要对当天施工计划、作业进度、安全防护措施、盯控干部到岗情况及时掌握并记录。

电务（通信）段应加强对其他施工单位施工的监督和配合，制定防护措施，加强施工全过程监督。安全监督检查人员发现施工质量不合格及安全隐患，应及时发出《施工安全质量整改通知书》，责令施工单位立即纠正，危及行车安全时，有权责令其停止施工。集团公司有关部门应组织对施工安全监督检查人员进行培训，颁发培训合格证。施工安全监督检查人员应持证上岗。这里的全过程监督，应是从施工准备至施工总结以及每次施工全程的监督。

电务（通信）段应积极协助设计和施工单位核查既有设备情况，提供地下电缆等隐蔽设施的准确位路，标定防护范围，加强监管力度。

5.2.3 安全防护管理

1. 安全防护员设置标准

（1）凡上道作业，必须设驻站安全防护员和现场安全防护员。

（2）在线路弯道上、隧道内作业，防护人员无法同时对作业点两端进行瞭望时，必须在两端分别设现场安全防护人员。

（3）防护联系不能保证通讯畅通时，应在适当地点增设现场安全防护员进行中转。

（4）现场安全防护员与作业人员之间距离应保持在 50 m 范围以内，并确保对同组所有作业人员能够不间断瞭望。超出范围应增设现场安全防护员。

（5）编组场（含驼峰）作业安全防护设置：

① 编组场内施工维修作业，由各作业工区分别在站调楼设驻站安全防护员。

② 在驼峰场进行三部位作业时，在减速器出口处增设一名现场安全防护员。

③ 在尾部停车器作业时，在作业点设置一名现场安全防护员。

④ 驼峰管道沟内作业时，在管道外设专职防护人员。

（6）电务为主体的多专业联合作业，包括电务主体联合工务、供电等其他专业作业，以及信号、通信专业之间联合作业，室内由作业主体单位指派一名防护员承担主体防护，室外由主体单位根据作业范围指派现场安全防护员，负责室外作业有效防护。工务为主体联合作业时，电务配合人员在确认工务按规定设置防护后，方可上道。

（7）涉及调度中心设备施工、维修、故障抢修，在列车调度台登销记时，信号由成都电务段 CTC 工区、通信由成都通信段调度工区具有安全防护资格人员，作为驻调度所联络员，负责涉及施工维修的登销记工作。

2．安全防护员要求

（1）安全防护员必须由经过安全教育培训取得任职资质的正式职工担任，并佩带上岗证。

（2）安全防护员应身体健康、语音清晰，无眼（耳）疾、心脑血管等疾病；安全防护员对设备使用、操作、联锁关系熟悉，对站场、区间等作业环境清楚，熟练使用联系防护用品。

（3）安全防护员穿着带反光标志的橙红色防护服，带齐防护信号、持证上岗，佩戴防护标识。

① 室内安全防护员：手持无线电台、GSM-R 手机、录音设备、《防护通话记录簿》、日作业计划（派工单）。

② 现场安全防护员：手持无线电台、GSM-R 手机、口笛、喇叭、红黄信号旗、信号灯（夜间、隧道、雾、雪）。

（4）防护员必须参加工区每天分工点名会和施工结束后的总结会，应知道当日施工作业项目、位置、地形情况、作业组数、人数、相互之间联系方式、重点列车图定通过相邻车站时刻及机具使用情况等内容。

3．安全防护作业标准及安全卡控措施

（1）安全防护员必须参加当日作业安全讲话，并签字确认，工区应录音录像上传并存档。

（2）室内安全防护员须加强与车站值班员（调度所行车调度）联系，实时掌握作业区段内的列车运行及调车作业情况，及时通知现场安全防护员、相关人员停止作业，下道列队避车。必须随时注意观察控制台的信号显示，掌握列车运行情况，加强与车站值班员联系，复诵回应值班员办理列车闭塞信息，及时准确地把本线及邻线列车车次及开车时分通知每处室外安全防护员，严禁臆测行车信息。

（3）室内安全防护员与室外安全防护员之间，必须至少保持 3～5 min 联络一次；遇紧急、特殊情况要加强联系。

（4）室内外安全防护员必须严格执行标准联系用语和复诵制度，未作复诵视为联系中断。联系中断后：

① 现场安全防护员应立即要求作业人员停止作业，恢复设备正常使用，到安全区域等候，并采用应急联系措施进行联系确认，直至恢复联系为止。

② 室内安全防护员应密切监视列车运行状态，必要时联系车站值班员采取特殊安全措施。同时采用应急联系措施进行联系确认，直至恢复联系为止。

（5）作业现场噪音较大时，室外安全防护员应采取加戴有线或无线耳麦等有效措施，确保与室内外安全防护员保持准确、有效的联系；现场室外安全防护员应使用便携式扩音器（或口笛），确保及时通知作业人员下道避车。

（6）防护作业中不准从事与防护无关的工作，严禁参与作业，严禁擅离职守。

① 现场室外安全防护员遇特殊情况离开岗位时，必须逐一通知作业人员停止工作，同时告知驻站室内安全防护员，并确认已停止作业，恢复设备使用，避让到安全区域，方可离开。

② 驻站室内安全防护员遇特殊情况离开岗位时，必须逐一通知现场室外安全防护员，并确认停止作业、避让到安全区域，方可离开。

③ 原则上防护作业不得中途变更人员。遇特殊情况需更换时，必须报车间同意；与接替安全防护员交接清楚当日作业、防护要求、防护备品等，交接过程防护工作不得中断，交接过程音视频记录。

（7）驻站室内安全防护员在列车闭塞或相邻的第二站（所）列车开出时向现场安全防护员预报车次、进路和时刻。按下道避让列车时机要求，通知现场室外安全防护员，要求本线和相邻线路上的作业人员下道避车。在收到现场室外安全防护员的回复后，对列车运行进行监视，如遇改变进路，必须立即通知现场安全防护员。

（8）进行道岔设备作业时，道岔扳动前，驻站室内安全防护员必须通知作业人员，待作业人员回复可以扳动时，方能扳动。

（9）现场室外安全防护员应站在便于瞭望和通知作业人员下道避车的安全地点，禁止站立于铁路建筑限界内。

（10）室外作业做到集体出工、收工。

（11）多专业联合作业主体防护作业标准：

① 作业主体单位应提前 72 h 向配合单位发出配合通知书，在作业前 1 日与配合单位约定会合时间、地点。会合地点须指定为工区、车站运转室或双方协商好的上线点之一。

②作业主体单位应明确配合项目的防护措施，主体安全防护措施未明确和落实，配合单位不予配合，自配合人员到达会合点后，作业主体对其防护负责，同时进行安全风险提示，严禁配合人员在无防护的情况下，上道前往作业地点。

③配合人员应遵守主体单位的防护管理和工作纪律要求，与主体单位共同前往作业地点，服从作业负责人的指挥，做好"自控、互控、它控"，不得超出防护范围及从事与配合工作无关的事项。

④主体单位须携带配合作业盯控表到现场。在双方人员到达会合点时，双方应在盯控表上记录双方会合时间、地点及防护人员情况。作业完成返回原会合地点后，双方在盯控表上记录下线返回的时间和地点，配合人员签字、室外防护人员签字。

⑤配合作业提前结束，如配合人员需提前离开，主体单位必须将配合人员防护到安全区域，并在盯控表上注明提前离开原因、时间、地点，配合人员在盯控表上签字确认。同时，主体单位要通知配合单位车间调度（或值班干部），在盯控表上注明通知的时间、接通知的车间值班干部姓名。

⑥大修、集中修等综合性施工配合的防护方式，按施工协调会上研究明确的防护要求执行。

（12）驼峰场作业安全岛建立时，防护人员须在《电务安全防护记录本》中进行记录，记录内容包含关闭道岔的道岔号码、关闭时间、开启时间、作业人员、试验情况等记录。作业安全岛建立后，现场作业区域（前后、左右）均须拉警戒线，作业人员需在警戒线内作业，防护人员根据地形情况，站位于警戒线内。

（13）施工维修作业、设备故障抢修结束后，必须检查、试验设备良好，并确认人员、机具、材料等全数撤至安全地点，由作业负责人或驻站安全防护员在车站行车室（或调度台）进行销记。

（14）根据《关于重新公布〈成都铁路局信号专用光缆维护管理办法〉的通知》规定：通信段维护光传输设备及线路需进入信号机械室内时，须明确通信人员作业范围，执行进入信号机械室有关规定，提前 72 h（应急处理除外）通知信号车间，信号车间安排人员进行配合，直到通信维护人员作业完毕，离开为止。通信人员在信号机械室维护作业期间，应听从信号人员指挥，确保设备正常工作，信号人员同时做好记录。

各电务段应制定信号专用光缆应急预案，每季度组织各信号工区开展通道断线故障判断及主备光纤倒换专项应急演练。

所有经过地沟的配线一律使用电缆。防静电地板下的配线必须采用线槽（或 PVC 管）防护。

5.2.4 现场作业安全卡控制度

现场作业安全卡控制度，适用于电务各级管理人员、作业人员、安全防护人员、特种设备作业人员、学习（实习）人员等。本部分内容对其他专业也具有参考价值。

1. 作业人员要求

（1）必须严格对新职、晋升、转岗人员进行三级安全培训教育，并经考试合格后方可上岗。

（2）所有作业人员必须持《铁路岗位培训合格证书》上岗，由工区统一保管，随时接受查验。

（3）作业人员必须按规定穿防护服、戴安全帽、佩戴标志及携带规定的防护用具。专职防护人员、现场施工负责人、作业负责人、监督干部着带反光标志、单位简称的橙红色防护服（背心或衬衣），其他作业人员（含劳务工）着带反光标志、单位简称的橙黄色防护服（背心或衬衣）。

（4）施工作业时，参与施工的人员必须按职责分工，分别佩带施工负责人、安全防护员、联锁试验员、联锁监督员等相应的上岗证。

（5）作业人员在进行施工、维修、日常养护（含道岔清扫、区间线路巡视）、测试及设备故障处理时，室外防护员必须携带可靠通信联络工具，并保证电量充足，区间或无线通信盲区作业必须携带有、无线电话。禁止使用带病工具作业。

（6）禁止穿拖鞋、高跟鞋上班，不得穿裙装、短下装上道作业，不得使用不符合劳动保护规定的物品。

（7）在任何情况下，均不得在机车、车辆、机械设备等的下面，或有倒塌危险、有毒气体、过分潮湿的地点或附近休息、饮食、乘凉、避风雨等；严禁在边坡、危岩处休息、嬉戏、打闹。严禁在工作时间（或出差、施工期间）下河、塘游泳、洗浴。

（8）酷暑天作业应配带防暑降温药品，防止中暑发生；冬季室外作业时，所戴防寒帽应有耳孔；冰雪凝冻天气，须采取防滑、防摔伤措施，不准用围巾、衣帽等裹遮耳目。

2. 现场作业安全卡控措施

（1）作业准备。

① 工长（作业负责人或安全人员）对参加作业所有人员进行针对性地安全讲话教育和技术交底，并在安全讲话记录本上由参加作业人员签名，全程做好音视频记录。没参加安全讲话的人员，不得上道和从事本次作业（驻站点人员可通过电话方式进行）。倒班制的职工，每一班职工上岗时必须进行安全讲话。

② 出工前对劳动保护用品穿戴和使用情况，以及联络工具进行检查及功能试验；夜间及隧道内作业前还必须对照明器材（包括夜间信号灯）进行全面检查，并保证性能良好。

（2）高速铁路、动车区段工具、作业门卡控措施。

① 上道作业使用的工机具、仪器仪表、照明灯具、通信工具等实行编号管理，并应带有反光标识。

② 携带使用的材料应清点清楚，携带的所有物品要提前根据实际情况制作清单，

按清单列入的物品进行准备。

③上道前、进出作业门、作业地点变换、作业完毕后等几个时间节点均须专人负责按清单内容逐一进行清点，清点过程要做好音视频拍摄；以进、出栅栏门为关键，两次清理工具、仪器仪表、照明灯具、通信工具、材料清理的视频文件，要单独录制，并录入集团公司音视频系统。

④作业门钥匙必须专人专管、定置存放。

（3）室外作业做到集体出工、收工。

①室外作业人员上道前，由现场安全防护员与驻站安全防护员联系，确认同意后方可上道。

②在正式作业前，由现场安全防护员与驻站安全防护员联系，在确认未准备相关接、发列车或调车后，经驻站安全防护员同意，方可进行作业。

③作业完成后，作业负责人须清点确认作业人数，同时强调返回安全注意事项。返回时要集中行走，注意观察行走路径、环境并相互提醒，安全返回。

（4）作业人员应严格按照计划的作业项目进行作业，严禁超范围施工和超范围维修作业，严禁"抢点"、"偷点"作业。

（5）作业处所变化时，应向室内安全防护员确认此阶段的列车及调车作业运行情况，在安全情况下方可转移作业地点，否则应下道等待时机。

（6）在站内、编组场内作业时，要实时注意瞭望列车运行，根据站场线路布置，找到安全避车地点，驼峰场应建立安全岛。

（7）作业人员应在路肩、走行通道或路旁等安全地段行走；横越站场须走平过道或人行天桥、地道，上下应急天梯抓稳扶牢，做好自我保护。因工作需要必须在道床上或道心行走时，须与室内防护加强联系，并不断前后瞭望；非工作需要且线路边有安全区域或走行过道的情况下，严禁行走道心；在复线区间，应逆列车运行方向行走，并不断前后瞭望。

（8）下道避让列车时机。

①站内：出发或调车信号开放时，本站进路及两侧线路的作业人员立即停止工作，下道避让列车；半自动区段邻站开车时，本站有关接车进路及两侧线路的作业人员立即停止工作下道避车。

②区间：在半自动闭塞区段的进站信号机及以外行走或作业，邻站开车或本站出发信号开放，作业人员立即停止工作，下道避让列车。复线区段或多线并行时，邻线来车时必须停止作业；相邻线间距小于 6.5 m 时必须停止作业，下道撤至安全地方避车，如与邻线之间有硬隔离措施且确认本线安全情况下可不下道；相邻线间距大于 6.5 m 且确认本线安全情况下可不下道，但必须停止作业。

③在自动闭塞区段站内和区间行走或作业（或 V 形天窗作业时，小于 6.5 m 邻线来车、无硬隔离措施）列车与作业点最近相隔 4 个闭塞分区时下道避车。

④高速铁路上道作业，在本线封锁、邻线列车限速 160 km/h 及以下后，执行上述规定。

（9）作业人员下道避车时，须将打开的箱盒关闭并固定良好，临时打开的设备防护罩、作业机具、材料及工具等随同人员撤至不侵限的安全地带。不得在相邻线路或两线间侵限地段存放作业机具、材料及工具，以及停留避让列车。下道避车时，人员列队面向列车方向站立，认真瞭望，防止列车上抛落、坠落物或绳索等伤人。

（10）能见度不足 200 m 的大雾、暴风雨（雪）、雷电密集、扬沙等恶劣天气时禁止上道作业；政府大雾橙色及以上预警时，严禁点外上道作业。

（11）在桥梁地段进行临边作业时，应有可靠的安全防护设施。未设置隔离设施的高处作业，人员不得垂直施工。严禁在人行过道盖板上蹦跳，严禁在桥上外挂电缆槽上站立、行走。在列车通过前按规定撤至桥梁避车台避让列车。

（12）横越线路时，须执行"一站、二看、三确认、四通过"制度，应执行"手比、眼看、口呼"，在确认横越线路无车的情况下安全跨越。禁止从车辆下部或车钩处通过。在停留列车、车辆前部或尾部通过时，应与其保持 5 m 以上距离。

（13）严禁抢越股道和以车代步（扒乘机车、车辆）。

（14）雷雨、冰雪凝冻或暴风天气时，禁止登高在铁塔、杆塔、高柱信号机上作业。遇雷雨天气时，禁止检修避雷器、地线、拔测防雷元器件等作业。

（15）手机使用规定。

① 严禁作业负责人、作业人员、安全防护员、各类检查人员等任何人、任何时候在铁路建筑限界范围内使用手机或其他非作业用设备。因故障处理、应急处置须使用手机时，须撤离到铁路建筑限界外的安全区域。

② 站内作业、库检作业、登高作业人员，及检修所、修配所作业人员，作业期间不得使用手机。

（16）禁止攀登接触网支柱，不得在支柱上搭挂物品。严禁向接触网上搭挂绳索等物，发现接触网上挂有线头等物，不准接触。当发现接触网导线断落时，要远离该处10 m 以外，将该处加以防护，并立即通知有关部门处理。

（17）禁止使用《技规》所明确的轻型车辆及小车。

（18）严禁天窗点外发电机、钻孔机等机具上道：

① 发电机、钻孔机等机具上道使用时，应取得段级审批许可下达调度命令，由工长（副工长或车间下达调度命令指定的胜任人员）任作业负责人，不得分散作业，按规定设置安全防护，保证能在列车接近前撤离线路。

② 发电机、钻孔机等作业的安全防护员，要在线路旁随机移动，与作业人员保持10 m 以内距离，不得兼做其他工作。

③ 发电机、钻孔机等机具临时应急上道，必须请求封锁后方可上道。

（19）移动式梯子在使用中应符合下列规定：

① 移动式梯子上道使用必须在天窗点内，应取得车间及以上审批许可，由工长（副工长或指定的胜任人员）任作业负责人，每组人员应不得少于 3 人（含安全防护人员1 人）。

② 梯脚底应坚实、稳固，并设专人扶持；梯子上端应有固定措施，人字梯铰链必

须牢固；在同一梯子上不得 2 人同时作业。

③ 梯子等长大工具运送，普速铁路可在点外，高速铁路必须纳入点内，运送安全防护和登销记必须遵守相关规定。

④ 在搬运、架设过程中必须与接触网保持 2 m 以上安全距离。

（20）严禁站立和行走于正在运转的砂轮机、切割机的切割方向、砂轮片方向。从事卫星通信设备操作时，尽量避免站于天线正面方向。

3．峰场作业安全卡控措施

（1）驼峰室外设备日常巡视（检查）及检修必须全部纳入停轮修，施工纳入月度计划。严禁在驼峰溜放中、溜放间隙作业（故障处理时除外，但必须按规定登销记，设专人防护）。

（2）室外关闭阀门检修电控转辙机时，必须通知室内安全防护人员，室内安全防护人员应做好阀门关闭记录。检修完毕后，室内安全防护人员与室外作业人员检查确认已开启阀门，并进行道岔操作试验（至少两个往返）才能销记。室内安全防护人员要在《电务安全防护记录本》中记录阀门关闭、开启、试验情况。

（3）拆卸压力容器元件、地沟风管路检修作业时，应先关闭相关电源、气源阀门，确认出风口处无人后，方可释放高压气体。

（4）压力容器设备、气管路排污，排污出口处严禁站人。

（5）设备隐患处理时，工区必须向车间请求上道作业计划，经车间主管（值班）干部审查同意后，下达上道作业计划（车间调度命令）用于车站联系登记。分线束停用的隐患与故障处理作业，车间干部要到位参加，并在工区《干部检查登记簿》签字备查。

（6）驻站安全防护员应将作业点前级分路道岔扳至开通非作业点位置并单独锁闭，同时室外应断开该转辙机遮断器（安全接点）。驻站安全防护员扳动试验确认扳不动后，室内、外安全防护人员联系确认已将作业点前一级道岔锁在非开通作业点的位置，才能通知室外人员上道作业。

（7）三部位减速器出口处增设的安全防护员，站于安全区域，加强瞭望，掌握编尾调车机编组作业情况，及时通知作业点防护人员。

（8）尾部停车器作业点的现场安全防护员，负责前后瞭望，同时由驻站安全防护员封锁作业股道，再单锁道岔，确认道岔扳不动之后，通知室外开始作业。

（9）驼峰作业时严禁在减速器制动轨上行走；严禁用溜放车辆带送工具、材料。

（10）严禁在尖轨处和前后溜放车之间抢越线路；禁止以前方道岔开向来确定车辆运行进路。

（11）驼峰自动控制系统现场作业时，驻站安全防护员要协调驼峰场车站值班员，将自控模式转换成站控模式；作业结束后，要协调车站值班员将站控模式改为自控模式。

（12）驼峰管道沟内作业：

①开启管道沟盖应使用专用工具，沟盖板不得竖立，应与孔口保持安全 1 m 以上距离；禁止只打开一个沟盖板（单孔除外）；进入管道沟内前，必须先经 10～15 min 通风，并确认无易燃易爆及有毒有害气体，方可进入；管道沟内有积水、杂物时应先排除后，方可进入。

②进入管道沟内应戴好安全帽，携带工作灯，必须使用梯子，严禁跳上、跳下，严禁采取抛掷方式递送材料、工具，严禁带入易燃、易爆品，严禁在管道沟内吸烟。

③管道沟内连续作业时间不得超过 1 h，遇头晕、呼吸困难等情况应立即离开；专职防护人员应至少每 3 min 与作业人员通话一次，随时关注管道沟内人员情况，禁止管道沟内有人时离开。

（13）驼峰作业场使用手推车辆时，不得侵入铁路建筑限界，必须设置随车移动防护，不得在车辆溜放时通过平交道口。

（14）驼峰溜放作业时，必须停止所有作业，并下道到安全位置避车，防止溜放车辆伤害及硫酸、烧碱等有害物溢出造成伤害。

4. 道岔转辙设备作业安全卡控措施

（1）进行电动（电空、电液）转辙机维护作业时，应打开遮断器，断开安全接点。

（2）安装、拆装机械设备时不得将手指探入螺孔或销子孔内。

（3）在道岔施工作业时，停用设备的调度命令下达前，严禁松动安装装置、转辙机固定螺栓；严禁拆除道岔方钢、各种杆件，构成转辙机的道岔假表示。

（4）提速道岔同时拆卸主机、副机与道岔杆件连接时，必须确认车务部门采取的斥离轨锁定措施。

（5）提速道岔油路故障时，严禁采取拆卸锁闭框的方式动作道岔。

（6）作业过程中，不准将手探入尖轨与基本轨间，或放置在尖轨或基本轨上；需扳动道岔时，应确认尖轨与基本轨之间无作业人员和工具。

（7）擦拭转子须用道岔手摇把扳动，严禁电源扳动时擦拭转子。

（8）转辙机内部作业时禁止戴手套。

（9）道岔清扫作业时，室内应单独锁闭道岔，室外必须将安全木楔放置尖轨与基本轨之间方可作业，防止挤伤手脚。道岔每清扫完毕一组，室内安全防护人员应对该道岔进行扳动试验，确保道岔正常使用。高速铁路的道岔清扫必须纳入天窗修计划实施。

5. 轨道电路设备作业安全卡控措施

（1）维修或更换扼流变压器、中心连接板、轨道电路扼流变压器引接线、站内横向连接线等器件时，应按规定采取相应的安全防护措施，保证牵引回流畅通后，方可开始作业。

（2）更换轨道电路绝缘时，应在确认扼流变压器连接线各部连接良好后，方可开始作业。

（3）检查轨道电路时，当轨道变压器与扼流变压器连接的低压线圈断开之前，禁止切断其高压线圈回路。

（4）配合工务换轨、换岔时，必须先检查确认工务部门安装的疏通牵引回流的引接线连接良好后，方可进行换轨、换岔作业。

（5）分解轨道绝缘处理接头轨缝时须戴护目镜，并正确站位，防止物体打击伤害。

6. 登高作业安全卡控措施

（1）登高作业人员应经过培训合格，取得高处作业证书后方可上岗。登高作业人员应定期进行身体检查，患恐高症、高血压等职业禁忌人员不得从事登高作业。

（2）高处作业必须按规定系安全带（绳、网），戴安全帽。安全带使用要高挂低用，或平行拴挂，切忌低挂高用；不得将挂绳打结，以免受到剪力而割断。

（3）登高柱（信号机）、杆、塔前，应检查确认地线良好，应检查梯子是否牢固。电杆未回填夯实前不得登杆作业。禁止手持工具、零件、携带电线登杆或在角杆内侧利用拉线上下电杆。

（4）列车通过时，禁止在该股道两侧安全防护网内的高柱（信号机）、通信杆塔、视频杆塔上停留。

（5）在距离接触网带电部分不足 2 m 的处所作业时，接触网必须停电，由供电专业人员安设可靠的临时接地线并验电确认后，方可开始工作。作业时应有供电专业人员在场监护。拆除临时接地线后，严禁再进行作业。

（6）高柱、杆、塔上有人作业时，在高柱、杆、塔下的"可能坠落范围"内不得有人（见本书 2.2.6 交叉作业安全部分）。拆杆时应避免倒于线路上，不准有人逗留在倒下方向杆柱高 1.5 倍的范围内。杆、塔下防护人员应戴安全帽并保持安全距离。

（7）安装、拆除高柱信号机机柱、电杆时，必须有 3 个以上方向的牵引绳索；机构吊装必须有专用吊装机具。进行人工立杆、拆杆时，应使用叉杆或绞车等工具。

（8）雷雨、冰雪、能见度低或六级以上大风等恶劣环境条件下禁止高处作业。在寒冷地区，信号机、杆、塔上的工作时间不宜过长，以防手脚冻僵，发生意外。

（9）不准肩扛、手提笨重物品登高作业。

7. 光电缆作业安全卡控措施

（1）开挖电缆沟作业。

①应掌握地下设备情况，过道、过轨开挖须工务人员配合，并设置防护；开挖后尽快恢复，并夯实捣固；坑、沟一般不得过夜，必要时须采取防护措施。

②挖沟人员间距应在 3 m 以上，注意自身及他人安全。

③在站场内及危及人身安全地段进行电缆沟开挖作业时，应按规定拉防护彩旗（应有夜间反光标志），严禁人员、器具、渣土等侵限。

（2）敷设光电缆作业。

① 电缆盘应架设稳固，轴杠保持水平，方向正确；电缆盘架设距地不应大于 0.1 m，并应有制动措施；两侧作业人员，不得将脚伸入电缆盘下部，手不得伸入轴杠转动部位。

② 所有作业人员均应戴手套，每人承重不应大于 35 kg。

③ 扛电缆的人员应用同侧肩抬运，拐弯处应站在弯道外侧。

④ 通信信号光电缆不得与电力电缆同沟敷设，交叉处必须采用物理隔离并符合相关规定。

（3）整修光电缆作业。

① 应先确认电缆外皮（全塑电缆除外）与电缆屏蔽地线连接牢固，接触良好，同沟内数条电缆外皮焊接良好，方准开始作业。

② 切割地下电缆时两端钢带连通并接地。剥除电缆外皮、铠装时，应戴手套，防止割伤。

③ 下电缆井工作时：应先排出危险气体并经 10～15 min 通风后，确认无易燃易爆及有毒有害气体，方可进入；井内有积水、杂物时，须排除后方可进入；严禁使用燃油喷灯；井内作业严禁吸烟。井下连续工作时间不得超过 1 小时，同时要注意通风，防止因缺氧发生窒息。

④ 进行电缆气闭灌注、绕包、封焊、化铅等工作，接触有毒化学物品时，应戴手套、口罩、护目镜等防护用品。

⑤ 在对光缆进行收发光功率测试或运用中的纤芯检查时，禁止将眼睛正对光口或将有光的尾纤正对眼睛，以免激光灼伤眼睛。

⑥ 进行漏泄电缆作业时，必须先加临时地线，防止作业人员在梯子上接触感应电。

8. 室内及带电作业安全卡控措施

（1）对带有 220 V 及其以上电压的设备进行作业时，应切断电源并双人作业。需停电进行检修作业时，应指派专人负责断电，并在电源开关处悬挂警示牌。恢复供电时，应确认人员作业完毕，脱离带电部件后，方可合闸，摘除警示牌。

（2）高于 36 V 电压设备带电作业时，必须使用绝缘性能良好的工具，穿绝缘鞋（室内应站在绝缘垫上）；不得同时接触导电和接地部分；未脱离导电部分时，不得与站在地面的人员接触或相互传递工具、材料。

（3）电压高于 220 V 的设备应关闭电源，并通过人工放电，释放电容器电能后，方可开始工作。不准将电流互感器二次线圈开路，以免产生高电压击穿设备和危及人身安全。

（4）不得机械室（机房）或综合站房内架空走线架上行走、站立。

（5）室内检修用梯子限宽装置良好，梯子应有防溜措施，梯下应有专人保护。

（6）电炊壶、插线板等用电设备不得乱放，不得乱拉乱接电源线。电烙铁应放在铁支架上，用毕立即断开电源，严禁在电烙铁、电炊壶、插线板等用电设备接通电源情况下人员离开。

9. 机械室（机房、材料室）消防安全风险控制措施

（1）必须备有符合规定的报警和灭火设施，并保持其良好。配齐消防器材并定置、定人、定期管理。

（2）机械室（机房）单独使用自动消防系统的有人值班站，将火灾报警控制器设置为手动控制状态，无人值班车站设置为自动控制状态。作业人员进入机械室（机房），必须将火灾报警控制器设置为手动控制状态，离开时须恢复规定状态。

（3）电缆引入口沟槽盖板需进行防火处理，电缆引入处应采用阻燃材料进行防火封堵。

（4）机械室（机房）不得存放易燃易爆物品，不准使用汽油、丙酮、酒精等易燃物品清洁带电设备、擦拭设备电气接点、擦洗地面。

（5）严禁在机械室、材料库或其他禁烟场所吸烟、使用明火（因作业需要使用气体喷灯除外）。

10. 使用电动工具、机床作业安全卡控措施

（1）按规定使用防护用品，应戴袖套、护目镜，扎紧袖口，禁止戴手套和围巾，长发不外露。

（2）安装和更换砂轮片前应断开电源并检查其良好，装好要空转一分钟后方可使用；砂轮片与托板间隙不超过3毫米；磨削时不得强力推压，避免工件猛撞砂轮。

（3）在钢轨上钻孔时，钻孔机外壳必须接地良好，使用前应检查电线、插销，确认良好并连接可靠，方可使用。

①移动钻孔机时，不得提着电线或钻头，电钻未静止前，不得触及钻头和转动部位。

②钻孔时，不得超负荷运行，钻头与钻身应在一条直线上；停用时必须断开电源，将钻孔机放在安全地点。

③钻孔电源要用专用发电机，不得借用既有信号设备电源。发电机与钻孔机应在线路同侧，如不能同侧时，引接电源线要从钢轨底部穿过并固定好。停止作业时，应设专人看守或及时收回。

（4）严禁雨、雪天气露天使用发电机、钻孔机、电砂轮、电钻（锤）。严禁在发电机运转中加油。

使用发电机须放置平稳。不准在存放易燃、易爆物品的房间及密闭的房间内工作，在室外工作时，距离易燃、易爆物品5 m以上，周围禁止烟火。

（5）清除铁屑时，应用毛刷子，禁止用手拂或口吹。

（6）机床运转时，操作人员不得离开车床；机床变速时，应停车检查；装卸工具、夹具和测量工件尺寸、清除切屑等必须停车；床面不准摆放工具、量具和工件；人体勿接触旋转及齿合部分。

（7）打抡手锤、干铲活对面不得站人；有尖、有刺的工具要隔开存放；不准夹超过虎钳子标准力量的工件；使用虎钳子夹小工件时，防钳口夹手；钳台上使用虎钳作

业时，工件厚度应不超过虎钳行程的 2/3；没有安全网时，严禁在同一工作台两人对面同时作业。

　　11. 焊接作业安全卡控措施

　　（1）焊接作业时裤脚不准扎入靴筒内，衣服口袋不得敞开，穿戴好防护用品。

　　（2）使用电焊机时应接线正确，严禁裸露接头，电源线、焊把线不得破皮，焊条夹钳必须完好，绝缘接地可靠。

　　（3）作业点必须距氧气、乙炔瓶（租用的必须符合相关规定）10 m 以上，氧气、乙炔瓶之间保持 5 m 以上的距离。焊接地点附近不得有易燃、易爆物品。

　　（4）焊炬、割炬，及氧气、乙炔罐搬运、使用、保管必须严格执行操作规程。

5.2.5　转辙机手摇把管理、使用的规定

　　（1）转辙机手摇把的管理。

　　① 转辙机手摇把由各电务段根据需要购置（制作）。按车站需要的数量编号下发，并按站建立台账。台账抄送有关车务站段。电务段发放前在手摇把上不易磨损的地方打上"××站（或站名代码）××号"字样。

　　② 转辙机手摇把配备数量应能满足距离最长、道岔最多的进路亦能在最短的时间内准备好进路的需要，具体数量由信号工区与车站共同商定。五等站最少每端不得少于 1 把。

　　③ 转辙机手摇把及车站保管的转辙机钥匙必须存放在专用的"手摇把存放箱"内，严禁箱外存放，存放箱由车务站段统一制作。手摇把存放箱固定放置于便于取用的信号楼（运转室）内。手摇把存放箱统一实行电务加封、车务加锁并保管钥匙的规定。箱内应有手摇把编号及数量清单。加锁、加封时双方均应确认与清单相符。不符时应查明原因，妥善处理。存放箱钥匙由车站值班员放入加锁的备品箱内保管、交接。

　　"存放箱"及手摇把的加封方式：统一在箱盖与箱体扣环上和手摇把插入孔内以棉线或塑料线施以有效加封。除使用时外，车站应负责"手摇把存放箱"加锁、加封的完整，并列入车站值班员交接班内容。

　　转辙机手摇把发生丢失、损坏时，车站值班员应立即报告站长处理，并在《行车设备检查登记簿》内做好记录。站长应向车务段报告丢失、损坏数量、号码，必要时可报告公安部门予以追查。对各站丢失、损坏的转辙机手摇把，车务段应及时书面通知电务段丢失站名、数量、编号。电务段应及时予以配齐下发，并登销有关台账。车务段台账和各站清单也应同时予以修改。对损坏的转辙机手摇把，应由电务段收回；电务段收回时应在《行车设备检查登记簿》内做好记录。

　　（2）转辙机手摇把的使用。

　　① 车务人员需使用手摇把时，须经车站值班员准许，并在《行车设备检查登记簿》内登记，开锁、破封取出手摇把后，将手摇把编号登记在《行车设备检查登记簿》内。

② 启用手摇把必须按规定办理相关手续，严禁将其他手摇把带入作业现场。任何情况下，严禁未与室内安全防护人员联系、未经车站值班员（现场车务配合人员）同意，使用手摇把转换。

施工、维修、应急处置等需使用道岔手摇把、速动扳手时，作业负责人必须向段调度申请，经段调度下达调度命令后方可到车站登记申请道岔手摇把、速动扳手。

③ 手摇把使用完毕必须立即收回，车站值班员认真看管并及时通知信号工区。

电务人员须在 24 h 内（有电务值班人员的车站应立即）会同车务人员，双方共同清点数量，核对号码，与清单一致后，按本条第 1 款的规定加锁、加封。

④ 在电务检修登记使用手摇把时间内，车站作业须使用手摇把时，除按规定登记外，还需取得电务检修（值班）人员的同意后，车站按车务人员的使用办法，开箱取出手摇把准备进路。

（3）营业线上禁止车务、电务以外的其他单位拥有转辙机手摇把。电务段除用于检修基地转辙机整修、验收和培训基地职工培训按需要配置手摇把外，其他部门（或地点）严禁存放手摇把。电务段须制定《转辙机手摇把管理细则》，明确转辙机手摇把编号、使用、领取、销毁等规定，落实责任、严格管理，防止流失。

其他单位在营业线上施工需使用转辙机手摇把时，须在《行车设备检查登记簿》内登记并得到签认后，比照本条第 2 款的规定办理。

（4）电液转辙机速动扳手、道岔电锁器备用钥匙和转辙机电动摇把的摇杆部分亦存放在专用的"手摇把存放箱"内，按转辙机手摇把的管理、使用规定执行。

转辙机电动摇把由车务部门编号并建立台账，电机部分存放地点及电动摇把的使用、管理办法由《站细》规定。

（5）工程施工单位保存的、在非营业线上使用的转辙机手摇把，亦须由集团公司工程管理部门制定统一的使用、管理办法。落实责任，严格管理，防止事故发生。

5.3 供电施工安全检查

《普速铁路接触网安全工作规则》《高速铁路接触网安全工作规则》及集团公司接触网安全细则等对接触网作业安全进行了详细的规定，本节以此为主要框架来介绍供电施工作业安全监督检查的内容。其中：普速与高速通用的规定不特别指出，高速铁路特别规定的在其前面加上"高速铁路"字样。

《铁路安全管理条例》第五十三条规定：禁止实施下列危害电气化铁路设施的行为。

（1）向电气化铁路接触网抛掷物品。

（2）在铁路电力线路导线两侧各 500 m 的范围内升放风筝、气球等低空飘浮物体。

（3）攀登铁路电力线路杆塔或者在杆塔上架设、安装其他设施设备。

（4）在铁路电力线路杆塔、拉线周围 20 m 范围内取土、打桩、钻探或者倾倒有害化学物品。

（5）触碰电气化铁路接触网。

5.3.1 一般规定

（1）从事普速铁路接触网运行、维修、施工和专业管理的所有人员，实行安全等级制度，经过考试评定安全等级，考试合格并取得《普速铁路供电安全合格证》之后，方准参加与所取得的安全等级相适应的工作。每年定期进行一次安全考试和签发《普速铁路供电安全合格证》。

从事高速铁路接触网作业及专业管理的所有人员，在取得《高速铁路供电安全合格证》之后，方准参加与所取得安全等级相适应的接触网工作。

① 每年进行年度安全考试和签发安全合格证。

② 安全等级考试委员会应在每年 3 月底前完成相关人员年度安全等级考试及安全合格证签发工作。

（2）各单位除按规定组织从事普速铁路接触网工作有关现职人员每年进行一次安全等级考试外，对属于下列情况的人员，还应在上岗前进行安全等级考试：

① 开始参加普速（高速）铁路接触网工作的人员。

② 安全等级变更，仍从事普速铁路接触网运行、维修和施工工作的人员。

③ 接触网供电方式改变时的运行、维修和施工工作的人员。

④ 接触网停电维修方式改变时的运行、维修和施工工作人员。

⑤ 中断工作连续 6 个月及以上仍继续担任接触网运行、维修和施工工作的人员。

（3）遇有雷电时（在作业地点可见闪电或可闻雷声）禁止在接触网上进行作业。高速铁路事故抢修遇上述情况时，应根据现场情况在垂直天窗内、增设接地线并加强监护情况下进行。

普速铁路在 160 km/h 以上区段且线间距小于 6.5 m 的线路上进行作业时，应办理临线列车限速 160 km/h 及以下申请，得到车站值班员同意作业的签认后，方可作业。

高速铁路接触网一般不进行 V 形天窗停电作业。故障处理、事故抢修等特殊情况下必须在邻线行车的情况下作业时，必须在办理本线封锁、邻线列车限速 160 km/h 及以下申请，在得到列车调度员（车站值班员）签认后，方可上道作业，邻线列车通过时停止作业。

（4）下列维修作业可在天窗点外进行。160 km/h 以上区段，一般不开展"天窗"点外网内作业，严禁利用速度 160 km/h 及以上的列车与前一趟列车之间的间隔时间作业。严禁点外搬运长大物件穿越股道。

① 对接触网步行巡视、静态测量、测温等设备检查作业。

② 接触网打冰，处理鸟窝、异物。

③ 在道床坡脚以外栅栏以内的标志标识安装（涂刷）及整修、基础整修、接地装

置整修、支柱基坑开挖、基础浇制等不影响设备正常运行的作业。

④ 清理藤蔓、砍伐倒伏不侵界的树、竹。

⑤ 补偿限界架整修，测量支柱跨距、斜率，检查隔离开关操作机构箱及 RTU（远程终端单元）箱等。

上述作业必须制定天窗点外维修作业计划，天窗点外维修作业计划由车间或段一级批准后方可执行。上线作业时，需设置驻站联络员的点外作业项目，驻站联络员按规定在车站行车室进行登记。

高速铁路特殊情况须进入网内进行设备巡视、检查、测量或处理接触网附挂异物时，可不申请停电，但必须在办理本线封锁、邻线列车限速 160 km/h 及以下手续后进行。

在高速铁路接触网上进行作业时，除按规定开具工作票外，还必须有列车调皮员准许停电的调度命令和供电调度员批准的作业命令。

除遇有危及人身或设备安全的紧急情况，供电调度发布的倒闸口头指示可以没有命令编号和批准时间外，接触网其他所有的作业命令，均必须有命令编号和批准时间。

（5）在进行接触网作业时，作业组全体成员须按规定穿戴有反光标识的防护服、安全帽，携带个人工具。作业组有关人员应携带通讯工具并确保联系畅通。

高速铁路工区配置照明用具应满足夜间 200 m 范围内照明充足，4 h 内连续使用条件，接触网作业车作业平台照度值应不小于 40 Lx。

接触网作业使用的工具物品和安全用具，在使用前须进行状态、数量检查，符合要求方准使用。作业前后要对所携带和消耗后的机具、材料数量认真清点核对，不得遗漏在线路或封闭防护网内，核对检查后填写《普速铁路作业前后物品核对检查表》。

（6）接触网步行巡视工作要求：

① 巡视不少于两人，其中一人的安全等级不低于三级。

② 巡视人员应穿戴反光防护服、安全帽，携带个人工具、望远镜和通信工具，一般情况下应面向来车方向。

③ 任何情况下巡视，对接触网都必须以有电对待，巡视人员不得攀登支柱并时刻注意避让列车。

④ 巡视过程中原则上不得上道，如确需上道观察设备或穿越铁路时，必须一人防护、一人上道。

⑤ 复线和两线并行段巡视线路时，应迎着列车前进方向进行，并随时注意正反方向来车，一线来车，双线下道。严禁在两线间距离小于 8 m 的处所避让列车。

⑥ 160 km/h 以上区段，特殊情况下须开展步行巡视时应在本线、邻线同时封锁或本线封锁、邻线限速 160 km/h 及以下进行。巡视人员应行走于已封锁线路侧，且按规定设置行车防护。

（7）高速铁路接触网利用作业车进行接触网巡视或检测时，应申请行车计划或安排在施工维修天窗时间内进行。作业车巡视分为作业车平台巡视和不升作业车平台巡视两种，并执行以下规定：

① 接触网作业车巡视一般应在天窗时间内进行，接触网巡视人员每车不少于两人，

负责人安全等级不低于三级。

② 作业车平台巡视必须在接触网停电情况下进行，巡视范围内按停电作业要求设置接地线、作业车运行速度不大于 10 km/h、作业平台设置旋转闭锁的条件下进行。

③ 不升作业车平台巡视可在接触网不停电情况下进行，邻线未限速时巡视人员不得离开驾驶室，严禁将头、手伸出窗外。特殊情况需离开驾驶室观察设备时，须提前办理邻线列车限速 160 km/h 及以下手续。

（8）高速铁路两线封锁（或本线封锁、邻线限速）未办理前，所有作业人员须在封闭栅栏防护网外等候。接到两线封锁（或本线封锁、邻线限速）已办理的通知后，工作领导人方能带领作业人员进入防护网。人员机具进、出封闭栅栏防护网后，清点人数并应及时锁闭防护网门，防止遗漏作业组成员及闲杂人员进入。

（9）普速铁路夜间及隧道内进行接触网作业时，还应遵循以下规定：

① 必须有足够的照明。

② 防护、测量工具应满足夜间安全作业要求。

③ 应使用接触式音响和灯光报警器验电，特殊情况使用抛线验电时，须确保与附近带电设备保持足够安全距离。

④ 接地线安装处的地线杆末端设置 1 m 长红白相间反光带，以示醒目。

5.3.2 作业区防护

1. 成都局普速铁路接触网安全工作规则实施细则中对供电作业防护的规定

（1）进行接触网施工或维修作业时，设驻站联络员，施工及维修地点设现场防护人员。

① 驻联络员和现场防护人员应由指定的、安全等级不低于三级人员担任。

② 作业区段按照规定距离设置现场防护人员，现场防护人员担当行车防护同时可负责监护接触网停电接地线状态。现场防护人员不得侵入机车车辆限界。

③ 当信息传递不畅或瞭望困难时，应增设信息传递员。

（2）普速区段点外维修作业安全防护设置标准：

① 一、二等站及编组站开展接触网点外维修作业（含步行巡视）时均应设置驻站联络员和现场防护人员。

② 进行静态参数测量、处理网上异物、打冰等上道作业时应设置驻站联络员和现场防护人员。

③ 网栅内进行基坑开挖、基础浇制、基础整修、清理藤蔓、砍伐倒伏不侵界的树竹等应设置驻站联络员及现场防护人员。

④ 在道床坡脚以外进行的支柱外观及接地装置整治、标志标识安设或涂刷、补偿限制架整修、测量跨距、测量支柱斜率、检查隔离开关操作机构及 RTU 箱等应设置现

场防护人员。

（3）严禁作业过程中更换驻站联络员和现场防护人员。

（4）接触网维修作业，现场防护人员应站在维修地点附近、且瞭望条件较好的地点进行防护，显示停车信号，停车信号方式可采用防护旗（昼间）和防护灯（夜间），信号设备应随身携带，不得放置于钢轨上或线路中心，且不得侵入建筑限界。

（5）高速铁路当设备发生故障，需在双线区间的一条线上处理设备故障时，供电抢修人员应通过车站值班员向列车调度员申请邻线限速 160 km/h（不设置移动减速信号、减速地点标和作业标），列车接近时现场防护员及时通知工作领导人。

作业过程中，联络员、现场防护员与工作领导人之间必须保持通信畅通并定时联系，确认通信良好。一旦联控通信中断，工作领导人应立即命令所有作业人员下道，撤至安全地带。

（6）在双线区段、枢纽站场进行作业时，现场防护人员须站在作业线侧，随时注意接收作业组传来的信号，与作业组保持规定距离。除按规定做好本线防护外，还应监视邻线列车运行动态情况并提前、及时报告工作领导人。

（7）不同作业组分别作业时，不准共用现场防护人员。在未设好防护前不得开始作业，在人员、机具未撤至安全地点前不准撤除防护。

（8）驻站联络员、现场防护人员：

① 驻站联络员、现场防护人员每次出工前应检查通讯工具状态良好，行车防护用品携带齐全、有效。按规定佩戴有关职务标志，携带相关资质证明以及通信设备、记录单、派工单等；现场防护人员须手持红、黄信号旗（信号灯）、对讲机等防护设备，佩戴现场防护员臂章，穿戴橙红色反光防护服；驻站联络员手持对讲机、佩戴胸牌、臂章，穿戴橙红色反光防护服，供电方式复杂区段及一、二等站、编组站还应带齐供电示意图等技术资料。

② 封锁线路作业时，驻站联络员须核对所在车站实际封锁的线路是否与命令内容相同。

③ 驻站联络员须填写《行车防护记录》。

④ 现场防护员设在作业区域两端，现场防护员须站在列车前进方向的左侧，随时注意接收作业组传来的信号，注意监视有无列车向作业组开来，在未得到作业组清理就绪的信号，发现来车时，展开红旗（红色信号灯）拦车（此条高速铁路未作要求）。

2. 成都局防护作业标准中对供电系统防护作业的其他规定

（1）进行水电上道作业；站场及隧道内水电设备步行巡视；存在侵入营业线设备安全限界可能的水电设备施工、维修、检测、缺陷整治和故障处理等作业应按规定在车站（动车所）行车室设联络员或在调度所设驻所联络员，作业地点设现场防护人员。

（2）现场防护员、信号传递员应面对可能来车方向站立，保持 3.3 m（高速）、3 m（普速）以上限界且不影响瞭望处所。

（3）防护员必须参加点名分工。分工完毕，工作领导人对驻站联络员、现场防护员进行抽问。

（4）点外、邻近线路实施作业前准备工作，须在设置好驻站防护和现场防护情况下进行，严禁点外搬运长大物件穿越股道。

（5）防护信号标准见表5-1。

表 5-1　防护信号显示标准

项目	昼间	夜间
拦车	展开红旗	红色灯光
降弓	左臂垂直高举、右臂前伸，并左右水平重复摆动	白色灯光上下左右重复摆动
升弓	左臂垂直高举、右臂前伸，并上下重复摆动	白色灯光做圆形转动

5.3.3　作业制度

1．集中修

普速铁路集中修施工严格执行开工"四不准"（施工组织方案未经审批不准开工、人员培训不到位不准开工、施工机具材料不到位不准开工、未经过安全评价不准开工）和作业过程"三到位"（集中修施工作业必须有段领导或专业干部到现场组织，Ⅲ级施工必须由段或车间干部担任工作领导人，一般维修、处理缺陷必须由工长（或副工长）领班作业）的要求。

2．工作票

（1）工作票及相应派工单、命令票填写时要字迹清楚、正确，填写的内容不得涂改和用铅笔书写。工作票采用人工填写或计算机打印，打印方式填写的工作票，工作票签发人和工作领导人必须人工签字确认。

夜间作业应在工作票上部正中间加盖"夜间"红色印章（高速铁路未作要求）。

事故抢修和遇有危及人身或设备安全的紧急情况，作业时可以不签发工作票，但必须有供电调度批准的作业命令，并由抢修负责人布置安全、防护措施。

（2）根据作业性质的不同，工作票分为三种：

接触网第一种工作票，用于停电作业。

接触网第二种工作票，用于间接带电作业。

接触网第三种工作票，用于远离作业即距带电部分 1 m 及其以外的高空作业、巡视作业、地面作业（如安装或更换地线、开挖支柱基坑）、未接触带电设备的测量等。

（3）工作票有效期不得超过 3 个工作日。高速铁路特别规定：第一、三种工作票有效期不得超过 3 个工作日；第二种工作票有效期不得超过 2 个工作日。

在工作票有效期内没有执行的工作票，须在右上角盖"作废"印章交回工区保管。所有工作票和相应命令票保存时间不少于 12 个月。

（4）工作票签发人和工作领导人安全等级不低于四级。同一张工作票的签发人和工作领导人必须由两人分别担当。

（5）每次作业，一名工作领导人只能接受一张工作票。一张工作票只能发给一名工作领导人，且作业范围不得超过一个站场和相邻两个区间（最后一点高速铁路未作要求）。

（6）工作票中规定的作业组成员一般不应更换。若必须更换时，应由发票人签认，若发票人不在可由工作领导人签认。增加的作业组成员必须注明其安全等级，工作领导人更换时，必须由发票人签认。

经过审批后的工作票确定的作业种类、作业地点、需停电的设备、封锁或限行条件等要素，原则上不得变更；当需变更作业种类、作业地点、作业内容、需停电的设备、封锁或限行条件等要素之一时，必须废除原工作票，签发新的工作票，并重新审批后方可执行。

（7）作业前，工作领导人应组织作业组全体成员（含作业车司机）召开工前预备会。宣讲工作票并进行作业分工、安全预想，将本次作业任务和安全措施逐项分解落实到人，并进行针对性安全提示。作业组成员有疑问时应及时提出，工作领导人组织答疑并确认无误。

作业前，工作领导人应组织作业组成员列队点名，并确认作业安全用具准备充分、作业组人员身体及精神状态良好后，方准作业。

作业完毕，工作领导人应组织召开收工会，对当日工作完成情况、存在的问题进行总结。

（8）V形天窗接触网维修作业使用的工作票右上角应加盖"上行"红色、"下行"蓝色印章。工作票中要针对V形天窗接触网维修作业提出特殊安全措施。主要是：

① 写明上行（下行）封锁及停电，下行（上行）未封锁及有电，人员、机具、材料和作业车平台不得侵入下行（上行）限界，且严禁在两线间小于8m的处所摆放材料、机具及避让列车（高速铁路禁止在两线间放置料具）。

② 防止误触有电设备的安全措施。

③ 防止感应电伤害的安全措施。

④ 防止穿越电流伤害的安全措施。

⑤ 防止（动车组）电力机车将电带入（高速铁路为无电区的措施）作业区段的安全措施。

⑥ 利用作业车进行V形天窗作业时，要注意与邻近带电体保持安全距离。

（9）在接触网设备进行的停电作业（高速铁路只要求在设备较复杂的区段作业时），应按图示化分工要求，画出作业区段简图，标明停电作业范围、接地线位置，并用红色标记带电设备。

5.3.4 受力工具和绝缘工具

各供电段应制定受力工具和绝缘工具管理办法，专人负责进行专项编号、登记、整理，并监督按规定试验和正确使用。

高速铁路接触网作业使用的所有工具物品和安全用具均须粘贴反光标识，绝缘工具的反光标识应粘贴在明显且不影响绝缘性能的部位。

与试验记录对应的受力工具和绝缘用具上应有统一的专项编号。

5.3.5 高空作业

凡在距离地（桥）面 2 m 以上处所进行的作业均称为高空作业。

1. 一般规定

（1）高空作业监护要求如下：

① 间接带电作业时，每个作业地点均要设置专人监护，其安全等级不低于四级。

② 停电作业时，每个监护人的监护范围不超过 2 个跨距，在同一组软（硬）横跨上作业时不超过 4 条股道，在相邻线路同时作业时，要分别派监护人各自监护；当停电成批清扫绝缘子时，可视具体情况设置监护人员。监护人员的安全等级不低于三级。

高速铁路：间接带电作业情况下进行作业时，每个作业地点均要设专人监护，其安全等级不低于四级。

③ 作业人员及所携带的物件、作业工器具等与接触网带电部分距离小于 3 m 的远离作业，每个作业地点均要设有专人监护，其安全等级不低于四级。

（2）高空作业使用的小型工具、材料应放置在工具材料袋（箱）内。作业中应使用专门的用具传递工具、零部件和材料，不得抛掷传递。

（3）进行高空作业时，人员不宜位于线索受力方向的反侧，在曲线区段调整接触网悬挂时，须采取防止线索滑脱的措施。高速铁路严禁踩踏接触线及其他可能导致其弯曲、变形的行为。

（4）冰、雪、霜、雨等天气条件下，接触网作业用的车梯、梯子、接触网作业车的爬梯和平台应有防滑、防溜措施。

2. 登梯作业

（1）接触网作业用的车梯三个车轮必须采取可靠的绝缘措施。

（2）封锁或作业命令下达前，禁止车梯提前上道推行或作业。

（3）利用车梯进行作业时，应指定车梯负责人，工作台上的人员不得超过两人（高速铁路推扶车梯人员不得少于 4 人），所有的零件、工具等均不得放置在工作台的台面上。

（4）作业中推动车梯应服从工作台上人员的指挥。当车梯工作台面上有人时，推动车梯的速度不得超过 5 km/h，并不得发生冲击和急剧起、停。工作台上人员和车梯负责人要呼唤应答、配合妥当。

（5）车梯负责人和推扶车梯人员，要时刻注意和保持车梯的稳定状态。

① 当车梯在并行区段"V"停作业、曲线上或遇大风时，对车梯要采取防止倾倒

的措施。

② 当外轨超高≥125 mm 或风力五级以上时，未采取固定措施禁止登车梯作业。

③ 当车梯在大坡道上时，要采取防止滑移的措施。

④ 当车梯放在道床、路肩上或作业人员的重心超出工作台范围作业时，作业人员要将安全带系在接触网上，不得系在车梯工作台框架上。

⑤ 车梯在地面上推动或转道时，工作台上不得有人停留，车梯在推动过程中，不得上下车梯。

⑥ 在曲线区段作业时，未进行卸载前，车梯上作业人员应位于接触线的曲线外侧（高速铁路未作要求）。

（6）为避让列车需将车梯暂时移至建筑限界以外时，要采取防止车梯倾倒的措施。作业结束后，车梯应随车带回，确需就地存放时，须稳固在建筑限界或防护网栅以外不影响信号瞭望的地方，并加锁或派人看守。高速铁路区段作业结束后，车梯和梯子不得在网内存放。

（7）当用梯子作业时，作业人员要先检查梯子是否牢靠；要有专人扶梯（高速铁路：扶梯人员不得少于2人），梯子支挂点稳固，严防滑移；梯子高度必须比线索高出1 m以上，不得将短梯接长代用，高空作业人员应将梯子与接触网线索系牢后方可作业，梯子上有人作业时严禁移动；梯子上只准有1人作业。

3. 接触网作业车作业

（1）接触网作业车平台操作人须由供电段培训考试合格的接触网工担任。高空作业车、多平台作业车、多功能作业车、检修列等特殊车型由供电段每年12月前按车型组织接触网工进行作业车平台操作培训，培训考试合格后在《接触网作业车平台操作合格证》上签章记录。

作业车平台操作人须由取得平台操作培训合格证的接触网工担任。

利用接触网作业车作业时，均须签发"接触网作业车工作票"，严禁无票动车（事故抢修除外），并遵循以下规定：

① "接触网作业车工作票"须由"接触网工作票"发票人一同签发，并由车间一同审核，一车一票。

② 作业车工作票须正确填写以下内容：作业地点（以接触网杆号和公里标标明停车地点及作业范围）、运行区间、作业内容，作业车使用方式（单机、带轨道平车或多机编组运行）及解编连挂地点、安全措施等内容，且必须与批复的作业计划一致。

（2）作业前接触网作业车司机应参加工前预备会，工作领导人应同时宣读"接触网作业车工作票"，并对照调车风险提示卡进行提示，作业车司机需掌握作业范围和内容并进行安全预想，作业和运行过程中应注意力集中。作业结束后，作业车司机应参加当日安全小结会。

（3）作业车站内调车应听从车站值班员的指挥，作业车站内作业应听从工作领导人的指挥，严禁接触网驻站联络员指挥作业车移动。

线间距小于 6.5 m 使用接触网作业车进行 "V 停" 作业，当邻线有列车通过时，驻站联络员应提前通知工作领导人，工作领导人应布置作业人员提前停止作业、作业车作业平台归位，列车通过后方可继续进行作业。

（4）工作领导人必须确认地线接好后，方可允许作业人员登上接触网作业车的作业平台。作业车平台应设置随车等位线，在完成作业平台和工作对象设备等位措施后，方可触及和进行作业。

使用接触网作业车作业时，应指定作业平台操作负责人，作业平台不得超载。工作领导人必须确认地线接好后，方可允许作业人员登上接触网作业车的作业平台。作业车平台应设置随车等位线，在完成作业平台和工作对象设备等位措施后，方可触及和进行作业。

作业结束后由作业人员负责对作业平台进行清理。作业平台原则上不得堆放接触网零部件及杂物，确因工作需要临时存放时，必须进行绑扎固定。

（5）人员上、下作业平台必须征得作业平台操作负责人的同意。接触网作业车移动或作业平台升降、转向时，严禁人员上、下。上下车辆时，应正向上下，不得反向下车及 "飞乘飞降"。

V 形停电作业时，所有人员禁止从未封锁线路侧上、下作业车辆，作业平台应具有平台转向限位装置，作业前应将限位装置打至正确位置并锁闭半区控制旋钮，作业平台严禁向未封锁的线路侧旋转，作业平台旋转到位后，其操作按钮应加盖防触动帽。

（6）接触网作业车作业平台防护门关闭时应有闭锁装置。作业中须锁闭好作业平台的防护门，作业完毕后及时放下防护栏杆。

（7）司机（或在平台上操纵车辆移动的人员）须精力集中，密切配合，在移动车辆及作业平台转动前应注意作业车及作业平台周围的环境、设备、人员和机具等情况，与附近的设备保持规定的安全距离。

作业平台上的所有人员在车辆移动或作业平台转动中应注意防止接触网设备碰刮伤人和防止作业平台刮碰接触网设备。

此条在作业人员注意力不集中的情况下是发生过多起安全事故的，因此，在施工安全检查过程中，特别要注意操作人员的精神状态。

（8）作业平台上有人作业时，作业车移动的速度不得超过 10 km/h，且不得急剧起、停车。

（9）作业中作业车的移动应听从作业平台上操作负责人的指挥。平台操作负责人与司机之间的信息传递应及时、准确、清楚，并呼唤应答。

5.3.6 停电作业

停电作业时，作业人员（包括所持的机具、材料、零部件等）与周围带电设备的距离不得小于下列规定：500 kV 为 6 000 mm；330 kV 为 5 000 mm；220 kV 为 3 000 mm；110 kV 为 1 500 mm；25 kV 和 35 kV 为 1 000 mm；10 kV 及以下为 700 mm。

高速铁路提报施工维修计划时应说明停电范围、作业地点、作业项目、必须封锁的线路和邻线限速要求。其中提报停电日计划时还须提报要撤除重合闸的供电臂名称（含同杆架设的非停电供电臂和 V 停作业邻线供电臂）。

1．V 形停电作业

（1）高速铁路禁止 V 停作业的项目：

① 有可能影响非停电线路设备状态的作业，如调整或更换软横跨、更换软（硬）横跨钢柱、交叉渡线处的线岔及改变其他穿越上下行线路的线索位置等。

② 不同供电臂同杆架设区段的供电线及接触悬挂的作业。

③ 双线隧道、双线下承式桥梁内、双线路腕臂处。

④ 上、下行共用一条回流线的回流线上作业。

不能采用 V 形天窗进行的停电检修作业，须在垂直天窗内进行，其地点应在接触网平面图和供电示意图上用红线框出，并注明禁止 V 形天窗作业字样。

（2）利用 V 形停电作业时，应遵守下列规定：

① 提报日班计划中应说明停电范围、作业地点、作业项目和维修作业时必须封锁的线路和邻线限速要求。

② 接触网停电作业前，必须撤除向相邻线供电的馈线开关保护重合闸，断开可能向作业线路送电的所、亭、上下行联络开关等。

③ 作业人员作业前，工作领导人（监护人员）应向作业组人员指明停、带电设备范围，加强监护，并时刻提醒作业人员保持与带电部分的安全距离，任何情况下作业人员及所持的机具和材料不得侵入邻线建筑限界。

高速铁路避让列车时，应将机具、材料及人员撤离至限界以外。

④ 在断开导电线索前，应事先采取旁路措施。更换长度超过 5 m 的长大导体时，应先等电位后接触，拆除时应先脱离接触再撤除等电位。

⑤ 维修吸上线、PW 线、回流线（含架空地线与回流线并用区段）、避雷线等附加导线时不得开路，如必须进行断开回路的作业，则必须在断开前使用截面积不小于 25 mm² 铜质短接线先行短接后，方可进行作业。

在变电所、分区所（亭）、AT 所处进行吸上线、电缆及其屏蔽层的维修时必须采用垂直作业。

吸上线与扼流变中性点连接点的维修，不得进行拆卸，防止造成回流回路开路。确需拆卸处理时，必须采取旁路措施，必要时请电务部门配合。

⑥ 遇有雨、雪、大雾、重度霾、强风及以上恶劣天气时，一般不进行 V 形停电作业。遇有特殊情况需停电作业时，应增设接地线，并在加强监护的情况下方准作业。

高速铁路 V 形作业检修支柱下部地线、避雷引下线等，可在不停电情况下进行，但须执行第三种工作票并做好行车防护，不得侵入限界；开路作业时应使用短接线先行短接后，方可进行作业。

⑦ 维修隔离（负荷）开关、绝缘锚段关节、关节式分相和分段绝缘器等作业时，

应用不小于 25mm² 的等位线先连接等位后再进行作业。

⑧ 长大物件在竖立和放倒过程中应注意防止倒向邻近的带电设备。

⑨ 两线间距小于 8 m 的曲线区段进行作业时，要采取可靠的防止线索跑向邻线的措施。

高速铁路在作业过程中，接地线保护范围内的开关须处于闭合状态并有可靠的锁闭措施。

⑩ 跨越对地绝缘子或清扫绝缘子时，须用 6～8 mm² 裸铜软绞线将绝缘子短接，安装短接线时，先接接地侧，后接被停电的导电体，撤除时程序相反。

⑪ 为防止电力机车、动车组将电带入停电区域，有关车站应确认禁止电力机车通过的限制要求。

⑫ 在 160 km/h 以上区段且线间距小于 6.5 m 的线路上进行 V 形停电作业时，应办理邻线列车限速 160 km/h 及以下申请，得到车站值班员同意作业的签认后，方可作业。

（3）120 km/h 以上区段且线间距小于 6.5 m 时，必须进行车梯或梯子作业时，应办理邻线列车限速 120 km/h 及以下限制条件后，方可上道作业。当列车通过时，应停止操作。

高速铁路线间距小于 6.5 m 使用接触网作业车进行 V 形停电作业，邻线有列车通过时，作业人员应提前停止作业，在作业平台远离邻线侧避让，列车通过后方可继续进行作业。

高速铁路线间距不足 6.5 m 地段进行成锚段更换接触网线索作业时，邻线列车应限速 160 km/h 及以下；在线间距不足 5 m 地段进行成锚段更换接触网线索作业时，邻线列车限速 60 km/h，限速地段应做好隔离并按规定进行防护，施工单位在提报施工计划时，应提出邻线限速的条件。

（4）V 形停电作业接地线设置还应执行以下要求：

① 两接地线间距大于 1 000 m 时，需增设接地线。

② 一般情况下，接触悬挂和附加导线及同杆架设的其他供电线路均需停电并接地。但若只在接触悬挂部分作业，不侵入附加导线及同杆架设的其他供电线路的安全距离时，附加悬挂及同杆架设的其他供电线路可不接地，但须按有电对待并保持足够的安全距离。

③ 在电分段、软横跨等处作业，中性区及一旦断开开关有可能成为中性区的停电设备上均应接地线，但当中性区长度小于 10 m 时，在与接地设备等电位后可不接地线。当承力索、接触线同时断线时，须在距断口两端 100 m 内装设接地线后，方可触及设备。

④ 接地线应可靠安装，不得侵入限界，并有防风摆措施。车梯及作业车作业时，须加挂随车等位线。

⑤ 高速铁路关节式分相检修时，除在作业区两端装设接地线外，还应在中性区上增设地线。

2. 验电接地

（1）作业组在接到停电作业命令后须先验电接地，然后方可作业。

（2）使用抛线法验电时：

抛线时要使之不可能触及其他带电设备，抛线抛出后人体随即离开抛线，抛出的抛线不得短接钢轨。

抛线的位置应在作业区两端接地线的范围内，倒开绝缘锚段关节开关进行停电作业时，严禁在该绝缘锚段关节进行抛线验电。

抛线必须挂在接触悬挂上后，方准接地；接地线装设完毕后，方准拆除抛线。

（3）复线 V 形停电作业时须采用验电器验电，验电人员应站在田野侧，上端手握点距报警装置不小于 2 m，用尖端金属体接触带电设备进行验电。

复线区段两线间距小于 6.5 m，在雨、雪等恶劣天气的情况下，若需利用 V 形停电进行故障处理或事故抢修，必须采用垂停抛线验电，不得使用验电器进行验电。

（4）接地线应使用截面积不小于 25 mm^2 的裸铜绞线制成并有透明护套保护。接地线不得有断股、散股和接头。

（5）接地线应可靠接在同一侧钢轨上，且不应跨接在钢轨绝缘两侧、道岔尖轨处。必须跨接在钢轨绝缘两侧时，应封锁线路。地线穿越钢轨或跨越股道时，必须采取绝缘防护措施。

（6）当验明确已停电后，须在与作业地点两端或作业地点相连、可能来电的停电设备上装设接地线；如作业区段附近有其他带电设备时，在需要停电的设备上也装设接地线。

在装设接地线时，将接地线的一端先行接地，再将另一端与被停电的导体相连。撤除接地线时，其顺序相反。接地线与钢轨连接处须用钢丝刷将其接触面的氧化层或油漆清除干净，接地线要连接牢固，接触良好。

装设接地线时，人体不得触及接地线，接好的接地线不得侵入未封锁线路的限界。作业范围内加挂的接地线不得影响正常作业。装设或撤除接地线时，操作人要借助于绝缘杆进行。绝缘杆要保持清洁、干燥。

当作业内容不涉及正馈线、回流线（保护线），及其他停电线路及设备时，对这些不涉及的线路和设备可不装设接地线，但要按照有电对待，保持规定的安全距离。

停电天窗时间内，使用接触网作业车或专用车辆进行接触网巡视或检测作业，可不装设接地线。未装设接地线时，禁止攀登平台、车顶和支柱。

（7）接地线装设位置的特殊要求：

① 不宜在绝缘锚段关节内或跨越绝缘锚段关节装设接地线，否则，应事先确认相应的开关处于闭合位。

② 不得在安装吸上线的支柱处装设接地线。

③ 桥支柱宜采用长接地杆进行接地线的装设，避免人员攀爬支柱。

④ 严禁将接地线挂在接触线、软（硬）横跨固定绳上。

⑤ 接触网作业范围内有接触网 T 接非牵引负荷设备（如：信号变、红外线二电源）时，应有明显断开点或在可能来电侧增设接地线。

（8）验电和装设、拆除接地线必须由两人进行，一人操作，一人监护。

（9）作业过程中不得随意改变工作票规定的接地位置。

5.3.7 间接带电作业

间接带电作业时，作业人员（包括其所携带的非绝缘工具、材料）与带电体之间须保持的最小距离不得小于 1 000 mm，当受限制时不得小于 600 mm。

间接带电作业人员在接触工具的绝缘部分时应戴干净的手套，不得赤手接触或使用脏污手套。

作业任务完成，清点全部作业人员、机具、材料撤至安全地带后，由工作领导人宣布结束作业，通知要令人向供电调度员申请消除间接带电作业命令。

间接带电作业工作领导人不得直接参加操作，必须在现场不间断地进行监护，随时掌握作业现场、作业组两端及车站行车和人身安全防护动态。

5.3.8 倒闸作业

在高速铁路封闭栅栏防护网内进行当地倒闸作业时，必须在上、下行线路同时封锁或本线封锁、邻线列车限速 160 km/h 及以下进行。

接触网倒闸作业执行一人操作，一人监护制度。

从事隔离（负荷）开关现场倒闸作业人员由安全等级不低于三级人员担任。对车站、机务（折返）段、车辆段或路外厂矿等单位有权操作的隔离（负荷）开关的人员应每年经供电段培训、考试合格，签发合格证后方可担任此项工作。操作使用的绝缘手套，绝缘靴及绝缘操作棒等绝缘工具应按规定试验合格。

接触网作业人员进行隔离（负荷）开关倒闸时，必须有供电调度的命令；对车站、机务（折返）段、车辆段或路外厂矿等单位有权操作的隔离（负荷）开关，接触网作业人员在向供电调度申请倒闸命令之前，须向该站、段、厂、矿等单位主管负责人办理倒闸手续，并共同确认做好相应措施；对从接触网上引接的越级变压器的隔离开关，接触网作业人员在向供电调度申请倒闸命令之前，应确认二次侧不具备反送电条件（明显断开点或二次侧已接地）。

在申请倒闸命令时，先由安全等级不低于三级的要令人向供电调度提出申请，供电调度员审查后发布倒闸命令；要令人受令复诵，供电调度员确认无误后，方可给命令编号和批准时间；每次倒闸作业，发令人要将命令内容等记入"倒闸操作命令记录"中，受令人要填写"隔离（负荷）开关倒闸命令票"。

当倒闸作业造成供电范围及行车限制条件发生变化时，应提前办理相关手续后，方可发布倒闸命令。

接到倒闸命令后，监护人员必须先确认开关位置和开合状态无误，再由操作人员进行倒闸。倒闸时操作人必须戴好安全帽和绝缘手套，穿绝缘靴，操作准确迅速，一次开闭到位，中途不得停留和发生冲击。

严禁带负荷进行隔离开关倒闸作业，严禁用隔离（负荷）开关对故障线路进行试送电，严禁雷电、雨、浓雾等恶劣天气下进行隔离开关带电倒闸作业。

各隔离（负荷）开关的机构箱或传动机构须加锁。钥匙不得相互通用并有标签注明开关号码，存放于固定地点由专人保管。

5.4 工务施工安全检查

本节将列举营业线施工中常见的单项施工来讲一讲各自的侧重点，其他共性的检查要点参考前面章节内容。

5.4.1 工务系统防护作业

1. 防护定义

（1）防护员按各自分工负责的范围，分为驻站联络员（包含驻所、驻台联络员，下同）、现场防护员，现场防护员分为工地防护员、两端防护员和中转联络防护员。

（2）"三位一体"防护：驻站联络员、两端防护员、工地防护员。在封锁、人员上线时，两端防护员显示停车手信号；工地防护员施工时在轨腰设置移动停车信号灯（昼夜均设置移动停车信号灯，下同），维修时显示停车手信号。

（3）"两位一体"防护：驻站联络员、工地防护员。在封锁、人员上线时，工地防护员施工时在轨腰设置移动停车信号灯，维修时显示停车手信号。

（4）作业负责人应根据现场地形条件，列车运行特点、作业人员和机具布置等情况确定现场防护员站位和移动行走路径。原则上工地防护员、两端防护员应站立在线路外侧且瞭望条件较好的安全处所进行防护，高铁双线垂停天窗时工地防护员可在线间安全处所防护。

（5）防护人员由年满18周岁、思想品德好、组织纪律性强、身体健康、语音清晰、无眼耳疾病（视听障碍）、心脑血管等疾病，从事本项专业工作不少于1年且经过防护任职资格培训考试合格的正式职工担当。定期参加复核培训、考试，培训考试情况须在《铁路岗位培训合格证书》或《高速铁路岗位培训合格证书（CRH）》内登记。

2．防护员工作职责

（1）驻站联络员工作职责：主要负责登销记手续办理（点外作业和未实施施工一体化区段的作业）、作业计划核对、调度命令核对确认，及时掌握列车运行情况并通知现场防护员、与现场防护员定时通话联系和填写防护通话记录本。

（2）工地防护员工作职责：主要负责与驻站联络员定时联系，复诵、确认列车运行情况并转告作业负责人和两端防护员，负责指挥和督促现场作业人员上下道，负责与驻站联络员核对作业计划和调度命令，负责移动停车信号灯的设置、撤除和防护信号的显示，负责通知驻站联络员和两端防护员进出网（上下道）时间及里程、到达工地时间及里程和列车通过工地时间，实施施工一体化区段工地防护员应会同作业负责人通过手持机共同确认登销记内容和封锁、开通调度命令，制止现场违章作业行为。

（3）两端防护员工作职责：主要根据作业负责人指令负责防护信号的设置和显示；列车接近防护位置时，通知驻站联络员和工地防护员列车接近或通过时间并确认工地下道情况，根据作业负责人指令拦停列车。

（4）中转联络防护员工作职责：主要负责与驻站联络员和工地防护员联系，并向驻站联络员、工地防护员和作业负责人转达各类信息。

3．防护用品

（1）驻站联络员防护用品：手持无线电台（GSM-R手机）、录音笔、《防护通话记录本》、日作业计划（派工单）。

（2）工地防护员防护用品：喇叭（或口笛）、红黄信号旗各1面（昼间明山地段，下同）、三色电筒（夜间和隧道，下同）、移动停车信号灯（施工）、短路铜线、手持无线电台（GSM-R手机）、作业记录仪、CTK手持机（施工一体化区段，下同）。

（3）两端防护员防护用品：红黄信号旗各1面、三色电筒、短路铜线、手持无线电台（GSM-R手机）、CTK手持机、关门防护设备（施工一体化区段）。

（4）中转联络防护员防护用品：手持无线电台、区间电话（根据需要）、CTK手持机。

（5）作业负责人防护用品：手持无线电台（GSM-R手机）、日作业计划（派工单）、CTK手持机。

4．防护信号设置办法

高速铁路施工和维修作业，本线和邻线均不设置作业标。

（1）单线区间施工时，如图5-1所示。

（2）双线区间一条线路施工时，如图5-2所示。高速铁路邻线不设置作业标，其他与普速铁路一样。

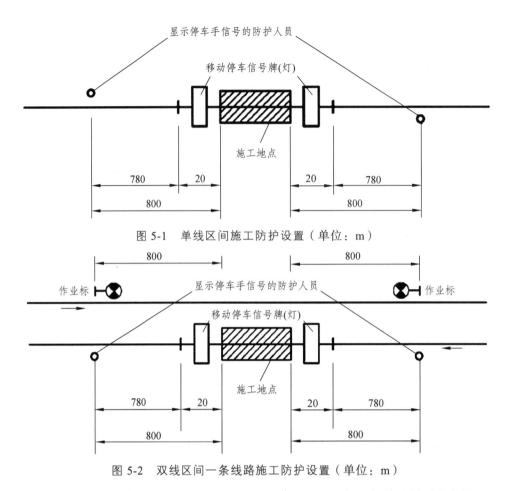

图 5-1 单线区间施工防护设置（单位：m）

图 5-2 双线区间一条线路施工防护设置（单位：m）

（3）双线区间两条线路同时施工时，如图 5-3 所示（高速与普速铁路相同）。

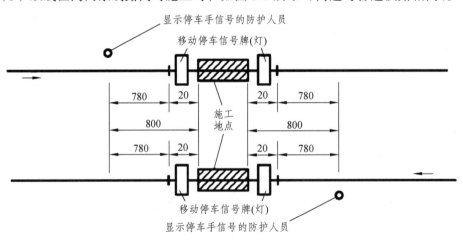

图 5-3 双线区间两条线路同时施工防护设置（单位：m）

（4）施工地点在站外，距离进站信号机（反方向进站信号机）小于 820 m 时，如图 5-4 所示（高速与普速铁路相同）。

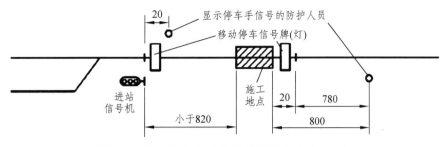

图 5-4　施工地点在站外防护设置（单位：m）

现场防护人员应站在距施工地点 800 m 附近，且瞭望条件较好的地点显示停车手信号；施工作业地点在站外，距离进站信号机（反方向进站信号机）小于 820 m 时，现场防护人员应站在距进站信号机（反方向进站信号机）20 m 附近（见图 5-4）；在尽头线上施工，施工负责人经与车站值班员联系确认尽头一端无列车、轨道车时，则尽头一端可不设防护。

（5）在站内线路上施工，使用移动停车信号的防护办法如下（高速与普速铁路相同）：

① 在站内线路上施工，将施工线路两端道岔扳向不能通往施工地点的位置，并加锁或紧固，可不设置移动停车信号牌（灯）。当施工线路两端道岔只能通往施工地点的位置时，在施工地点两端各 50 m 处线路上，设置移动停车信号牌（灯）防护，如图 5-5 所示。

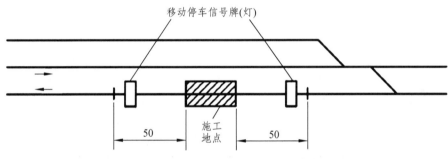

图 5-5　站内线路上施工防护设置（单位：m）

② 如施工地点距离道岔小于 50 m 时，在该端警冲标相对处线路上，设置移动停车信号牌（灯）防护，如图 5-6 所示。

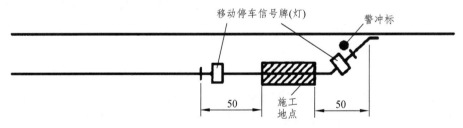

图 5-6　施工地点距离道岔小于 50 m 防护设置（单位：m）

③ 在进站道岔外方线路上施工，对区间方向，以关闭的进站信号机防护.对车站方向，在进站道岔外方基本轨接头处（顺向道岔在警冲标相对处）线路上，设置移动停

车信号牌（灯），如图 5-7 所示。

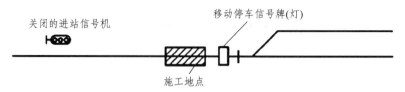

图 5-7　在进站道岔外方线路上施工防护设置

④ 双线区段，在反方向进站信号机至出站道岔的线路上施工，对区间方向，以关闭的反方向进站信号机防护；对车站方向，在出站道岔外方基本轨接头处（对向道岔在警冲标相对处）线路上，设置移动停车信号牌（灯）防护，如图 5-8 所示。

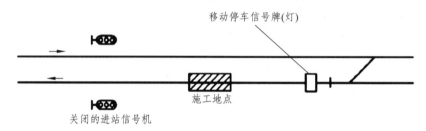

图 5-8　双线区段，在反方向进站信号机至出站道岔的线路上施工防护设置

（6）在站内道岔上（含警冲标至道岔尾部线路、道岔间线路）施工（高速与普速铁路相同）：

① 站内道岔上施工，一端距离施工地点 50 m，另一端两条线路距离施工地点 50 m（距出站信号机不足 50 m 时，为出站信号机处），分别在线路上设置移动停车信号牌（灯）防护，如图 5-9 所示；如一端距离外方道岔小于 50 m 时，将有关道岔扳向不能通往施工地点的位置，并加锁或紧固。

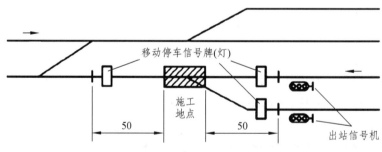

图 5-9　站内道岔上施工防护设置（单位：m）

② 在进站道岔上施工，对区间方向，以关闭的进站信号机防护；对车站方向，在距离施工地点 50 m 线路上，设置移动停车信号牌（灯）防护，如图 5-10 所示；距邻近道岔不足 50 m 时，在邻近道岔基本轨接头处设置移动停车信号牌（灯）防护，将有关道岔扳向不能通往施工地点的位置，并加锁或紧固。

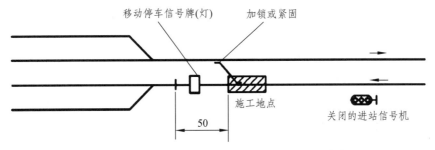

图 5-10　进站道岔上施工对区间方向防护设置（单位：m）

③ 在出站道岔上施工，对区间方向，以关闭的反方向进站信号机防护；对车站方向，在距离施工地段不少于 50 m 线路上，设置移动停车信号牌（灯）防护，如图 5-11 所示；距邻近道岔不足 50 m 时，将有关道岔扳向不能通往施工地点的位置，并加锁或紧固。

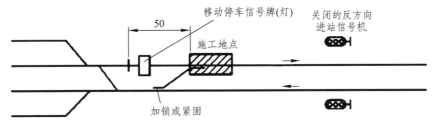

图 5-11　出站道岔上施工对区间方向防护设置（单位：m）

④ 在交分道岔上施工，将有关道岔扳向不能通往施工地点的位置，并加锁或紧固，在施工地点两端 50 m 处线路上，设置移动停车信号牌（灯）防护，如图 5-12 所示。

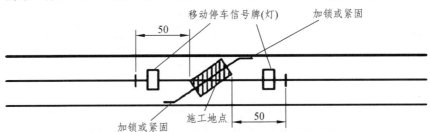

图 5-12　交分道岔上施工防护设置（单位：m）

⑤ 在交叉渡线的一组道岔上施工，一端在菱形中轴相对处线路上，另一端在距离施工地点 50 m 处线路上，分别设置移动停车信号牌（灯）防护，将有关道岔扳向不能通往施工地点的位置，并加锁或紧固，如图 5-13 所示。

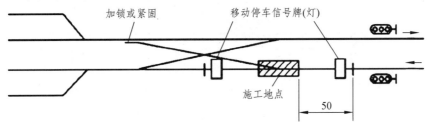

图 5-13　交叉渡线的一组道岔上施工防护设置（单位：m）

⑥ 在道岔上进行大型养路机械施工时，如延长移动停车信号牌（灯）防护距离后占用其他道岔时，对相关道岔应一并防护。

（7）仅运行动车组列车的区间正线不设置移动减速信号防护。在其余区间正线上，使用带"T"字和"减速"字的移动减速信号防护。

在区间线路上，根据线路速度等级，使用移动减速信号的防护办法如下：

① 普速单线区间施工时，设立位置如图 5-14 所示。

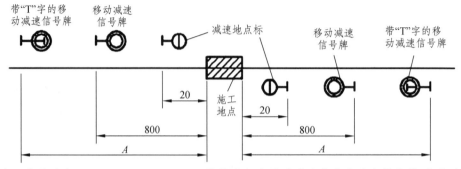

注：允许速度 120 km/h＜v＜200 km/h 的线路，在移动减速信号牌外方增设带"T"字的移动减速信号牌，以下同。

图 5-14　普速单线区间施工减速信号防护设置（单位：m）

高速铁路单线区间施工时，设立位置如图 5-15 所示。

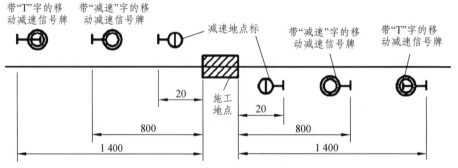

图 5-15　高速铁路单线区间施工减速信号防护设置（单位：m）

② 双线区间在一条线路上施工时，设立位置如图 5-16 所示。

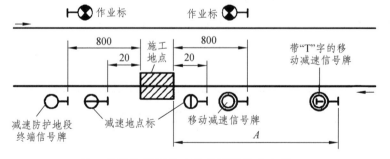

注：限速地段无施工作业不设置作业标。

图 5-16　双线区间在一条线路上施工减速信号防护设置（单位：m）

高速铁路双线区间在一条线路上施工时，设立位置如图 5-17 所示。

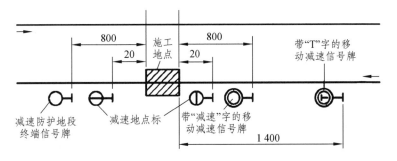

图 5-17　高速铁路双线区间在一条线路上施工减速信号防护设置（单位：m）

③ 双线区间两条线路同时施工时，设立位置如图 5-18 所示。

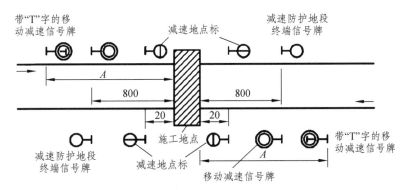

图 5-18　双线区间两条线路同时施工减速信号防护设置（单位：m）

高速铁路双线区间两条线路同时施工时，设立位置如图 5-19 所示。

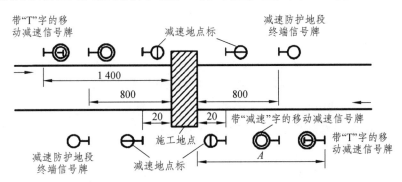

图 5-19　高速铁路双线区间两条线路同时施工减速信号防护设置（单位：m）

④ 施工地点距离进站信号机（或站界标）小于 800 m 时，设立位置如图 5-20 所示。

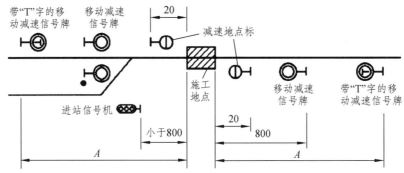

注：① 当站内正线警冲标距离施工地点小于 800 m 时，按 800 m 设置移动减速信号牌；
　　② 当站内正线警冲标距离施工地点大于或等于 A 时，不设置带"T"字的特殊移动减速信号牌。

图 5-20　施工地点距离进站信号机（或站界标）
小于 800 m 时减速信号防护设置（单位：m）

高速铁路施工地点距离进站信号机（或反方向进站信号机）小于 800 m 时，设立位置如图 5-21 所示。

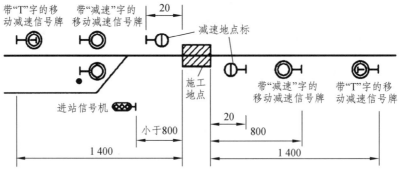

注：① 当站内正线警冲标距离施工地点小于 800 m 时，按 800 m 设置移动减速信号牌；
　　② 当站内正线警冲标距离施工地点大于或等于 1 400 m 时，不设置带"T"字的特殊移动减速信号牌。

图 5-21　高速铁路施工地点距离进站信号机（或反方向进站信号机）
小于 800 m 时减速信号防护设置（单位：m）

（8）在站内线路或道岔上，根据线路速度等级，使用移动减速信号的防护办法如下：

① 普速铁路在站内正线线路上施工，当施工地点距进站信号机大于或等于 800 m 时，单线设立位置如图 5-22 所示。

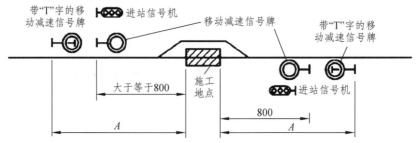

图 5-22　普速铁路在站内正线线路上施工减速信号防护设置（单位：m）

双线设立位置如图 5-23 所示。

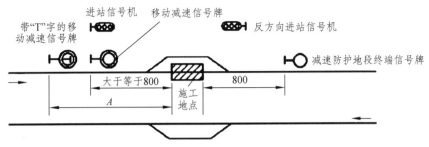

图 5-23　普速铁路双线在站内正线线路上施工减速信号防护设置（单位：m）

注：当施工地点距离进站信号机不足 800 m 时，自施工地点起至 800 m 处区间线路列车运行方左侧，设移动减速信号牌防护；当施工地点距进站信号机大于或等于 A 时，不设置带 "T" 字的移动减速信号牌；当施工地点距反方向进站信号机不足 800 m 时，自施工地点起至 800 m 处区间线路列车运行方左侧，设减速防护地段终端信号牌；当施工地点距反方向进站信号机大于或等于 800 m 时，在反方向进站信号机处，设减速防护地段终端信号牌。

高速铁路：仅运行动车组列车的站内线路或道岔不设置移动减速信号防护。在其余站内线路或道岔上，使用带 "T" 字和 "减速" 字的移动减速信号防护。

高速铁路在站内正线线路上施工，当施工地点距进站信号机大于或等于 800 m 时，单线设置如图 5-24 所示。

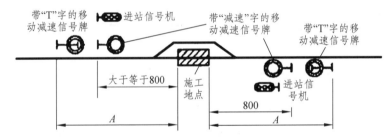

图 5-24　高速铁路在站内正线线路上施工减速信号防护设置（单位：m）

双线设置如图 5-25 所示。

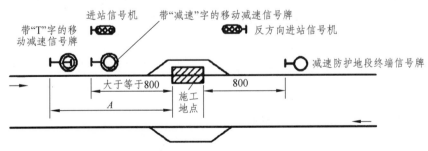

图 5-25　高速铁路双线站内正线线路上施工减速信号防护设置（单位：m）

注：当施工地点距离进站信号机不足 800 m 时，自施工地点起至 800 m 处区间线路列车运行方左侧，设移动减速信号牌防护；当施工地点距进站信号机大于或等于 A 时，不设

置带"T"字的移动减速信号牌，A 取 1 400 m；当施工地点距反方向进站信号机不足 800 m 时，自施工地点起至 800 m 处区间线路列车运行方左侧，设减速防护地段终端信号牌；当施工地点距反方向进站信号机大于或等于 800 m 时，在反方向进站信号机处，设减速防护地段终端信号牌。

② 普速铁路在站内正线道岔上施工，当施工地点距进站信号机大于或等于 800 m 时，单线设立位置如图 5-26 所示。

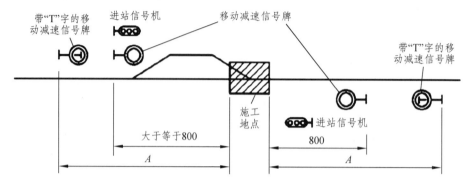

图 5-26 普速铁路站内正线道岔上施工减速信号防护设置（单位：m）

双线设立位置如图 5-27 所示。

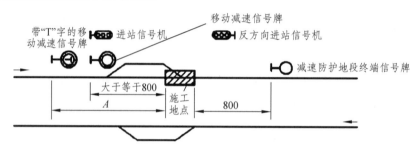

图 5-27 普速铁路双线站内正线道岔上施工减速信号防护设置（单位：m）

注：当施工地点距离进站信号机不足 800 m 时，自施工地点起至 800 m 处区间线路列车运行方左侧，设移动减速信号牌防护；当施工地点距进站信号机大于或等于 A 时，不设置带"T"字的移动减速信号牌，A 取 1 400 m；当施工地点距反方向进站信号机不足 800 m 时，自施工地点起至 800 m 处区间线路列车运行方左侧，设减速防护地段终端信号牌；当施工地点距反方向进站信号机大于或等于 800 m 时，在反方向进站信号机处，设减速防护地段终端信号牌。

高速铁路在站内正线道岔上施工，当施工地点距进站信号机大于或等于 800m 时，单线设立位置如图 5-28 所示。

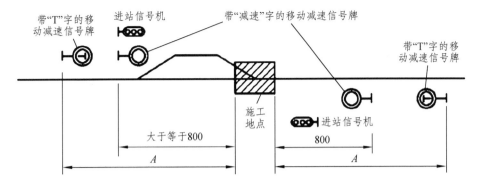

图 5-28　高速铁路站内正线道岔上施工减速信号防护设置（单位：m）

双线设立位置如图 5-29 所示。

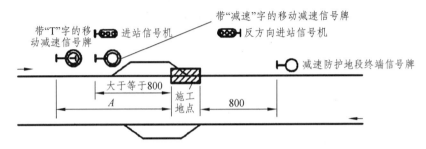

图 5-29　高速铁路双线站内正线道岔上施工减速信号防护设置（单位：m）

注：当施工地点距离进站信号机不足 800 m 时，自施工地点起至 800 m 处区间线路列车运行方左侧，设移动减速信号牌防护；当施工地点距进站信号机大于或等于 A 时，不设置带 "T" 字的移动减速信号牌，A 取 1 400 m；当施工地点距反方向进站信号机不足 800 m 时，自施工地点起至 800 m 处区间线路列车运行方左侧，设减速防护地段终端信号牌；当施工地点距反方向进站信号机大于或等于 800 m 时，在反方向进站信号机处，设减速防护地段终端信号牌。

③ 普速铁路在站线线路上施工，设立位置如图 5-30 所示。

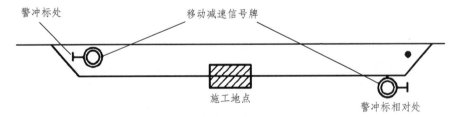

图 5-30　普速铁路站线上施工减速信号防护设置

高速铁路在站线线路上施工，设立位置如图 5-31 所示。

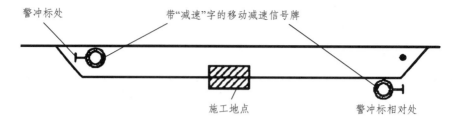

图 5-31　高速铁路站线上施工减速信号防护设置

④普速铁路在站线道岔上施工，该道岔中部线路旁，设置两面黄色的移动减速信号，设立位置如图 5-32 所示。

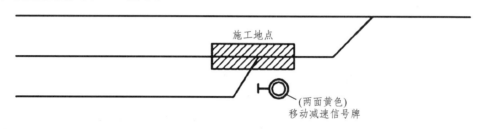

图 5-32　普速铁路站线道岔上施工减速信号防护设置

凡线间距离不足规定时，应设置矮型（1 m 高）移动减速信号。在移动减速信号牌上应注明规定的慢行速度。

高速铁路在站线道岔上施工，该道岔中部线路旁，设置两面黄色的移动减速信号，设立位置如图 5-33 所示。

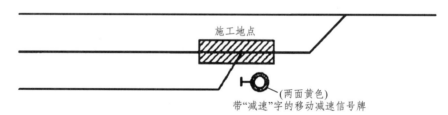

图 5-33　高速铁路站线道岔上施工减速信号防护设置

凡线间距离不足规定时，应设置矮型（1 m 高）移动减速信号。

（9）已纳入 LKJ 基础数据的长期限制慢行地段不设置减速信号牌。

（10）普速线路在区间线路上进行不影响行车安全的作业，不需要以停车信号或移动减速信号防护，应在作业地点两端 500～1 000 m 处列车运行方向左侧（双线在线路外侧）的路肩上设置作业标，设立位置如图 5-34 所示。列车接近该作业标时，司机必须长声鸣笛，注意瞭望。

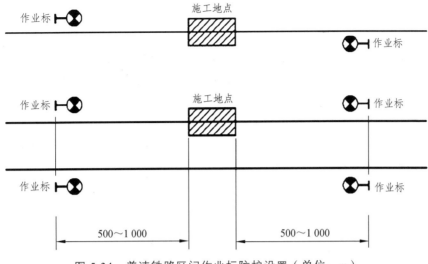

图 5-34　普速铁路区间作业标防护设置（单位：m）

（11）普速铁路线路发生危及行车安全故障或自然灾害时的防护办法如下：

① 应立即使用列车无线调度通信设备通知车站值班员或列车司机紧急停车，同时在故障或自然灾害影响地点设置停车信号。

② 当确知一端先来车时，应急速奔向列车，用手信号旗（灯）或徒手显示停车信号。

③ 如不知来车方向，应在故障或自然灾害影响地点注意倾听和瞭望，发现来车，应急速奔向列车，用手信号旗（灯）或徒手显示停车信号。

设有固定信号机时，应先使其显示停车信号。

站内线路、道岔发生故障或自然灾害时，应立即通知车站值班员采取措施，防止机车、车辆通往该故障或自然灾害影响地点，同时按规定设置停车信号防护。

5.4.2　应急处置与特殊线路故障的预防和处理

1. 普速铁路

（1）故障及自然灾害应急处置，按以下两种程序办理。

① 当工务人员检查、作业中发现线路设备故障或自然灾害时：

应立即按照《普速铁路工务安全规则》第 2.2.12 条要求进行防护。迅速通知工长或车间主任，并采取紧急措施修复故障设备；若不能在列车运行间隔时间内修复，应通过车站值班员立即向列车调度员请求，由列车调度员发布命令封锁区间或限速运行。

车站值班员接到区间发生故障的警报后，应立即通知有关列车停车或限速，并报告列车调度员。

必要时，工务部门的工长或车间主任随乘第一趟列车去故障现场，以便迅速组织和指挥抢修工作。工长或车间主任根据故障判断影响行车的程度，确定运行办法，并报告车站值班员或列车调度员。在工长或车间主任到达故障地点之前，列车运行办法由现场工务人员确定。

故障、自然灾害处置后，由现场负责人确定放行列车条件。

② 接到列车调度员（车站值班员）设备故障、自然灾害通知时：

集团公司工务调度接到设备故障、自然灾害通知时，应及时通知相关领导及设备管理单位；设备管理单位接集团公司或车站值班员设备故障、自然灾害通知时，应立即通知有关车间（班组），并向单位相关领导汇报。

车间（班组）按通知的故障、自然灾害类别或领导要求，携带机具和材料赶赴现场，同时设置驻站防护、办理相关手续。

作业负责人确认设备故障或自然灾害后，立即向车站值班员（列车调度员）报告故障或自然灾害主要情况及影响范围、处置方案、行车限制条件。

故障或自然灾害处置后，由现场作业负责人确定放行列车条件。

（2）胀轨跑道的防治和处理。

① 当线路出现连续碎弯并有胀轨迹象时，必须加强巡查或派专人监视，观测轨温和线路方向的变化。若碎弯继续扩大，应采取限速或封锁措施，进行紧急处理。线路稳定后，恢复正常行车。

② 作业中如出现轨向、高低不良，起道、拨道省力，枕端道砟离缝等胀轨迹象时，必须停止作业，并及时采取防胀措施。无论作业中或作业后，发现线路轨向不良，用 10 m 弦测量两股钢轨的轨向偏差，当平均值达到 10 mm 时，必须设置移动减速信号，并采取夯拍道床、填满枕盒道砟和堆高砟肩等措施，来不及设置移动减速信号的，现场防护员应显示黄色信号旗（灯），指示列车限速运行，并及时报告车站值班员限速地点和限速值，并安排人员在车站登记；当两股钢轨的轨向偏差平均值达到 12 mm，必须立即设置停车信号防护，及时通知车站，并采取钢轨降温、切割等紧急措施，消除故障后放行列车。

③ 发现胀轨跑道时必须立即拦停列车，尽快采取措施，恢复线路，首列放行列车速度不超过 15 km/h，并派专人看守、整修线路，逐步提高行车速度。

（3）线路钢轨（焊缝）折断时，应按《普速铁路工务安全规则》第 2.2.12 条的规定设置停车信号防护，断轨处理后的放行列车条件：

① 紧急处理——当钢轨断缝不大于 50 mm 时，应立即进行紧急处理。在断缝处上好夹板或臌包夹板，用急救器固定，在断缝前后各 50 m 拧紧扣件，并派人看守，放行列车速度不超过 15 km/h。如断缝小于 30 mm 时，放行列车速度不超过 25 km/h。有条件时应在原位焊复，否则应在轨端钻孔，上好夹板或臌包夹板，拧紧接头螺栓，然后可适当提高行车速度。

② 临时处理——钢轨折损严重或断缝大于 50 mm，以及紧急处理后，不能立即焊接修复时，应封锁线路，切除伤损部分，两锯口间插入长度不短于 6 m 的同型钢轨，轨端钻孔，上接头夹板，用 10.9 级螺栓拧紧。在短轨前后各 50 m 范围内，拧紧扣件后，按正常速度放行列车，但不得大于 160 km/h。

临时处理或紧急处理时，应先在断缝两侧轨头非工作边作出标记，标记间距离约为 8m，并准确丈量两标记间的距离和轨头非工作边一侧的断缝值，做好记录。

③ 永久处理——对紧急处理或临时处理的处所，应及时插入短轨进行焊复，恢复无缝线路轨道结构。在线路上焊接时气温不应低于 0 ℃。放行列车时，焊缝温度应低于 300 ℃。

（4）胶接绝缘接头发生拉开离缝时，应立即拧紧胶接绝缘接头两端各 50 m 范围内线路扣件，并应尽快修复。胶接绝缘失效时，应立即更换或采用现场胶接绝缘接头技术处理。暂时不能进行永久处理的，可将失效部分拆除，更换为普通绝缘材料或插入等长绝缘接头钢轨或胶接绝缘钢轨，用夹板联结进行临时处理，并尽快用较长的胶接绝缘钢轨进行永久处理。进行永久处理时，应严格掌握轨温、胶接绝缘钢轨的长度和预留焊缝，使修复后无缝线路锁定轨温不变。

2. 高速铁路故障预防与处理

（1）发生钢轨折断、道岔故障、检查车（轨道检查车、综合检测列车）检测出现 Ⅳ 级偏差等故障或自然灾害时，按国铁集团高速铁路突发事件应急预案规定的程序办理。

（2）胀轨跑道的防治和处理。

① 当线路连续出现碎弯并有胀轨迹象时，应限制列车运行速度或封锁线路，并尽快组织处理。

② 作业中如出现轨向、高低不良时，必须停止作业，并及时采取防胀措施。

③ 发现胀轨跑道时应立即封锁线路进行处理。

④ 无缝线路发生胀轨跑道时，应对胀轨跑道情况按规定内容做好记录。

（3）钢轨重伤处理。

探伤检查发现钢轨重伤时，应及时切除重伤部分，实施焊复。探伤检查发现焊缝重伤时，应及时组织加固处理或实施焊复。

（4）钢轨折断处理。

发现钢轨折断时应立即封锁线路，并根据现场情况采取紧急处理、临时处理或永久处理。

① 紧急处理。

当断缝不大于 30 mm 时，可在断缝处上夹板或撒包夹板，用急救器加固，拧紧断缝前后各 50 m 范围内的扣件，并派专人看守，按不超过 45 km/h 速度放行列车，且邻线限速不超过 160 km/h。

② 临时处理。

当钢轨折损严重、断缝超过 30 mm 或紧急处理后不能及时焊复时，应切除伤损部分，在两锯口间插入长度不短于 6 m 的同型钢轨，轨端钻孔，安装接头夹板，用 10.9 级螺栓拧紧，拧紧短轨前后各 50 m 范围内的扣件，按不超过 160 km/h 速度放行列车。

③ 永久处理。

对紧急处理或临时处理的处所，宜于当日天窗内或在轨温适宜时临时要点进行焊复。

（5）道岔内钢轨折断处理。

发现道岔尖轨、基本轨、可动心轨、翼轨折断时应立即封锁线路，进行处理。

① 紧急处理。

断缝位于尖轨与基本轨、可动心轨与翼轨密贴段范围以外，且能加固时，处理办法和放行列车条件同钢轨折断处理。

断缝位于尖轨与基本轨、可动心轨与翼轨密贴段范围以外不能加固或断缝位于尖轨与基本轨、可动心轨与翼轨密贴段范围内，且直股或曲股之一可单独放行列车时，根据现场实际情况，确定道岔开向，工务紧固，电务部门确认道岔尖轨及心轨密贴状态，道岔应现场加锁或控制台单锁（具体加锁办法由铁路局集团公司规定），视道岔型号和状态确定放行列车速度，但最高不得超过 60 km/h，并派人看守，邻线限速不超过 160 km/h；直股和曲股均不能放行列车时，应进行永久处理。

② 永久处理。

更换尖轨、基本轨或辙叉并焊接，焊接作业要求同钢轨折断永久处理。

（6）道岔内钢轨重伤比照道岔内钢轨折断进行处理。道岔的辙叉、尖轨及钢轨伤损更换后不能焊接时，应临时处理并限速（速度不超过 160 km/h），并尽快恢复原结构。

（7）胶接绝缘接头拉开时，应立即复紧两端各 50 m 线路的扣件，限速不超过 160 km/h，并及时进行永久处理。发现绝缘失效时，应及时进行临时处理并在温度适宜时进行永久处理。

（8）道岔发生故障时，工务、电务部门应联合对道岔故障进行检查，根据道岔故障检查情况，分别采取相应处理措施。

（9）检测车检查发现Ⅳ级偏差处所，或Ⅲ级偏差且车辆动力学指标超限处所，应根据偏差超限值立即采取限速或封锁措施，处理程序及办法按国铁集团高速铁路突发事件应急预案规定的程序办理。

（10）发现无砟轨道上拱或下沉、路基沉降、边坡溜坍、崩塌落石、桥涵沉降、墩台倾斜、车船撞击、隧道衬砌混凝土出现开裂有脱落危险、隧道掉块或其他病害危及行车安全时，应立即封锁线路，经检查、整修后视情况开通线路，必要时派人看守。

（11）在路基冻胀发生、回落期以及冬季气温发生明显变化时应加强线路动、静态检测，采取以动态检测为主，动、静态检测相结合方式，及时掌握冻害变化。因路基冻胀或回落引起轨道几何尺寸变化时，根据检查情况采取限速或封锁线路措施，整修线路，逐级提速。

5.4.3 高速铁路维修作业安全检查重点

《关于印发〈关于进一步加强高速铁路工务维修作业管理的意见（试行）〉的通知》（运工高线函〔2017〕203 号）对高速铁路工务维修作业进行了严格的规范，下面介绍其相关内容。

1. 作业方案制定

（1）除施工作业应按规定制定施工方案以外，以下纳入天窗的维修作业项目应制定维修作业方案。同一天窗内涉及多个维修作业项目时，应分别制定作业方案。

① 钢轨、道岔大型养路机械打磨。

② 轨道精调。

③ 采用改道、垫板方式处理零小线路病害。

④ 修补无砟道床Ⅲ级伤损。

⑤ 螺栓扣件涂油。

⑥ 使用冻害垫板一次总厚度小于 10 mm 的冻害整治。

⑦ 可能影响行车安全的危石清理。

⑧ 风动卸砟车卸砟。

⑨ 安装、更换声屏障。

⑩ 重伤设备处理。

⑪ 其他动道作业、扰动基础稳定的作业。

⑫ 钢梁局部维护性涂装。

⑬ 箱梁栏杆、T 梁人行道支架局部更换。

⑭ 梁端侧向挡作板更换。

⑮ 更换失效钢梁高强螺栓。

⑯ 使用新技术、新材料、新工艺、新设备。

⑰ 需工务部协调其他部门配合的其他项目。

日常设备检查、路肩以外不扰动路基稳定的作业项目可根据需要制定作业方案；无作业方案时，应在当日作业派工单中明确作业内容、人员、工机具等内容。

（2）维修作业方案要准确写明作业内容、工作量、人员、工机具及材料数量、质量和安全控制要点等，需进行数据分析或作业流程描述的项目根据需要可附图、表。

2. 作业方案审批

（1）作业方案应根据维修作业的安全风险、工作量、作业难度以及对行车的影响程度等因素，分别由主管副总经理、工务部或工务段审批。报主管副总经理审批的作业方案，应先经过工务段和工务部的审核；报工务部审批的作业方案，应先经过工务段的审核。

（2）未按规定制定作业方案并经审批的维修作业不得实施，严禁盲目动道、随意作业。

（3）突发性设备故障、灾害紧急抢修等作业方案审批应按应急处置程序办理。

（4）作业方案由主管副总经理审批的作业项目包括：

① 施工作业（含更换道岔尖轨、基本轨、护轨、可动心轨辙叉，其他第一列限速 160 km/h、以后恢复常速的施工作业除外）。

② 成区段轨道精调、专项病害整治等作业量大、影响范围广、整治难度和技术含量高的作业（重点审查整体方案、专项病害通用整治方案等）。

③ 线路改道、垫板作业调整量超出标准件调整量，需使用特殊扣件调整轨道。

（5）作业方案由工务部审批的作业项目包括：

① 第一列限速 160 km/h、以后恢复常速的施工作业（不含更换道岔尖轨、基本轨、护轨、可动心轨辙叉）。

② 钢轨、道岔大型养路机械打磨。

③ 200 km/h～250 km/h 线路轨道几何尺寸调整量不小于 8 mm 或调整长度不小于 300 m;250 km/h～350 km/h 线路轨道几何尺寸调整量不小于 6 mm 或调整长度不小于 200 m。

④ 修补无砟道床Ⅲ级伤损。

⑤ 风动卸砟车卸砟。

⑥ 安装、更换声屏障。

⑦ 重伤设备处理。

⑧ 箱梁栏杆、T 梁人行道支架局部更换。

⑨ 更换失效钢梁高强螺栓。

⑩ 使用新技术、新材料、新工艺、新设备。

⑪ 需工务部协调其他部门配合的其他项目。

（6）除由主管副总经理、工务部审批以外其他作业项目的作业方案由工务段审批。

3. 作业计划变更

（1）维修计划下达后，原则上不允许变更。因特殊原因需临时增加、变更维修作业时，在不与其他施工及维修作业产生冲突的前提下，由工务段报工务部审核同意，报集团公司调度所批准后实施。

（2）综合检测列车或工务段发现设备需要临时维修，或突发性设备故障和灾害的紧急抢修及轨道状态超过临时补修标准和重伤设备处理等需临时封锁要点的作业，应按应急处置相关程序办理。

4. 作业方案变更

（1）经审批的作业方案严禁擅自变更。

（2）如因特殊情况确实需要对作业方案进行临时调整，且来不及重新上报作业方案和审批时，必须逐级报告并按审批权限征得相关部门的同意后方可实施；作业后，应将作业方案变更原因、变更内容和实际作业情况书面报作业方案审批部门核备。

5. 进出作业门管理

（1）作业人员、工机具、材料进出作业门（包括在作业过程中多次出入作业门）均应严格执行清点、登记确认制度，并按规定形式报工务段安全生产调度指挥中心进行确认或备案。下道作业人员、工机具数量应与上道数量一致，材料使用和旧料回收数量应与作业方案相符。

（2）作业人员进入作业门前，作业负责人应对调度命令进行复核，确认作业地点、作业项目与计划一致，并在调度命令规定的作业时间范围内上线作业；开通前，作业负责人应组织对作业质量、作业现场进行检查，确认工务设备状态达到放行列车条件及人员、工机具、材料撤出防护栅栏后，方可销记。

（3）积极应用作业门远程控制、门禁管理技术；利用视频录记、监控等设备，加强作业人员、工机具及材料出入作业门的管理。

6. 工机具、材料管理

（1）工机具、材料（包括由于作业计划、作业方案变更而增加或减少的工机具、材料，以及路用列车运送的工机具、材料）出入库房和作业门应进行登记、清点和签字确认。

（2）推广应用二维码等技术对工机具出入库房、作业门进行自动识别和管理。

（3）工机具、材料在路用列车上必须摆放牢固，并由专人负责加固、盯控。

（4）上道工机具应粘贴反光标志。

（5）作业完毕后，作业负责人应对作业现场及行走路径进行检查（若进出防护栅栏不在同一个作业门应边作业边检查），确认工机具、材料无遗漏。

（6）确认车添乘人员应掌握添乘区段当日天窗作业计划，对作业地段进行重点检查确认。

7. 路用列车管理

（1）高速铁路维修作业需开行路用列车时，路用列车开行方案必须纳入调度日计划。计划下达后，不得随意变更路用列车开行方案。如因特殊情况确实需要变更路用列车开行方案时，应经工务部审核同意，报集团公司调度所后实施。路用列车开行方案变更后，应立即通知与路用列车开行相关的部门或单位。

（2）路用列车开行方案必须明确发站、到站、编组、运行径路、作业地点、作业防护地点及转线计划，明确路用列车司机和随车作业负责人的联系电话（包括 GSM-R 电话号码）。

（3）当维修作业需安排路用列车时，天窗点内开行路用列车的区段原则上不安排其他维修作业，确需安排时，应制定并落实好安全控制措施，设置好防护；相关维修作业单位可派专人登乘路用列车，实时掌握路用列车运行情况。天窗内所有影响路用列车运行的维修作业必须在路用列车通过后方可进行，并须在路用列车返回前结束。

（4）同一封锁区间原则上每端只开行一列路用列车，如超过时，其安全措施及运行办法由集团公司规定。有多台车辆进入同一区间时，应整列编组运行，共用一个调度命令进入区间、返回车站或到达前方站。车组由车站开往区间后，由主体作业单位统一组织协调，划分各车的作业范围及分界点。各作业单位必须严格按规定分别设置防护。

（5）开行综合维修车组进行联合作业时，应严格执行以下规定：

①相关专业应严格按照作业方案明确的作业时间、作业地点进行作业，按规定设置防护，严禁超范围作业。

②综合维修车组发车前，各专业负责人在确认本专业所有人员、机具、材料等均已上车且具备发车条件后向主体单位负责人汇报，主体单位负责人在收到各专业具备发车条件的信息后，方可通知综合维修车组负责人开车。同时，相关专业防护员应及时掌握综合维修车组运行位置，在综合维修车组进入作业区段前，作业人员、工机具、材料必须全部下道避车。

③综合维修车组到达指定地点并停稳后，主体单位负责人通知相关专业负责人组织作业人员上下车；作业人员上下车完毕，主体单位负责人收到相关专业负责人的报告后，方可通知综合维修车组负责人开车。

④综合维修车组返回前，相关专业负责人应对作业现场进行检查，确认作业人员、工机具、材料等全部上车且作业地段设备状态达到放行列车条件后，向主体单位负责人报告；主体单位负责人收到相关专业负责人的报告并确认已具备发车条件后，方可通知综合维修车组负责人开车。

（6）工务部应每年组织运用单位对进入高速铁路运行的工务机械车（含大型养路机械、轨道车）状态逐台进行安全审查。工务机械车每次作业出车前、到达作业地点后、作业完毕返回前、到达驻地后，作业负责人应组织对工务机械车进行全面检查，采用摄像手电对走行系统、传动系统、制动系统、主要悬挂部件、物料装载、工机具等进行重点检查或清点。作业前，应充分开展安全预想，有针对性地制定应急预案。

（7）加强工务机械车驾驶人员资格管理。应严格落实国铁集团高速铁路轨道车司机岗位准入的相关要求，做好高速铁路轨道车司机的选拔和培养；高速铁路作业的大型养路机械运行司机的选拔办法由集团公司制定。

5.4.4 电气化铁路作业安全

1. 起拨道作业安全

（1）起道作业：两股钢轨同时起道时，一次作业起道量不得超过 30 mm，且两股钢轨起道量相差不得超过 11 mm（高速铁路为 7 mm）；一股钢轨起道时，一次作业起道量不得超过 11 mm（高速铁路为 7 mm）。起道量超出上述规定时，应事先通知供电部门调查确认接触网设备调整工作量并配合作业。

起道作业时，隧道、下承式桁架桥和拱桥、斜拉桥不得超过限界尺寸线。

（2）拨道作业：线路中心位移一次不得超过 30 mm，一侧拨道量年度累计不得大于 120 mm，并不得侵入限界。拨道量超出上述规定时，应事先通知供电部门调查确认接触网设备调整工作量并配合作业。

桥梁上一侧拨道量年累计不得大于 60 mm，且应满足线路中心与桥梁中心的偏差不得大于 50 mm。普速铁路要求圬工梁不大于 70 mm，线路允许速度 120 km/h < v_{max} ≤ 200 km/h 时，钢梁、圬工梁不得大于 50 mm。

2. 更换钢轨作业安全

（1）在非自动闭塞的电气化区段上更换钢轨时，应遵守下列规定：

① 严禁在同一地点将两股钢轨同时拆下。

② 换轨前应在被换钢轨两端轨节间纵向安设一条截面不小于 70 mm^2 的铜导线。导线两端牢固夹持在相邻的轨底上，如图 5-35 所示。该连接线在换轨作业完毕后方可拆除。

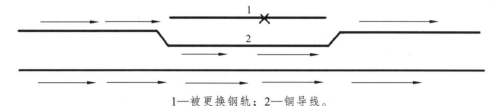

1—被更换钢轨；2—铜导线。

图 5-35　非自动闭塞的电气化区段上更换钢轨导线设置

（2）在自动闭塞的电气化区段上更换钢轨时，应遵守下列规定：

① 在同一地点同时更换两股钢轨时，无论该地段接触网是否停电，换轨前必须在被换钢轨两端的左右轨节间横向各设一条截面不小于 70 mm^2 的铜导线，在被换一股钢轨两端轨节间纵向安装一条截面不小于 70 mm^2 的铜导线。导线两端用夹具牢固夹持在相邻的轨底上，如图 5-36 所示。作业完毕后方准拆除接地线和导线。

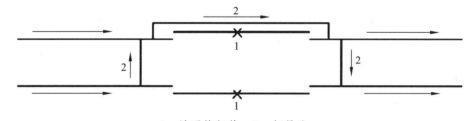

1—被更换钢轨；2—铜导线。

图 5-36　自动闭塞的电气化区段上同时更换两股钢轨导线设置

② 更换一股钢轨时，换轨前应在被换钢轨两端的左右轨节间横向各设一条截面不小于 70 mm^2 的铜导线，导线两端用夹具牢固夹持在相邻的轨底上，如图 5-37 所示。

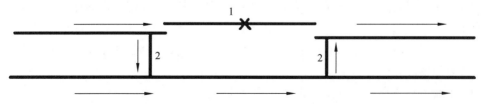

1—被更换钢轨；2—铜导线。

图 5-37　自动闭塞的电气化区段上更换一股钢轨导线设置

③更换钢轨需拆装扼流变钢轨引线时，应有电务部门配合，拆装作业由电务人员完成；未设置好分路电缆之前，不得将扼流变钢轨引线从钢轨上拆开；如扼流变吸上线需拆开时，还应有供电人员配合。

④在站内更换钢轨或夹板时，其钢轨导线的连接方法，必须考虑轨道电路和车站作业的要求。

⑤整组更换道岔作业按本节第①条办理。

更换道岔部件前，由于道岔群及相关线路的轨道电路较为复杂，施工单位必须与电务共同进行调查，确认更换该部件时导线的安设位置，以确保轨道电路及牵引电流回路正确，防止作业人员电击伤害及设备损毁。

施工单位必须提前通知供电、电务等设备管理单位进行配合；更换完毕必须经供电、电务人员检查符合要求后，方准撤除临时安全设施。

（3）线路作业必须保持电气化及信号装置的接地线及轨端连接线正常连接。如需临时拆除接触网杆塔与贯通地线连接时，作业单位应在供电和电务部门配合下，采取相应的安全措施后方准开工；作业完毕后应及时恢复与贯通地线可靠连接，经供电、电务部门测试合格后方准结束作业。垂直天窗，如需临时拆除与贯通地线连接的接地线时，作业单位应在电务部门配合下，采取相应的安全措施后方准开工；作业完毕后应及时恢复接地线，并经电务部门测试合格后方准结束作业。V 形天窗，严禁拆除与贯通地线连接的各种接地线。

（4）线路大修及技术改造，需起道、拨道或整组更换道岔时，作业单位应先通知供电、电务等设备管理单位，设备管理单位根据起道或拨道工作量，调查确认是否存在需要设备调整或改造，超出规定时派人到场配合和监护，并确认相关设备符合技术要求。

（5）任何作业均不得影响接触网支柱、地锚等设施的稳定。

（6）普速铁路电气化区段清除危石，进行爆破作业时，应有供电部门人员配合；有碍接触网及行车安全时，应先停电后作业。

5.4.5　线路大修施工检查重点

1．施工现场作业控制

（1）是否存在超量、超范围和违章利用列车间隔施工、违章操纵施工机械等违章蛮干现象。

（2）慢行过程中安全卡控措施是否落实，施工过渡期设备质量状态监控、邻线施工隔开监护情况。

（3）线路昼夜巡养制度是否建立并严格执行。

（4）施工机具、材料、弃土等是否侵限或危及行车安全。

（5）是否按规定提前进行应力放散。

（6）切割机械是否按操作规程进行，劳动保护用品是否佩戴齐全，人员是否违反规定站在正前方。

2．线路施工重点检查

（1）大修清筛卸砟、配砟、大机捣固前线路检查及初步整修是否到位，几何尺寸是否具备进入作业车辆条件。

（2）清筛作业深度、洁度是否达标、是否存在混砟等质量问题。

（3）大清、大机作业是否严格按作业标准及规程施工，严格控制起、拨道量。

（4）施工后是否严格按时间周期及要求定时检查、巡养、整修线路，阶梯提速前道砟是否上足、线路是否整修到位。

（5）大修清筛完成后，放行路用列车捣固、补砟是否符合相关安全要求和技术标准。

3．换轨施工重点检查

（1）封锁前是否超范围拆卸扣件及准备作业。

（2）换轨台车是否严格按作业规程标准作业。

（3）铺设轨条时是否测量作业轨温、拉伸轨条达到设计锁定轨温。

（4）封锁开通前扣件是否上齐、线路检查是否全面、是否达到放行列车条件。

4．换岔重点检查

（1）封锁前检查岔排是否安装到位、锁定牢固。

（2）岔排推移进路上的障碍物是否撤除。

（3）是否超范围拆卸扣件、连接零配件及准备作业，挖掘机、高程起道机等重点机具性能是否完好。

（4）封锁施工作业中是否对撤除旧岔、新岔排推移、落排中的人身安全重点卡控。

（5）是否认真核对道岔落排控制点确保新岔排正确落位。

（6）封锁开通前设备检查是否全面，扣件、连接零配件是否上齐。

（7）阶梯提速前道砟是否上足、设备是否整修到位。

5．非正常情况应急处置

重点检查各单位应急预案是否完善，特别是各种施工路用车辆脱轨应急救援预案是否完善，应急预案培训演练是否到位，尤其针对自轮运转设备脱轨起复演练和培训是否到位，相关作业人员是否了解机车车辆走行结构，是否熟练道爬、液压起复器的适用条件，能否根据不同脱轨情况正确选择起复设备，能否准确掌握下道后起复顶点位置，确保救援起复迅速、高效。

5.4.6 卸砟安全

1. 建立台账

大修段要建立风动卸砟车台账，登记数量、型号、车号、出厂时间、厂段修等情况。

2. 卸砟车运行

（1）风动卸砟车的编组，应按每两辆车的操作室相连进行编组，不得随意拆散，如因检修或装车必须拆散时，修竣或装车后要恢复原编组。同时，编组原则上按同型号、同修程、同厂家进行编组。

（2）风动卸砟车禁止通过驼峰。

（3）风动卸砟车备用或无机车牵引单独停留时，车辆防溜按国铁集团、铁路局集团公司相关规定办理。

（4）当车站发现或接到车辆有故障通知时，车站值班员应及时通知就近列检所负责处理；若需送车辆段修理，必须经列检确认，在确保行车安全的条件时，才能上道运行。

（5）为了加快风动卸砟车周转速度，工务调度要根据用砟计划合理调配；调度所要按重点车安排风动卸砟车运行；用砟单位要及时组织卸车。特殊情况下，采取开行直达专列运输道砟。

3. 装车作业

（1）风动卸砟车装车前，装车单位要逐一认真检查待装车辆是否适装。检查的主要项目：是否过检、是否是故障车、底开门是否处于关闭状态、车厢内和操作室是否清洁、各类阀门和手柄是否处于正确位置等。锁好或捆绑牢固操作室的门窗，方能组织装车。当车厢内不清洁或有大石块、杂物、板结物等影响道砟质量和装卸车安全时，必须清理干净后才能装车。

要严格执行"三不装"："车辆未经检查不装；车辆过检不装；车辆有故障（车辆底门关闭不严、卸砟系统损坏及其他有可能影响装卸安全的故障）不装。"

（2）电气化区段装车、平车时应停电进行，并遵守电气化铁路作业安全规定。

（3）装车。使用装载机装车时，装载机上须安装经检定合格的装载机称重装置；使用漏斗仓装车时，应在装车点安设轨道衡或漏斗仓皮带秤称重计量，防止超载。

（4）装车后，须进行平车作业，使车内道砟面平整、均布于车厢内，且不超过车帮，防止货车偏载、偏重。

（5）平车完后，要及时清扫操作室顶部和车帮上的散砟；认真检查确认：车辆外部无悬挂物、杂物、残留物；路料堆码、限界、车门、车窗等符合规定。清除落在线路上的道砟，不得侵限。计量磅单等装车资料如实、完整移交车站存查。对门窗锁损坏的砟车，要用铁丝捆扎牢固，防止运输途中发生被盗、车门窗脱落等事件。

（6）严禁将直径大于 100 mm 的块石和其他杂物装入车内，冬季气温低于 0 ℃ 以下时不得将冰、雪、水装入车内，以免形成凝冻堵塞底开门影响卸车。

（7）非装车辆不得编入装车车列中，以免造成误装。

（8）办理货运业务的车站，在装运道砟时，按照路料有关货运规章办理相关手续。

4. 卸车准备工作

（1）用砟单位是卸砟作业的主体，用砟单位卸车负责人统一指挥卸砟作业，用砟单位和卸砟单位须签订卸砟协议，明确双方的安全管理责任。参与卸车作业各单位必须配备的人员如下。

① 用砟单位：卸砟负责人、机车带道人、清道监控人、清道工等。

② 卸砟单位：卸砟工。

③ 机务段：列车司机。

（2）卸车作业前卸砟单位应对待卸车辆进行检查：卸砟工开门进入操作室，检查手动、风动卸砟系统是否完好；打开充风阀门冲风，使各车风缸压力达到 0.4 MPa（当风压不足 0.4 MPa，卸车时应用手动卸砟系统配合操作）；检车情况必须及时向卸砟负责人报告，由卸砟工对检查出来的问题进行处理。

风动卸砟车进入卸砟地段的后方站停车后，卸砟负责人须以书面形式提供卸车方案及安全卡控措施。明确包括里程、卸砟地段内有关情况和禁卸处所，双方签认。

（3）卸砟负责人须携带信号旗和对讲机，与车站、清道监控人员、卸砟工保持通讯畅通。

（4）卸车方案和注意事项须及时传达到每个卸砟工，卸砟工将所有风动卸砟车的锁或铁丝打开。

（5）卸砟负责人、机务段列车司机必须接到调度命令后，列车才能驶往卸车地段。

（6）用砟单位应指明卸砟具体地点、引导机车、监控超限、处理侵限。

5. 卸车作业

（1）卸车单位应配足卸砟工（5 辆车以下不少于 2 人，5～15 辆车不少于 3 人，15 辆车以上不少于 4 人），卸砟工按照卸砟负责人指令卸砟；卸砟工在开启底开门时，要相互告知，避免单边卸砟；卸砟负责人要提前告知线路两侧是否有障碍物和禁卸处所，以免误卸。

（2）卸车顺序应由列车前部向尾部逐辆完成，卸车时不得推进运行，不得突然停车或后退。卸车时要掌握好底开门的开口度，防止道砟成堆和车辆偏载。卸砟完毕后用砟单位要及时清道。

（3）卸砟时：挂好防坠链，稳固好瞭望窗；严禁人员在两线间或砟肩行走、坐卧；卸砟列车运行速度应控制在 8～10 km/h。

（4）在卸车过程中发现车辆一侧风动及手动均出现故障，不能正常打开底开门时，卸砟工应立即停止对该车卸砟，叫停列车，然后检查该车是否偏载；如车辆偏载，卸砟负责人须及时组织人员处理，在确认安全后方能运行。

（5）卸砟负责人发出停止卸车信号时，卸砟工应停止卸砟。如车内有余砟，为了避免偏载，卸砟工须及时报告卸砟负责人，在保证安全的前提下，将正在进行卸车作业的车辆余砟全部卸完。

（6）曲线地段卸砟，下股需砟量小，上股需砟量大，用砟单位应事先采用人工将下股的道砟匀到上股，使两边需砟量相对均衡后，采取两边同时、少量、数辆、数趟的方式卸砟，确保不偏载。

（7）卸砟工要做好互控、应答工作，掌握卸车情况，发现偏载等问题必须及时向卸砟负责人汇报，并按规定进行处理。

（8）当最后一辆车卸完后，卸砟工向卸砟负责人发出整列卸砟完毕信号，卸砟负责人确认后，向机车司机通报。

（9）当需要在特殊情况下卸车时，用砟单位应制定卸车方案和安全卡控措施，报工务部批准后方可实施。

（10）夜间或隧道内卸砟时须保证照明充足。

6. 卸车后续工作

（1）卸砟负责人及机车带道人员必须对风动车作业进行全程盯控，从申请调度命令到登乘机车，从明确卸车地点到协调司机运行速度，从卸车完毕到销记开通，必须将列车全程安全护送到达前方站，中途不得提前离开列车。

（2）列车到卸砟地段前方第一个车站必须停车，由卸砟负责人和卸砟工对车辆进行逐辆检查：

①卸砟负责人须组织检查。检查项目：车内有无余砟和其他残留物，底开门是否关闭，车辆外部有无悬挂物、杂物、残留物，车门（窗）等符合规定。

②卸砟工负责关闭给风阀并固定关闭位、锁死手动操作盘、锁闭（捆绑）全部车门窗，关闭底开门，做好返场准备。

③卸砟负责人要确认路料堆码、限界符合行车要求。

④若发现问题必须及时处理。确认无妨碍行车安全后，填写一式三份《卸砟签认单》，卸砟负责人和卸砟工共同签字后：交一份给车站备查，车站以此作为开车凭据；一份由卸砟单位作为清算卸车费的凭证附件；一份由用砟单位保管，作为复核卸车费用的依据。

7. 卸车作业安全注意事项

（1）在道口、无砟桥上极有可能损坏信号、超偏载检测装置、通信、客（货车）运行安全监测设备的处所卸砟时，须由施工单位制订有针对性地安全措施。

（2）在下列地点严禁卸砟（特殊情况须由施工单位制定有针对性地安全措施，报集团公司审批）：

①道岔及道岔咽喉区。

②无底砟的新线，有底砟但未经压道试验的线路。

③ 站台处靠站台一侧。

④ 区间线路积雪厚度超过轨面的处所。

⑤ 线路两侧有大量堆积物，卸砟将威胁行车安全的地段。

⑥ 双线区间，两线不在同一平面，在高处一线卸料有可能侵入低线建筑限界的地段。

（3）下列情况严禁卸砟：

① 单侧。

② 夜间或隧道内照明不足。

③ 一人同时卸两节车。

④ 列车速度不满足 8 km/h ~ 10 km/h。

⑤ 列车推进。

⑥ 道砟被冻结。

⑦ 邻线来车时。

（4）在长大隧道、长大有砟桥、长大坡道、小半径曲线地段卸砟时，用砟单位除了制定卸砟方案，进行技术交底，现场做好安全防护外，还需制定相应的应急预案。

（5）除卸砟时间外，操作室各进风阀门（包括储风缸的放风阀门）及操作手柄应处于关闭状态。

（6）参与卸砟的各单位须配备足够人员、工具和备品。每人携带 1 部同频对讲机，确保对讲机性能良好，相互保持通讯畅通。

（7）风动卸砟车的从业人员必须由操作熟练、体检合格以及安全、业务培训考试合格的员工持证上岗。

5.4.7 无缝线路应力调整及成段更换钢轨

1. 准备工作

（1）是否编制施工方案。施工负责人及相关技术人员是否掌握无缝线路锁定轨温。施工前是否进行放散量的计算。

（2）人员、材料、机具是否准备到位，机具是否调试是否能正常使用。

（3）应急措施是否准备充分。

2. 施工过程卡控

（1）封锁施工前是否违反规定提前做了扣件松动工作。

（2）是否准确计算伸缩量，是否准确测量及记录锁定轨温，应力放散长度是否满足施工要求。

（3）接头铝热焊接质量是否符合要求（探伤），钢轨打磨是否符合要求。

（4）线路重新锁定各扣件压力是否符合要求。

（5）确认是否达到放行列车条件放行列车。

（6）切割机械是否按操作规程进行，劳动保护用品是否佩戴齐全，人员是否违反规定站在正前方。

（7）检查氧气、乙炔瓶与明火距离是否大于 10 m，乙炔瓶与氧气瓶使用、堆放间隔距离是否大于 5 m，切割钢轨时人员是否站在切割机前方（禁止）。

（8）作业人员是否按规定使用劳动保护用品。

3. 技术资料

应力调整后是否及时记录各项技术参数，是否及时更新无缝线路技术台账。

5.4.8 钢轨焊接

1. 天窗时间规定

《关于现场焊接有关事宜的通知》（运工线路电〔2012〕915 号）规定，为确保焊接质量，现场铝热焊接施工天窗时长不得少于 120 min。

2. 基本要求

（1）现场焊接轨端热影响区（焊缝两端各 400 mm 范围）内无螺孔，严禁带孔焊接。现场焊接严禁采用小型气压焊。

（2）推瘤后轨顶面及轨头两侧的残留量不大于 0.8 mm。推瘤完成后，轨温降至 350 °C 以下方能拆除对轨架。

（3）锯除不合格焊头，距焊缝中心两侧余量不得少于 50 mm。锯面不能出现黑色氧化层。不能用氧气、乙炔切除焊缝。锯切钢轨应彻底锯断，不得拖断、砸断。

（4）复紧焊头两侧各至少 50 m 范围内的扣件，拆除焊头两侧 3~6 根轨枕上的扣件及垫板。

（5）用两根短棒做成两根堵漏棒，以备堵漏。

（6）当气温在 0~5 °C（低温）时，须在安装砂模前，对焊缝两侧各 1 m 范围内钢轨进行加热处理至 37 °C。

（7）预热过程中注意观察钢轨颜色变化，预热完成时钢轨中间及轨头发红，60 kg/m 钢轨预热时间是 5 min。

（8）当气温在 0~5 °C（低温）时，推瘤后须立即用保温罩对焊头进行保温 10 min 以上才能进行热打磨。

（9）不能将高温废渣倒入水中，不要将高温的灰渣盘和坩埚放于水泥枕上，在废渣冷却后倒入废物弃置坑。

（10）焊头温度降到 300 °C 以下方能放行列车。

（11）开通线路：施工负责人对轨道几何尺寸及零配件进行全面检查，复拧轨枕螺栓，确认设备状态良好，达到放行列车条件后，方能开通线路。

3. 移动（现场）闪光焊

（1）焊接接头轨底、轨腰粗打磨应安排在热处理之前，禁止高温打磨，打磨后不得发蓝。

（2）气温在 0 ℃以下时，严禁工地焊接。气温介于 0～10 ℃时，闪光焊轨车应对轨端 0.5 m 长度范围用火焰预热，预热应均匀，钢轨表面预热升温为 35～50 ℃。

（3）遇有风、雨天气焊接时，焊前、焊接过程中及焊后应采取防风防雨措施，风力达到 5 级或雨量达到中雨时严禁焊接、热处理作业。

4. 现场铝热焊

（1）钢轨焊接必须严格执行焊接工艺规程，在雨、雪、雾天气和气温低于 0 ℃时，禁止现场铝热焊施工。当气温在 0～5 ℃（低温）铝热焊施工时，须在安装砂模具前，对焊缝两侧各 1 m 范围内钢轨进行加热处理至 37 ℃；推瘤后应立即用保温罩对焊头进行保温 10 min 以上，然后再进行热打磨。

（2）焊后打磨应将焊筋部位砂土和焊筋边缘溢流飞渣清理干净，做到外观整洁。热打磨后冷却 15 min 以上才能撤掉对正架，焊缝温度降到 300 ℃以下方能放行列车。

（3）焊接后未经探伤检查确认无伤损前放行列车，必须采取加固措施（臌包夹板、急救器或无孔夹具）；当日焊缝温度冷却至 40 ℃以下或自然轨温时，及时进行全断面探伤，发现不良问题，须采取相应措施。

5. 质量规定

（1）现场焊接过程中应加强钢轨锁定，严禁扰动轨条，以确保焊接质量。

（2）现场铝热焊应同时完成《钢轨现场铝热焊施工记录表》（一式三份），并作为原始记录由焊接队伍、段线路技术科和焊接监理方各自留存备查。现场闪光焊应同时完成《焊轨车作业记录表》（一式两份），并作为原始记录由焊接队伍和段线路技术科各自留存备查。

（3）现场铝热焊应使用视频录像设备对焊接全过程摄像，工务段应建立现场铝热焊视频回放检查监控制度。

（4）工务段应建立铝热焊动态管理台账（重点收集焊接现场技术参数、作业人员信息及接头焊后照片），建立健全铝热焊质量控制体系，落实铝热焊质量追溯制度。

（5）委外焊接的每个施工小组作业人员应不少于 2 人持有《中华人民共和国特种作业操作证》（省、市安全生产监督管理局颁发）和《钢轨焊接工岗位技术培训证书》（中国铁道学会材料工艺委员会和中国铁道科学研究院金属及化学研究所共同颁发）。

（6）凡采用现场铝热焊接的单位，原则上应有具备铁路钢轨焊接资质的第三方单位对焊接过程进行监理。

（7）工务段维修作业时，焊接完成后应由焊接人员立即在规定位置用油漆进行标识，并做好记录、建立标识与焊缝里程的关联档案。

（8）焊接所需的应急材料、工具和备品须于天窗前摆放至现场。放置在轨道车、汽车上时，与作业现场的距离不得超过 50 m。

（9）焊接作业人员必须持有国家及铁路主管部门认可的技术机构颁发的岗位合格证书。

6. 作业安全

（1）线路上焊接钢轨，必须封锁时间内施工，并按规定设置防护；焊接工具及设备不得侵入限界。

（2）作业人员应按规定佩戴防护用品（护目镜、防护服、手套、安全帽），明确分工，熟悉各环节的操作规程和安全注意事项。用锯轨机切割钢轨时，操作人员应按规定穿戴劳动保护用品，其他人员要避开锯片的切线方向，以免破碎的锯片飞出伤人，并注意防火。

（3）氧气、丙烷瓶应放置干燥通风及阴凉地点，禁止暴晒。使用氧乙炔设备时，操作人员必须按规定穿戴劳动保护用品，其他人员应远离喷嘴前方，防止烧伤。丙烷瓶不得靠近热源和电器设备。丙烷瓶与明火的距离不得小于 10 m，与氧气瓶间的距离不得小于 5 m。

（4）装卸工具、搬运短钢轨时要堆码稳固，新旧钢轨按规定位置摆放稳固防止重物打击造成人身伤害。拨动钢轨时，作业人员动作要协调一致，防止伤人。

（5）在轨道电路区段作业时，须电务人员配合；电气化区段更换带有回流线的钢轨时，必须事先通知供电部门配合采取安全措施后，方准作业。电气化区段在同一供电区，禁止同时拆除两股钢轨。

（6）在焊接过程中忽然遇到降雨时，采用雨伞进行应急挡雨。

（7）铝热焊焊接过程中，因砂箱开裂或封箱砂封闭不严，会发生钢水泄漏现象（跑铁）。为防止泄漏，焊工在点燃焊剂后，应手持"堵漏棒"站在一旁，密切注意浇筑全过程，一旦"跑铁"，立即用"堵漏棒"封堵。如钢水无法堵住时，应立即离开焊接现场，避免人员受伤。

（8）应急处置措施。

①安排专人负责应急处置材料和机具的管理工作，提前一天对应急机具和材料状态进行检查和保养，运至施工现场后必须再检查和试运行不少于 10 min，并实行签认制度。出现应急机械故障、应急材料不齐时，禁止施工。

②在焊接完成，检测发现焊缝夹杂、气孔、核伤等伤损时，应立即进行打眼安装夹板或安设无孔夹具进行紧急处理，按规定要求放行列车。

③焊接后，若发现焊缝或钢轨折断，按《铁路线路修理规则》规定进行处理。

④应急处置材料、机具的规定：无孔夹具 2 套或鼓包夹板 2 套及急救器 8 付；氧气和乙炔各 1 套，钢轨切割机和钻孔机各 1 套。

⑤在钢轨铝热焊接过程中若出现钢水泄或严重焊缝缺陷时，必须及时切除焊头，根据时间确定处理措施，离开通时间大于 30 min 时，采用插入短轨处理，具体处理方法：将换下的旧轨选无伤损且不短于 6 m 的一段用切割机切割用作插入钢轨，切割好

后立即打眼,并根据现场焊缝位置将缺陷焊缝前后切除插入钢轨长度加上 2 个 8 mm 轨缝的长度,打眼后插入短轨,上好夹板,恢复线路。距开通时间小于 30 min 时,采用插入短轨头处理,具体处理方法:根据轨缝大小确定插入短轨头长度,立即切割适当的短轨头(锯轨前应进行浇水降温处理),将短轨头插入轨缝处,安装无孔夹具,限速 25 km/h 开通线路,重新向车站申请紧急"天窗"插入短轨处理,处理方法同上。

⑥ 配轨不当造成插入钢轨长度短时,如现场附近有长度足够的钢轨立即将钢轨推运到现场,重新配轨进行更换,焊接时间不够时采用打眼上夹板开通线路,另择日进行焊接;如现场无钢轨时将切下来的钢轨打眼上夹板处理。

⑦ 配轨不当造成插入钢轨长度长时,若时间足够,则在配轨或线路上开口端部的钢轨处按焊接缝宽要求再切一次,按计划进行焊接处理;若时间不足,可用氧乙炔吹割配轨及螺孔,安装无孔夹具或鼓包夹板和急救器,限速开通线路,重新申请天窗进行处理。

5.4.9 堑坡整治施工检查重点

1. 抗滑桩、溜坍整治、边坡防护网施工检查重点

(1)施工用电用水安全。

① 施工现场用电应符合《施工现场临时用电安全技术规范》的规定,重点检查现场设备用电是否按照"一机一闸"连接、是否按规范要求布置电气线路、是否乱接电器等。

用电设备必须严格接地或采取接零保护措施,安装漏电保护器。

桩孔内照明应采用安全矿灯或 12 V 以下的安全电压。孔内操作工应戴工作手套,脚穿绝缘胶鞋。

② 施工用水是否对正在整治的边坡造成浸润而影响既有边坡稳定性。

(2)施工场地及道路。

① 施工场地是否进行平整,工棚、水泥、砂石料场地面是否砼硬化。是否能及时排除地表水,保证雨季道路畅通,使施工现场基础安全、环境整洁卫生。

② 邻近既有线施工道路是否按规定施作防护设施。

③ 临时施工设施布置是否合理,是否符合安全规范,结构是否牢固安全。消防通道及消防设备是否配置齐全有效,是否设置消防水池。

(3)现场迁改情况及配合。

施工现场是否有光电缆径路,是否与相关设备管理单位进行前期联合调查(主要检查联合调查记录)。施工前及施工过程是否通知设备管理单位配合。

(4)施工安全和技术资料现场记录。

① 技术监测记录:施工过程中桩基开挖测量、边坡监测、混凝土配合比检测、工程日志、线路状态等是否齐全有效。

② 安全检查记录：安全防护、看守及巡查、监管日志、消防安全检查、机料具使用记录、干部巡视等是否齐全并形成闭环。

（5）作业安全检查重点。

① 施工现场是否做好防滑、防冻、防雷等安全措施。

② 高空、深井临边作业应设置防护围栏和安全网。悬空作业应有可靠的安全防护设施。未设置隔离设施的高处作业，人员不得垂直施工。

③ 高空作业是否按照规定带好安全绳带和安全帽，使用的安全绳带是否按照规定的周期进行鉴定检查。

④ 安全桩的埋深一般不小于 0.75 m，土质山坡不小于 1 m，必要时适当加深。安全桩距陡坡边缘不得小于 3 m。在悬岩陡壁处工作，必要时应打两个安全桩（即护桩）。每次施工前安全桩必须有专人检查，施工中应派人看守，以防安全桩松动而造成人身事故。

⑤ 安全绳左右移动距离不得大于 5 m。安全带、安全绳应挂在牢固的物体上并拴绑牢固，安全桩应一桩一绳。安全绳应一绳一人，严禁在一个物体上拴挂多根安全带或安全绳，严禁一根安全带或安全绳上拴挂多人。

⑥ 靠近基坑上方不得堆土及放置料具等重物，挖出的土石方和施工材料堆放位置应距坑边不小于 1 m，高度不超过 1.5 m。

⑦ 在同一坡面的垂直线上，不得上下同时开工，不得在上层挖土时下层运土。开挖土方应自上而下，严禁挖悬空土。多人同时在坡面上开挖作业时，应大致在同一高度自上而下进行，严禁上下重叠作业。开挖人相互间距不应小于 2 m。

⑧ 作业过程中，严禁在危岩边上和边坡脚下休息，严禁将工具任意抛置和放在危岩下面。

⑨ 空压机等特种机械设备需持证上岗。

⑩ 边坡是否按规定设计检查梯。边坡施工是否有防坠落安全措施，是否及时清理边坡上堆放不规范及不安全的物料。

（6）桩基础施工工序安全检查要点。

① 施工过程是否严格按照《施工组织设计》规定进行，是否擅自变更设计或简化施工程序。是否按进行跳槽开挖。

② 是否按照要求设置锁口和临时排水设施，靠线路侧锁口升高利于边坡挡砟，锁口高度是否符合设计及规范要求。

③ 桩位处场地四周不得积水，应开挖排水沟，防止地表水流入孔内。开挖至规定深度时是否及时施作护壁。

④ 基坑开挖过程中是否按规定进行支护。深基坑是否按规范要求编制单项措施，是否进行排气作业，是否按规定布置照明。

⑤ 混凝土配合比是否正确，钢筋是否按设计要求布置，钢筋应平直、表面清洁、无锈、无油污浮皮，需焊接处所是否按规定进行焊接等。浇筑混凝土前是否按规定进行清壁和清孔。

⑥ 是否安排专人负责来车前和列车通过后对轨道几何尺寸、架空设备、支撑墩、材料机具等进行全面检查，并及时处理不良处所。

（7）锚杆钻孔作业施工工序安全检查要点。

① 在搭设钢管脚手架平台、钻孔、埋设锚杆和压浆过程中，注意防止机械伤害事故和触电伤害事故，尤其注意钢管及钢筋等长杆件材料不得立起搬运，防止触电。

② 脚手架必须搭设牢固。对脚手架锚固情况和脚手架所用材料、扣件或连接件，要认真检查。

③ 锚杆造孔应采取必要的除尘措施。作业人员宜佩戴口罩、面罩、耳塞等劳动防护用品。

④ 高压风管、高压油管的接头应连接牢固，防止跳动拽脱至线路影响行车或至高压线触电危险；造孔、压浆机械的传动与转动部分均需设置完备的防护罩。

⑤ 向锚孔注浆时，注浆罐内应保持一定数量的砂浆，以防罐体放空，砂浆喷出伤人。

⑥ 施工中，喷头和注浆管正前方严禁站人。

⑦ 注浆器、水箱、油泵等设备，应安装压力表和安全阀，使用过程中如发现破损或失灵时，应立即更换。

⑧ 作业所用材料要堆放平稳，工具应随手放入工具袋内，上下传递物件不得抛掷。

⑨ 遇大风、大雨、撞击等特殊情况时，应对平台的强度、稳定性、基础等进行专项检查，雨、雪天气施工，应采取必要的防雨、防雪、防滑措施，遇六级以上大风、强雾天气、能见度很低时应暂停在平台上作业。

⑩ 对溜坍工点，施工过程中应安排专人实时监测溜坍变形，若坡体变形加剧应立即停止施工，人员迅速撤出。

⑪ 锚孔钻进过程中对每个孔的地层变化，钻进状态（钻压、钻速）、地下水及一些特殊情况做好现场施工记录。如遇塌孔缩孔等不良钻进现象时，须立即停钻，及时进行固壁灌浆处理（灌浆压力 0.1 MPa ~ 0.2 MPa），待水泥砂浆初凝后，重新施钻。

（8）边坡防护网施工工序安全检查要点。

① 是否存在施工机料具侵限或滚落安全隐患。

② 作业前是否对松动土石进行清理，防止作业中土石滚落威胁行车安全。

③ 主动网支撑绳安装前锚杆砂浆是否符合《柔性防护网安设作业标准》（Q/CDT 114—2017）规定达到至少三天凝固期。单根支撑绳的最大长度控制在 30 m 左右。

2. 桥隧施工其他检查重点

（1）明棚洞横梁仰拱、基床封闭换填、隧道换底、平改立等架空线路施工项目是否按照批复的方案进行。

（2）切边和开挖长度是否控制在允许长度内。

（3）采用爆破施工是否按照设计要求控制药量，并对基坑进行可靠遮盖，防止飞石伤及接触网等其他行车设备。

（4）路堑边坡清理施工是否按照要求在坡脚设置防护排架。

（5）隧道内施工必须有预防塌落伤人的安全措施。各种机具、材料及临时脚手架是否侵限，当天施工完成后，是否安排专人检查清理。

（6）改建运营隧道搭设的工作台和风、水、电管线等设施以及所有机具材料不得侵入行车限界，其边缘至机车车辆限界的净距离在直线上不得少于 15 cm，曲线地段应根据计算加宽。

（7）施工现场应有安全标志。危险地区必须悬挂"危险"或者"禁止通行""严禁烟火"等标志，夜间设红灯示警。场地狭小、行人和运输繁忙的地段，应设临时交通指挥。

5.5 涉铁基建施工安全检查

近年来，由于大量基础设施建设的投入，上跨铁路既有线的桥梁施工越来越多。架梁的风险较大，根据铁路营业线施工安全管理的相关规定，上跨既有线架梁施工的等级大多为 II 级施工，因此需要重点检查。

各施工及配合单位在架梁施工前应制定现场突发事件应急预案并交由运输组织单位备查。

邻近既有线使用塔吊进行施工作业时，应检查塔吊安装、拆卸单位的资质。塔吊是否采取了防止倾覆的措施；其平衡臂回转半径与铁路之间的安全距离是否足够，如不够，应安装限位装置防止吊臂旋转侵入既有线限界上方，起吊施工材料，需背离或平行铁路方向起吊，防止物体掉落影响既有线安全。塔吊非工作状态已切断电源，采用机械锁定与锚固双控固定，锚固采用缆风绳地锚至地面配重块上（非大风条件下）。严禁对塔吊前后臂进行固定，确保自由旋转。

5.5.1 连续梁上跨既有线（挂篮）施工检查重点

1. 悬臂梁浇筑的规定

在梁段混凝土浇筑前，应对挂篮（托架或膺架）、模板、预应力管道、钢筋、预埋件、混凝土材料、配合比、机械设备、混凝土接缝处理情况进行全面检查，经签认后方准浇筑混凝土。

连续梁悬臂浇筑施工时，应有保证梁体施工稳定的措施。

箱形截面混凝土浇筑顺序应按设计要求进行，当采用两次浇筑时，各梁段的施工应错开。箱体分层浇筑时，底板可一次浇筑完成，腹板可分层浇筑，分层间隔时间宜控制在混凝土初凝前且使新浇混凝土能及时覆盖住已浇混凝土。

2.《公路工程施工安全技术规范》（JTG F90）对悬臂梁施工的规定

（1）悬臂浇筑除应符合现行《公路桥涵施工技术规范》的有关规定外，尚应符合下列规定：

① 挂篮制作加工完成后应进行试拼装。现场组拼后，应检查验收，并应按最大施工组合荷载的 1.2 倍做荷载试验。

② 挂篮行走滑道铺设应平顺，锚同应稳定。行走前应检查行走系统、吊挂系统、模板系统等。

③ 挂篮应在混凝土强度符合要求后移动，墩两侧挂篮应对称平稳移动；就位后应立即锁定；挂篮每次移动后，应经检查验收。

④ 雨雪天或风力超过挂篮设计移动风力时，不得移动挂篮。

（2）悬臂拼装应符合下列规定：

① 梁段装车、装船运输应平稳安放，梁段与车、船之间应安装防倾覆固定装置。

② 天气突然变化、卷扬机电机过热或其他机械设备出现故障时，应暂停吊运作业，并应采取相应的应急避险措施。

（3）顶推施工应符合现行《公路桥涵施工技术规范》的有关规定，墩台上宜设置导向装置，顶推过程中，宜监测梁体的轴线位置、墩台的变形、主梁及导梁控制界面的挠度和应力变化等；发现异常，应停止顶推并处理。

（4）挂篮行走速度应小于 0.1 m/min，前移滑道应铺设平整、顺直，不得偏移。前移时应检查后锚固及各部位受力情况，后锚因的稳定系数不得小于 2。就位后，后锚固点应立即锁定。

挂篮后锚固解除后、挂篮应沿箱梁中轴线对称向两端推进，每前进 0.5 m 应观测一次。

3. 其他检查重点

（1）检查悬臂梁上堆放的施工材料是否按规定进行固定，防止坠落侵入铁路限界。

（2）接触网防护：

连续梁挂篮均设置防坠物拦截结构及防水层构造，并采取措施将施工水引流至排水系统排出，确保上部水泥浆、施工水及施工坠物不会因意外下坠而对接触网造成损伤。

在挂篮施工前，需请供电部门对接触网进行绝缘处理。

在挂篮拆除时，也需供电部门对现场安排配合和监管人员，如无供电部门配合和监管人员，不得进行棚架的拆除施工。

（3）施工过程雨季产生的积水排出影响既有线接触网等设备，避免对既有铁路路基产生浸泡，施工前，提前规划排水系统，施工过程产生的积水，要经过过滤沉淀后方可排入既有铁路旁排水系统，以防堵塞。

（4）营业线测量安全：

①进入施工现场，必须佩戴安全帽，穿塑胶底鞋，禁止穿凉鞋、拖鞋等，遵守施工现场的安全管理制度。

②进入施工现场，测量人员不能随地乱放测量仪器，禁止将测量仪器放置在铁路限界外 1 m 范围内。

③施工现场严禁吸烟，严禁酒后进入施工现场，测量过程中不得从事与工作无关的活动。

④测量过程中，注意测量人员、设备与现场起重设备的安全距离。必须与起重设备进行起重作业同时进行的，要事先与对方取得联系，并派专人看管。

⑤施工测量仪器设备，不得用望远镜瞄准太阳。如果现场有焊接操作，切勿直视焊接光源，避免被灼伤眼睛。在高压电缆区作业时，不得将仪器直接架设在强电磁场区，避免高压击伤，应及时与工程主持人汇报，由工程主持人协调解决。

⑥进入施工现场前及作业完毕离开施工现场时，对人员和设备进行清点，确保人员、设备无遗漏。

⑦测量作业人员必须穿戴安全防护反光背心，在距作业 100 m 以外的区域设置安全警示标志，并有专人指挥。

（5）检查全封闭挂篮是否按批复方案要求设置及施工过程中的维护情况。主要检查挂蓝防护网是否按方案要求设置、是否存在破损、松动等情况，托架、吊架、挂蓝是否按批复方案要求设置及杆件螺栓连接是否存在锈蚀或失效，焊缝是否存在裂纹、封闭挂篮内作业是否存在安全隐患等情况。

（6）全封闭挂篮、防护棚架与接触网带电体安全距离是否满足要求，防静电接地装置是否按要求设置等。

（7）挂篮走行和桥面系施工作业是否按批复要求在点内进行，钢筋绑扎、混凝土浇筑、预应力张拉、注浆等不需要在封锁条件下的施工工序，是否严格执行列车到来前停止作业等。

（8）车机联控执行情况。

（9）现场防护人员、驻站防护人员及通信设备配备情况；站段配合监管人员是否到位。

（10）现场监理人员配备数量、监理人员资质及旁站执行等情况。

（11）建设单位对连续梁上跨既有线施工的定期或不定期检查及日常管理等情况。各类施工现场检测记录是否执行、是否齐全有效。

（12）应急预案和应急物资准备、施工单位与设备管理单位建立应急联系机制等情况。

5.5.2　架桥机安全检查重点

架桥机使用必须符合《架桥机安全规程》（GB 26469）的规定。

（1）安全防护装置。

安全防护装置是防止架桥机事故的必要措施，包括限制运动行程和工作位置的装置、锚定、防风和滑移的装置、联锁保护装置和紧急停止开关等。各安全防护装置，须在使用中及时检查、维护，使其保持正常工作性能。如发现性能异常，应立即进行修理或更换。

① 限制运动行程和工作位置的安全装置。

运行行程限位器：应在架桥机整机横移和吊梁小车每个运动方向装设运行行程限位器或采取限位措施。

缓冲器及端部止挡：在轨道上运行的架桥机的运行机构、吊梁小车的运行机构等均应装设缓冲器或缓冲装置。

轨道端部止挡装置应牢固可靠，防止脱轨。

锚定装置：下导梁在固定状态下须实施锚定。架桥机过孔状态下应对非运动支腿实施锚定。架梁状态下应对主梁与支腿间进行固定连接。

锚定装置应确保架桥机在下列情况下整机及相关部件的安全可靠：

a. 架桥机进入非工作状态且锚定时。

b. 架桥机处于工作状态，架桥机进行正常作业并实施锚定时。

② 抗风防滑装置。

架桥机应装设可靠的抗风防滑装置，并应满足规定的工作状态和非工作状态抗风防滑要求。

工作状态下的抗风制动装置可采用制动器、夹轨器、顶轨器、压轨器、防风铁楔等。制动装置的制动与释放动作应考虑与运行机构联锁。

非工作状态抗风锚定应装设牵缆式、插销式或其他形式的锚定装置（如利用自身起升机构吊一片梁）。

架桥机有锚定装置时，锚定装置应能独立承受架桥机非工作状态下的风载荷。

架桥机只装设抗风制动装置而无锚定装置的，抗风制动装置应能承受架桥机非工作状态下的风载荷；当工作状态下的抗风制动装置不能满足非工作状态下的抗风防滑要求时，应按上述要求设置锚定装置。架桥机有锚定装置时，锚定装置应能独立承受架桥机非工作状态下的风载荷。

③ 联锁保护装置。

架桥机工作时只能进行一个动作，架桥机吊梁小车起升机构的升降、吊梁小车的纵向运行和横向运行、架桥机横向运行应相互联锁。

在过孔状态下，不得进行有关架梁动作；架桥机架梁状态各机构应与架桥机过孔作业机构联锁，如吊梁小车的升降应与架桥机过孔运行联锁。

④ 安全标志。

应在架桥机的合适位置或工作区域设有明显可见的文字安全警示标志，如"起升物品下方严禁站人"等。在架桥机的危险部位，应有安全标志和危险图形符号，安全标志和危险图形符号应符合《起重机 安全标志和危险图形符号》（GB 15052）和《图形符号 安全色和安全标志》（GB 2893）的规定。

（2）架桥机作业人员要求。

①架桥机作业人员应取得国家有关机构颁发的相应业务的作业资格证书（特种作业）。

②指挥架桥机作业的人员（指挥人员）应易于为架桥机司机所识别，例如通过穿着明亮色彩的服装或使用其他的传呼信号。

（3）架桥机的施工现场。

①架桥机安装时应对架桥机的主梁和横移轨道进行调平，否则设计时应考虑架桥机作业时的坡度带来的危险因素，并应具备自锁功能。

②吊具与梁体确认可靠联结后方可起吊。起升不超过 100 mm 距离应制动、下降，如此试吊 2 次确认起升制动安全可靠后方可正式起吊梁体。

③起吊梁体时应两端分别进行，但单端起吊后梁体的倾斜程度应满足待架梁体的相关规定。

④采用拖拉喂梁时，应保证前吊梁小车与运梁车驮梁小车行走的同步。

（4）架桥机的使用。

①使用单位应按规定向特种设备安全监督管理部门登记，登记标志应置于或附着于架桥机的显著位置。并提供特种设备检验检测机构出具的检验检测结果文件备查。

②作业区域周围设立醒目警示标志，禁止非工作人员入内，以防止物体掉落伤人，高空作业应设置安全防护网，确实不能设置防护网的工作人员必须佩戴安全带或安全绳，以防止人员坠落。

③架桥机组装结束后，要进行全面检查和调整，确认正常后进行架桥机横向移动、起吊天车试运行、运梁平车轨道试运行、卷扬机试运行、起动边梁顶升机构试工作等试车，确定无异常后，用已预制完的 T 梁进行负重试车。

（5）配重梁应与架桥机相适应。

（6）吊梁、落梁及横梁就位

①吊梁卷扬机组应动作一致，受力均匀，严防出现梁体剧烈摆动等现象。梁片在起吊、走行和下落时，应尽量保持水平。走梁时要防止电缆崩断、电缆滑车卡死等故障，影响走梁的障碍物必须清除干净。

②梁片必须对中走行，即走行时梁片处于两座导梁中央，严禁偏位走行。机上横移只能在梁片处于起吊位置和到位位置时进行。

③梁片宜在低位走行，并设专人在桥墩台监视梁体及大车运行情况，防止大车脱轨。尤其是梁片即将到位时，监视人员、指挥人员及操作司机要特别谨慎，密切合作，严防梁片撞出前端联结系。

④梁片走行及空车走行时，应设专人监视电缆展放情况，发现电缆滑车卡住时，要立即停车排除故障。

⑤落梁时两吊点卷扬机组应动作一致，均衡。落梁至距横移设备 20 mm ～ 30 mm 时调整梁片纵向位置，确认无误后继续落梁。

⑥梁片在横移设备上就位后，两端应加双向斜撑，并用木楔打紧，解脱两吊架后，方可横移。横移时，应力求梁片两端均匀同步，并安排专人在走板下喂梁及滚架。

⑦ 梁片横移到位后，在一端梁底纵向外侧，安放扁千斤顶将梁顶起，撤除走板、滚架及滚道，安放支座，落千斤顶，使梁片一端就位。在千斤顶顶落过程中，仍须加斜撑保护，以防止梁片倾覆。

⑧ 待梁片一端安放就位后，用相同办法，使梁片另一端就位。在各梁片就位后未焊接前，应在梁片两端用斜撑或隔板下设垫木的办法，防止梁片倾覆。

（7）落梁后 T 梁底加固：在梁体与架桥机分离之前，用枕木头垫塞于 T 梁横隔下，T 梁悬挑部分用长枕木支撑，将其平稳固定在盖梁顶，同时，在成型的 T 梁与 T 梁两端头缝隙间用木楔块楔紧，并用 10 t 葫芦连接钢丝绳穿过梁片预埋孔，将 T 梁与箱梁伸缩缝出预埋的倒 U 型钢筋连在一起，另外，用钢筋将梁体和伸缩缝的预埋钢筋焊接在一起，充分保证梁体稳定。

（8）架桥机、汽车吊等大型机械设备应具有《产品出厂合格证》《监督检验合格证》等国家规定的资质证书。特种设备必须取得当地安全生产监督部门出具的检验报告和许可证书，操作人员具有特种作业人员操作证书。

（9）加强对架桥机各类安全保护装置、电气保护控制、液压系统以及横向走行系统、电器柜、控制柜、连接件、吊钩、吊具、钢缆、运梁台车等关键部位和设备的检查；发电机、液压设备、电机、钢缆、电缆、运梁台车等关键机具应有备品，防止施工过程中发生故障。

（10）运梁时运梁台车动力电缆要由专人看护，不得有挂、挤、压现象发生。要增设防滑措施，运梁通道要撒砂和铺设草袋，运梁台车应采取可靠的制动措施，随车备好三角木等，防止运梁车溜逸。

（11）架梁作业时必须执行"九不吊""七禁止"的规定：

① "九不吊"：

未试吊不吊；

起重超跨度不吊；

非指挥人员指挥不吊；

信号不明不吊；

吊钩不对重物中心不吊；

长 6 m 以上和宽大物件无牵绳不吊；

套索不稳不牢不吊；

重物相压、相钩、相夹不吊；

吊钩直接挂在物件上不吊。

这里与机械作业安全中起重吊装"十不吊"有些区别，但大致是相通的。

② "七禁止"：

禁止人员站在运行线内或从吊起的物体底下钻过；

禁止上站在死角和敞车车帮上；

禁止站在起吊物件上；

禁止用手校正吊高 0.5 m 以上的物件；

禁止用手脚伸入已吊起的重物下方直接取放垫衬物；

禁止重物下降时快速重放；

禁止用起重设备拉动车辆和撞击重物。

5.5.3 架梁施工检查重点

（1）架梁前的准备工作检查：施工前准备工作不得超前、超量，不得提前移梁，必须在封锁命令下达后，如需停电，待停电命令下达后才能开始移梁。梁架设前组织所有人员进行安全培训和安全技术交底，同时将相关人员职责岗位落实到每个人，明确分工。

（2）根据集团公司桥梁施工相关批复文件规定，检查每道隔离设施的设置及维护情况，是否稳定、是否有损坏及开口等。

（3）设置驻站防护及工地防护、关门防护，在规定地段设置作业标、鸣笛标、减速信号牌及停车信号牌、响嘭，准备足够的信号灯、信号旗、口哨、扩音喇叭、火炬等器材，并按规定安排经过培训合格的安全人员现场定岗就位。

（4）施工期间，严禁施工重型机械通过铁路隧道顶，并严禁使用对铁路隧道产生扰动和震动的机械设备。

（5）作业时必须戴安全帽，防止物体打击；高空作业人员必须穿防滑靴、系安全带、设置防落网，防止作业人员坠落。

（6）施工中确需拆除的铁路天沟等设施，施工完后必须恢复完好。同时应做好水沟过渡迁改时的排水畅通，保证汛期安全。须将道路及桥下坡面施工产生的弃土应及时清运，严禁堆砌在铁路隧道上方。做好施工现场的排水工作，严禁堵塞排水设施，影响汛期防洪安全。

（7）施工作业前及作业过程中，应对堑坡上的危岩、孤石、浮土进行清理，防止因扰动造成危岩、孤石等掉落在铁路线路上，危及铁路行车安全。

（8）使用汽车起重机吊装作业时，应做到作业场地基础平整坚实，保证汽车起重机支腿稳定，防止作业过程中汽车起重机向铁路线路方向倾覆。同时应严格控制吊臂的转动半径，防止碰撞相关铁路设备。

（9）第一片T梁架设好后，梁体两侧要采取加固措施，保证梁体稳定，防止倾倒。第二片梁到位后，两片间要立即进行焊接，形成整体。架设边梁时要注意梁板的重心，必须采用穿孔吊梁的方式，确保桥机及梁体稳定和梁体到位。

（10）各施工配合的工务、供电、电务、通信等设备管理单位必须提前做好施工防护措施及应急预案，落实应急人员、机具、材料（提交书面材料并在施工协调会上重点汇报）。施工期间派人现场监护，应对处理突发事故。

（11）按规定在封锁线路区域两端设置防护人员，施工作业现场采取隔离措施，设置警示标志，避免闲杂人员进入，影响施工作业安全。

（12）湿接缝、横隔板等桥面系作业时要采取可靠措施，确保施工材料和施工用水不下坠到铁路线路上。

（13）在跨铁路处施工时要严格遵守高空作业和既有现施工的各项安全要求；跨铁路处洒水进行铺装养护时不要在覆盖的土工布上洒太多的水，导致养护水漏到铁路高压接触网上造成安全事故，养护时要勤洒水，但每次只需将土工布浸湿即可。

（14）混凝土防撞护栏高度依据铁路相关要求不得低于 1.2 m，为确保在安装护栏模板时防止外侧模板掉落，施工前在每块模板上拴上两根安全绳，安全绳另一端拴在固定的湿接缝钢筋上。浇筑混凝土时利用小胶桶作为混凝土的工具，将混凝土手提入模，混凝土所用的振动棒上也必须拴上安全绳，防止掉落。

5.5.4　桥梁拖拉跨越既有线检查重点

1. 使用临时支架系统的检查重点

钢梁拖拉支架系统由钢管柱、工字钢、槽钢、贝雷梁等组成，主要是为钢梁拖拉跨越铁路提供支撑。

支架系统施工的检查重点除了按照上述点项进行外，还应检查施工单位是否按照审查批复文件规定进行施工作业。

（1）一般情况下，桩基钢筋笼要分段吊装，每段长度不超过 8 m，吊装时应注意保证其稳定并严格控制吊臂的转动半径，防止碰撞铁路设施、设备，影响铁路行车安全。

（2）盖梁施工时采用横穿钢棒法作为上部荷载的支撑体系，要对搭设的现浇支架按设计要求进行简算和预压，保证支架的承载力和稳定性。

（3）盖梁模板安装完毕后，应对其平面位置、顶部标高、节点联系及纵横向稳定性进行检查，符合要求后方可浇筑混凝土。

（4）贝雷梁的安装和拆除是支架系统施工中需要重点监控的环节。

单组贝雷梁安装和拆除时必须设置两个起吊点，且等距分布，保持吊装过程中贝雷梁平衡，防止吊装过程中贝雷梁倾覆，影响铁路运输安全。

（5）支架系统柱墩在施工场地外侧是否用设置全封闭围挡，设置防冲撞的硬隔离设施不准大型机具靠近，完善安全警示标语标示。支架下夜间设置悬挂照明警示灯，

（6）辅助墩的拆除应遵循"由上而下，先搭后拆"的原则，不准分立面拆架或在上下两步同时进行拆除，必须做到"一步一清，一杆一清"。辅助墩搭、拆施工时应注意钢管顺线路方向进行搭、拆；机具、材料应人工传递，严禁抛甩；各种材料不得侵限，堆放整齐，随时清理检查，防止侵入铁路限界，危急行车安全。

2. 拖拉过程监控

（1）拖拉过程中钢箱梁纵向轴线偏移、梁面扭转和倾斜，导梁挠度、变形，墩顶水平位移、沉降、倾斜，千斤顶同步等设施、设备的监控量测是否得到准确及时的记录。

（2）是否对纵移滑块、横移滑块、滑移底座、顶升油缸、纵移油缸、横移油缸、

液压系统、电气控制系统进行检查；油泵、千斤顶、发电机等关键机具是否有备品，防止施工过程中发生故障。

（3）正式拖拉前是否进行联机调试，以保证设备在手动、自动模式运行下执行元件按设定的运动方式运行。

（4）每次拖拉前是否清理滑动面上的焊渣及飞溅物等，减小污垢对摩擦的影响。

（5）拖拉施工是否首先选择手动模式，以检查油泵，顶升顶，纠偏顶，拖拉顶，压力表，传感器等是否正常。手动操作拖拉系统牵引主梁滑移启动后，转换至自动运行模式，进行主梁的自动连续拖拉。

（6）拖拉时，是否派专人检查导梁及箱梁。如果导梁构件有变形、螺丝松动、导梁与钢箱梁联结处有变形或箱梁局部变形等情况发生时，应立即停止拖拉，进行分析处理。

3. 线路开通确认

钢梁及拖拉各部件是否进行了固定。各单位是否针对每次封锁线路施工开通前进行联合检查并共同确认，记录是否齐全。施工使用的各项材料是否及时清理并撤除网外。

4. 桥梁拖拉施工容易出现的问题

拖拉过程中容易出现支架系统失稳、滚轮支撑装置标高变化导致钢梁下沉甚至倾覆；千斤顶系统不同步或拖拉过程失效导致支架系统受力不均产生变形；落梁过程下落幅度不均造成梁体失稳等严重安全隐患。因此，此阶段重点加强支架系统稳定性检查、千斤顶系统的调试和试顶检查，确保各工作系统均状态良好。督促施工单位充分做好应急准备，特别是要按照梁体倾覆事故发生来准备应急处理的各项工作，确保一旦发生类似问题必须确保最短时间内处置完毕开通线路。

拖拉后施工阶段：支架系统拆除及钢梁上施工物体坠落侵入营业线影响运营安全、现场用气防爆安全是这阶段可能发生的安全隐患。因此，重点对支架系统拆除进行安全监控，及时消除拆除各部结构时的安全隐患，加强对用气过程是否符合《建设工程施工现场消防安全技术规范》的检查，确保此阶段施工安全。

5.5.5 桥梁转体施工安全检查重点

1. 施工准备

（1）施工现场五牌一图、各环节标识标牌、会场、警戒线等按规定布置完成。

（2）施工单位对结构标高线位进行复核。

（3）滑道检查及平整度复核：用水平靠尺进行滑道检查，确保滑道内平整且无异物，并做好相关记录。对滑道平整度复核，并对其进行打磨除锈，在其滑道表面涂抹黄油，安装滑片。

（4）拆除挂篮：拆除挂篮过程中安全员、防护员全程旁站监控，确保营业线安全。

（5）梁顶及箱室内清理：将梁段上的施工机具、材料及其他杂物等清理干净，并进行全面清扫，防止物体掉落在铁路限界之内影响行车及设备安全。

（6）准备好限位装置。

（7）解除球铰临时固结：对上下转盘间的临时固结进行拆除，并在转盘之间四角支立千斤顶，然后进行砂箱卸落。

（8）称重及配重：准备好称重及配重使用的工字钢已存放在施工现场。

（9）准备转体牵引系统：确保各千斤顶、液压泵站及牵引系统主控台等转体设备安装调试完毕，转盘及牵引设备运行正常，满足转体要求。

（10）施工前严格按规定进行安全技术交底及班前安全教育，确保参与施工的人员均了解各自的职责。

（11）进入施工现场人员必须按要求佩戴好安全帽，作业人员按要求穿好防护服，需高空作业人员必须按规定佩戴好安全带。

（12）所有作业人员在工作前严禁喝酒。

（13）施工区域拉警戒线进行隔离，严禁与施工无关人员入内。

（14）梁体旋转半径内禁止无关人员通过及停留、吊车旋转半径内严禁站人。

2．人员到位

（1）测量人员到位，保证测量的精确以及保证最短的时间内得到测量成果。

（2）防护人员到位，保证防护力量的投入，防护人员到场以及防护物资设备到位。包括驻站联络员、现场防护员、各单位监管人员以及防护用品。

（3）现场施工人员到位，保证现场施工工序的衔接，人员设备投入到场，保证在最短的时间内完成转体施工任务。

（4）应急抢险人员到位，在发生一切意外情况时启动应急预案，管理应急抢险人员、设备与应急物资的调配。

3．施工安全预案及应急准备

（1）施工单位应急预案准备：

① 吊车、模板、梁体倾覆事故应急措施。

② 发生高空落物影响营业线安全的应急措施。

③ 发生人身伤亡事故应急措施。

④ 在转体过程中出现压死应急措施。

⑤ 结构应力应变异常应急措施。

⑥ 转体机械设备故障应急措施，并准备好相关应急料具及人员。

（2）各设备管理单位准备好现场应急预案，在施工协调会时统一交车务保管，并按预案规定准备应急料具及人员，确保一旦发生问题人员机具能第一时间到位。

4. 转体施工监控监管重点部位

（1）自动连续牵引千斤顶、液压泵站及牵引系统主控台等操作，发现异常及时报告。

（2）转体到位时，对转体的标高进行观测、校核。

（3）转体完毕锁定时，是否按要求进行锁定。

（4）工序完毕相关单位联合对线路进行检查，确保工停、料净、场地清，达到放行列车条件后共同签认，确保线路准点开通。

5.5.6 跨越铁路安全防护棚架

1. 相关规范要求

（1）防护棚架的设计应符合其实际用途，如用于承重的棚架必须要进行承重安全检算，如只用于简单防护的棚架必须要进行自身安全系统的检算。

（2）检查防护棚架使用的钢管是否符合《直缝电焊钢管》（GB/T 13793）的规定，其质量应符合现行国家标准《碳素结构钢》（GB/T 700）中 Q235-A 级钢的规定。钢管脚手架应采用可锻铸铁制作的扣件，其材质应符合现行国家标准《钢管脚手架扣件》（GB 15831）的规定。新、旧钢管尺寸、表面质量和外形及施工、安全管理必须符合国家行业标准《建筑施工扣件式钢管脚手架安全技术规范》（JGJ 130）的规定。

（3）钢管脚手架严禁钻孔。

2. 防护棚架施工过程检查要点

（1）防护棚架内侧边缘与铁路中心线的最小距离不得小于 3 m，顶部距铁路接触网承力索的最小距离不得小于 0.5 m（施工批复文件中有特别规定的从其规定）。施工过程中人员、机具、材料与接触网和回流线等带电体应保证 1 m 及以上的安全距离。

（2）铁路供电单位在防护棚架封顶前完成接触网承力索加装绝缘套管。

（3）防护棚架金属结构部分应采取可靠的接地措施，接地电阻不得大于 3 Ω，避免静电感应影响人身和施工安全。接地电缆应该与棚架结构金属部分充分连接。

（4）防护棚架上方应采取严格的防水措施，避免施工用水影响铁路接触网运行安全。

（5）在防护棚架内侧原则上不允许传递物件，确需传递时，必须专人负责监护，且应做好防倾倒和坠落措施，防止长大物件引起接触网跳闸停电、损毁及侵入铁路安全限界。

（6）防护棚架应保证稳定可靠，充分考虑恶劣气候条件和铁路列车运行影响因素，对防护棚架的稳定情况安排专人 24 h 实时监控并做好记录。

（7）防护棚架内侧具体封闭范围及高度以施工批复文件为准，防止列车绳索缠绕。

（8）防护棚架顶部搭、拆施工作业必须在铁路线路封锁、接触网停电的条件下进行，严格禁止利用列车运行间隔时间组织相关施工。

（9）防护棚架搭设影响铁路线路排水沟时，要采取排水过渡措施，确保汛期防洪安全。施工结束后要及时恢复。

（10）完善安全应急预案，建立起与铁路各相关站段的安全应急联动机制，认真落实安全预案规定的各种机具、材料、人员的准备工作。

5.5.7 下穿既有线立交通道施工检查重点

1. 工作基坑开挖

（1）地下水位高或临江河是否设置降水井，降水井是否满足设计或规范要求，基坑内是否合理设置足够的积水井；降水井是否具备防抽砂过滤设施；基坑抽水期间是否有线路及周边建筑沉降观测措施。

（2）基坑开挖四周坡度是否满足设计或地质条件，防护加固措施是否到位。

（3）基坑开挖范围内有电缆径路的，是否进行探挖，电缆保护措施是否到位。

（4）大型机械施工是否做到"一机一人"防护，是否做到车过机停，严禁侵入铁路限界。

（5）作业人员是否按规定使用劳动保护用品，高空作业必须有防坠落措施。

（6）基坑顶边沿是否按规定打围，是否设置警示警戒标识，夜间是否设置警示灯光。

（7）基坑顶边沿 2 m 内是否有堆土、大型机械等重载。

（8）列车通过时，线路下人员是否停止作业，是否安全避让列车，是否违反规定在线间避车。

2. 挖孔桩施工

（1）锁口施工。

① 锁口施工必须在天窗点内进行。

② 锁口高度是否满足挡砟要求。《铁路路基工程施工质量验收标准》（TB10414）规定：孔桩第一节护壁应高出地面 20 cm，加强孔口护壁，做好井口锁口，防止地面坍塌。孔桩开挖和支护不得在土石层变化处和滑床面处分节。护壁厚度不得小于 15 cm，护壁混凝土应紧贴围岩灌注；灌注前应清除岩壁上的松动石块、浮土。滑动面处的护壁应加强。在承受推力较大的护壁和孔口加强衬砌的混凝土中应加钢筋。

锁口周边防护栏加设安全网，悬挂安全警示标志。

③ 模板支撑是否侵入限界，是否牢固。

（2）挖孔桩开挖。

① 动车径路是否在天窗点内进行。

② 施工地段是否按批复或放行列车相关规定限速。

③ 相邻桩交错开挖是否满足大于 3 m 的高差要求。

④ 每次开挖深度是否符合批复要求，是否根据土质进行调整，是否采取防坍塌措施，桩内坍塌后是否有可靠的补救措施。

⑤ 非动车径路碴土提升卷扬机是否满足铁路限界要求，卷扬机是否出厂合格（或检验合格），是否采取经过计算、论证的抗倾覆措施。

⑥ 桩内作业人员是否戴安全帽、防尘口罩，人员上下是否违反规定坐提升卷扬机，是否设置上下爬梯。

⑦ 列车通过时是否停止作业，人员是否到安全位置避车，是否违反规定在线间避车。

⑧ 桩内通风是否满足要求。孔桩挖深大于 10 m 时，是否采用孔内送风措施，保证作业人员的人身安全。

⑨ 桩内地下水位是否降到位。

⑩ 使用风镐等凿除混凝土、钢筋混凝土、坚硬岩层，空压机压力是否在安全范围内，风管是否连接牢固，机具是否有防漏电措施。

⑪ 人力跨线转运碴土和材料是否按规定径路行走，是否做到"一站、二看、三通过"，是否设置专人防护。

⑫ 桩顶是否设置围栏和警示标志，未施工时是否对井口进行防坠落覆盖。

⑬ 孔桩钢筋施工是否采用单根、分段不超过 5 m、顺线路方向下井；电焊作业是否有可靠接地，是否戴防护罩，雨雪天是否停止电焊作业。

⑮ 井口作业人员是否栓安全绳系安全带。

（3）桩身混凝土浇筑。

① 混凝土罐车摆位是否侵入铁路限界，是否按规定设置防护。

② 现场搅拌机搅拌：搅拌机安设是否平稳、是否侵限；搅拌机操作人员是否具备相关经验，具备机械操作合格证；搅拌机的送料、出料过程是否安全，是否影响其他作业人员安全作业；混凝土浇筑是否采取防离析措施。

③ 人工振动棒捣固混凝土时是否处于安全位置，列车通过时是否违反规定在线间避车。

3．框架预制（现浇）

（1）钢筋制作。

① 人工弯制钢筋是否备齐防护用品。

②切割机切割钢筋人员或协助人员是否违反规定站在正前方，是否按操作规程进行。

③ 各种电力带动机械接地装置是否安全，电缆是否破损是否漏电是否按要求铺设。

④ 钢筋除锈作业人员是否戴防护手套和防尘口罩。

（2）框架预制过程中，模板支架是否满足承载力要求，脚手架是否牢固可靠，高大模板是否具备安全专项方案，通过专家论证；人行通道是否安全可靠是否存在翘头、搭接不连续现象。

（3）框架现浇。

模板支架是否符合《危险性较大的分部分项工程安全管理办法》（建质〔2009〕87号）的规定："搭设高度 5 m 及以上；搭设跨度 10 m 及以上；施工总荷载 10 kN/m² 及

以上；集中线荷载 15 kN/m 及以上"的需要编制专项方案。"搭设高度 8 m 及以上；搭设跨度 18 m 及以上，施工总荷载 15 kN/m² 及以上；集中线荷载 20 kN/m 及以上"还需要专家进行论证。人行通道是否安全可靠是否存在翘头、搭接不连续现象。

4．施工便梁架设、拆除

（1）施工便梁架设与使用。

（2）自动闭塞区段施工时工具、设备是否采取绝缘措施。

（3）电气化区段作业人员及其携带的物件与接触网带电部分距离是否符合安全要求。

（4）轨道吊吊装施工便梁是否按照操作规程进行，防倾覆措施是否到位；两线间线间距不足地段是否申请垂直天窗。采用汽车吊装纵梁方式时，基础是否稳固，垂直线路摆放；是否按照施组审查意见进行 120% 的试调和吊具检查；是否接触网停电。

（5）施工便梁架组装是否按照厂家提供说明书进行，是否按要求设置曲线超高，组装完成后是否按设计速度限行列车。

（6）复线地段并行架设多组便梁，限界是否符合要求，便梁中心线间距是否满足厂家说明书要求。

（7）各部位是否全部联结，联结是否牢固，使用中是否做到随时检查整修。

（8）是否按规定设置纵梁限位装置。

（9）是否按要求设置支座，使用中是否经常检查支座情况。

（10）是否按要求经常检查测量支撑挖孔桩，发现问题是否立即处理。

5．顶进施工阶段

（1）大开挖顶进施工（见图 5-38）。

图 5-38　框架涵（桥）顶进施工

① 顶进设备是否正常，是否进行预顶进，顶进设备数量是否满足要求，是否有备用顶进设备。

② 顶进中各传力钢柱与顶进是否在一条轴线上，各顶进设备是否均匀受力，顶程是否一致。

③ 顶进施工是否用纠偏方案，现场是否备齐纠偏设备。

④ 顶进时是否有专人密切观察传力柱的变化，如有拱起、弯曲等变形应立即停止顶进，进行调整。为防止传力柱崩出伤人，应采用填土压重等措施，传力柱上方严禁站人。液压系统故障时，工作状态不得进行检查和调整。

（2）带土顶进施工。

① 桥体顶入路基后，是否做到 24 h 连续顶进。

② 当列车通过时，施工人员及机械是否按要求撤离挖土工作面。

③ 人工或机械开挖，是否做到随时观察顶进端土体情况，大雨天是否不顾安全强行施工，抢险机具材料是否到位。

④ 顶进基坑地下水是否在基底 1 m 及以下；顶进土体是否进行按照设计进行了注浆等预处理；注浆参数是否经过试验取得。

6. 线路检查、整修、恢复

（1）线路检查。

① 挖孔桩施工与施工便梁拆除前的线路检查频率（2 h 一次或按批复）是否按照施工组织设计及相关规定进行。

② 线路检查记录是否及时填写，是否真实有效；按规定频次测量及记录轨温，检查人员是否掌握锁定轨温；线路巡养人员是否具备相关知识和经验；是否具备线路各类故障、病害的应急处置能力。

③ 检查仪器是否经过检验并合格。

（2）线路整修是否按照施工组织设计、《铁路线路修理规则》中线路整修标准进行。

（3）线路恢复。

① 框架两侧填土是否符合设计要求，是否按规定压实，附属路基是否按设计填筑和加固。

② 框架顶填土高度及材料是否符合设计要求，是否按规定压实。

③ 枕下道砟厚度是否满足设计要求，捣固是否密实。

④ 线路几何尺寸是否满足要求。

⑤ 是否按规定请相关单位进行提速检查，是否按照安规及营业线放行列车条件规定要求进行逐级提速。

5.5.8 管道与铁路交汇工程安全

《油气输送管道与铁路交汇工程技术及管理规定》（国能油气〔2015〕392 号）对管道与铁路交汇的工程施工作了详细规定。

交汇工程应确保铁路运输安全和管道运行安全，特别是高速铁路、城际铁路等旅客列车的运输安全。后建服从先建，尽量减少对既有设施的改建。

1. 管道与铁路交叉

（1）管道与铁路交叉位置选择应符合下列规定：

① 管道不应在既有铁路的无砟轨道路基地段穿越，特殊条件下穿越时应进行专项设计，满足路基沉降的限制指标。

② 管道和铁路不应在旅客车站、编组站两端咽喉区范围内交叉，不应在牵引变电所、动车段（所）、机务段（所）、车辆段（所）围墙内交叉。

③ 管道和铁路不宜在其他铁路站场、道口等建筑物和设备处交叉，不宜在设计时速 200 km 及以上铁路及动车组走行线的有砟轨道路基地段、各类过渡段、铁路桥跨越河流主河道区段交叉。确需交叉时，管道和铁路设备应采取必要的防护措施。

④ 管道宜选择在铁路桥梁、预留管道涵洞等既有设施处穿越，尽量减少在路基地段直接穿越。

（2）管道与铁路交叉宜采用垂直交叉或大角度斜交，交叉角度不宜小于 30°。

当铁路桥梁与管道交叉条件受限时，在采取安全措施的情况下交叉角度可小于 30°。

当管道采用顶进套管、顶进防护涵穿越既有铁路路基时，交叉角度不宜小于 45°。

（3）当管道穿越铁路有砟轨道路基地段时，可采用顶进套管、顶进防护涵、定向钻、隧道等方式。

管道不应在设计时速 200 km 及以上铁路有砟轨道路基地段采用定向钻方式穿越。

（4）管道采用顶进套管穿越既有铁路路基时应符合下列规定：

① 套管边缘距电气化铁路接触网立柱、信号机等支柱基础边缘的水平距离不得小于 3 m。

② 套管顶部外缘距自然地面的垂直距离不应小于 2 m。套管不宜在铁路路基基床厚度内穿越；困难条件下套管穿越铁路路基基床时，套管顶部外缘距路肩不应小于 2 m。

③ 套管伸出路堤坡脚护道不应小于 2 m、伸出路堑堑顶不应小于 5 m，并距离路堤排水沟、路堑堑顶天沟和线路防护栅栏外侧不应小于 1 m。

④ 套管宜采用《顶进施工法用钢筋混凝土排水管》（JC/T 640）规定的Ⅲ级管，并满足铁路桥涵相关设计规范的要求。

⑤ 顶进套管穿越铁路施工时，套管外空间不允许超挖，穿越完成后应对套管外部低压注水泥浆加固，保持铁路路基的稳定状态。

⑥ 顶进套管穿越铁路应采用填充套管方式，填充物可采用砂或泥浆等材料，不需设置两侧封堵和检测管。

⑦ 顶管穿越工程不得影响铁路排水设施的正常使用。

（5）管道采用顶进防护涵穿越铁路路基时应符合下列规定：

① 防护涵孔径应根据输送管道直径、数量及布置方式确定。涵洞内宜保留宽度不小于 1 m 的验收通道，管道与管道间、管道与边墙间、管顶与涵洞顶板间的间距不宜小于 0.5 m，涵洞内净空高度不宜小于 1.8 m。特殊条件下，涵洞尺寸可由双方协商确定。

② 主体结构应伸出铁路路基边坡与涵洞顶交线外不小于 2 m，并不得影响铁路排

水设施的正常使用。

③ 结构应满足强度、稳定性、耐久性及埋置深度要求，应符合铁路相关设计规范的规定。

④ 防护涵宜采用填充方式，填充后不设检查井。涵洞内空间未填充时应在涵洞两端设检查井，检查井应有封闭设施。

（6）管道采用定向钻穿越铁路应考虑管径、地质条件、埋深等因素，经检算满足铁路线路设施稳定时方可采用，并应符合下列规定：

① 当定向钻穿越路基时，入土点和出土点应位于铁路线路安全保护区以外不小于 5 m，路肩处管顶距原自然地面的距离不应小于 10 m，且应在路基加固处理层以下。

② 当定向钻穿越铁路桥梁陆地段时，管道外缘距桥梁墩台基础外缘的水平净距不应小于 5 m，最小埋深不应小于 5 m，且不影响桥梁结构使用安全。

③ 对废弃后的定向钻穿越铁路管道，管道运营企业应及时采用混凝土、砂浆等材料填充密实。

（7）铁路不宜跨越既有管道定向钻穿越段，必须跨越时，应探明管道的位置与深度。当采用桥梁跨越时，桥梁墩台基础外缘与管道外缘的水平净距不应小于 5 m，且不影响管道安全。

（8）管道不应跨越设计时速 200 km 及以上的铁路、动车走行线及城际铁路。管道不宜在其他铁路上方跨越，确需跨越时，管道应采取可靠的防护措施，并应满足下列要求：

① 管道跨越结构底面至铁路轨顶面距离不应小于 12.5 m，且距离接触网带电体的距离不应小于 4.0 m，其支承结构的耐火等级应为一级。

② 跨越段管道壁厚应按《油气输送管道跨越工程设计规范》的规定选取。

③ 跨距不应小于铁路的用地界。跨越范围内不应设置法兰、阀门等管道部件。

（9）管道穿越既有铁路桥梁或铁路桥梁跨越既有管道时，铁路桥梁（非跨主河道区段）下方管道可直接埋设通过，并应满足下列要求：

① 管顶在桥梁下方埋深不宜小于 1.2 m，管道上方应埋设钢筋混凝土板。钢筋混凝土板的宽度应大于管道外径 1.0 m，板厚不得小于 100 mm，板底面距管顶间距不宜小于 0.5 m，板的埋设长度不应小于铁路线路安全保护区范围。钢筋混凝土板上方应埋设聚乙烯警示带；穿越段的起始点以及中间每隔 10 m 处应设置地面穿越标识。

② 铁路桥梁底面至自然地面的净空高度不应小于 2.0 m。

③ 管道与铁路桥梁墩台基础边缘的水平净距不宜小于 3 m。施工过程中应对既有桥梁墩台或管道设施采取防护措施，确保管道与桥梁的安全。

（10）管道和铁路隧道不应在隧道洞门及洞口截水天沟范围内交叉。当埋地管道或管道隧道与铁路隧道洞身交叉时应符合下列规定：

① 新建管道可在既有铁路隧道洞身上方挖沟敷设。当采取非爆破方式开挖管沟时，管沟底部与铁路隧道结构顶部外缘的垂直间距不应小于 10 m，输油管道在铁路隧道洞身及其两侧各不小于 20 m 范围应采取可靠的防渗措施。当采取控制爆破手段开挖管沟

时，管底与铁路隧道顶部的垂直净距不应小于 20 m，同时应考虑围岩条件、挖沟爆破规模及隧道结构的安全性等因素。

② 管道除采用隧道结构以外，不宜在铁路隧道下方穿越。

③ 管道隧道与铁路隧道交叉时，两隧道垂直净距不应小于 30 m，且满足不小于 3 ~ 4 倍铁路隧道开挖洞径要求；两隧道净距小于 50 m 地段，后建隧道的衬砌结构应加强。

④ 新建铁路隧道在埋地管道下方采用控制爆破开挖时，隧道顶部与埋地管道底部的垂直高度不应小于 20 m，同时应考虑铁路隧道断面大小、围岩条件、地面沉降变形及管道结构安全性等因素。

⑤ 新建设施进行爆破作业时应采取保持围岩稳定的措施。既有设施的允许爆破振动速率，应根据既有隧道结构类型、结构状态、爆破环境条件以及既有铁路或管道运输性质、轨道或钢管类型等综合因素评估确定，爆破方案应征得既有设施企业的同意。

⑥ 特殊地形情况下，采取工程措施并经既有设施企业审批通过后，可将交叉净距适当减小。

（11）埋地管道和铁路在软土等特殊土质、斜坡等特殊地段交叉时，应采取保证既有设施安全和稳定性的特殊设计。

（12）管道穿越既有铁路时，铁路方应对穿越处铁路设施进行检测评价。铁路两侧线路安全保护区外 3 m 范围内为穿越段，管道方在穿越段应按《油气输送管道穿越工程设计规范》要求进行壁厚设计，采用加强级防腐涂层，对管道环向焊口采取 100%超声波和 100%射线探伤检测。管道方在施工期间应遵守铁路营业线施工安全管理规定，保持铁路线下基础工程的稳定，并采取保护措施。当交叉处管道上存在铁路杂散电流干扰时应对管道采取排流措施。

（13）铁路跨越既有管道时，管道方应对跨越管段进行完整性评价。铁路跨越段应设置保护涵或桥梁，并应对施工区域内的管道采取防护措施。铁路方在施工期间应保持管道原有的受力状态及管道周围土体和边坡的稳定。铁路施工便道及维修通道跨越既有管道时，应对管道采取保护措施。当交叉处管道上存在铁路杂散电流干扰时应对管道采取排流措施。

2. 管道与铁路并行

（1）管道与铁路并行布置时，应同时满足下列要求：

① 管道距铁路用地界的净距不应小于 3 m。

② 埋地管道距邻近铁路线路轨道中心线的净距不应小于 25 m。

③ 地上管道与邻近铁路线路轨道中心线的水平净距不应小于 50 m。

（2）电气化铁路与管道并行间距在 100 m 以内、并行长度在 1 000 m 以上时，在建设期间应预设必要的排流措施，铁路运行初期应按《埋地钢质管道交流干扰防护技术标准》（GB/T 50698）对排流效果进行检测、复核。

（3）管道穿（跨）越河流段与上下游铁路桥梁之间的距离应符合《油气输送管道穿越工程设计规范》（GB 50423）和《油气输送管道跨越工程设计规范》（GB 50459）

的规定。

管道专用隧道与铁路隧道并行时，两相邻隧道的净距应符合表 5-2 规定。

表 5-2　两隧道间的最小净距

围岩等级	I	II—III	IV	V	VI
净　距	（1.5～2.0）B	（2.0～2.5）B	（2.5～3.0）B	（3.0～5.0）B	>5.0B

注：B 为管道隧道或铁路隧道开挖宽度中的较大值（m）。

（4）铁路与管道站场设施的最小距离，应按《石油天然气工程防火设计规范》（GB 50183）执行。

油气管道阀室围墙距铁路用地界不应小于 3 m。阀室设置放空立管时，放空管管口应高出周围 25 m 范围内的铁路设施及建（构）筑物 2 m 以上。

石油天然气站场设置放空立管时，其区域布置防火间距宜通过计算可燃气体扩散范围确定，扩散区边界空气中可燃气体浓度不应超过其爆炸下限的 50%，且放空管应高出 10 m 范围内的铁路设施或建筑物顶 2 m 以上。

3．协商机制及责任与义务

（1）遇特殊情况，管道与铁路工程交汇无法满足本规定相关要求时，经双方协商、专家论证和安全评估后，可采取工程类比或其他特殊处理措施。

（2）在保证安全的前提下，管道与铁路相互交叉应优先选用对既有设施扰动小、施工便利、经济性好的技术方案。并应在接到交叉设计方案后 30 日（工作日）内回复书面意见。

当管道与铁路交汇段同为新建、改（扩）建工程时，双方企业应按照确保安全、互相有利、节省投资和缩短工期的原则，合理选择设计施工方案。

（3）当受地形、地物和周边条件等限制，需要迁移交汇段既有设施时，建设单位应向产权单位提出书面请求，说明迁移需求和理由。

产权单位应积极配合建设单位组织编制迁移方案，在接到迁移方案后 30 日（工作日）内完成审查并出具处理意见。

（4）交汇工程施工由项目建设单位负责实施，对方企业配合。交汇工程竣工后，应由双方共同进行工程验收，竣工资料由双方存档。

（5）交汇工程因施工需要在铁路线路或管道保护区内进行勘探、取土、弃土、堆料、设置临时设施、临时占用对方用地等活动，应经对方企业同意，采取保护措施，并接受对方企业的全过程安全监管和监督，工程施工结束后恢复原貌。

（6）交汇工程施工中应采取必要的安全措施，对既有工程及附属设施实施良好的保护。

（7）交汇处应设置相应的警示标志，以及其他必要的安全措施，确保运营安全。

（8）对每一处交汇工程，双方企业运维单位应建立联系机制，对本方设施进行维护、检修时，应保护对方设施，并做好相关的应急预案；当巡检、维护中发现对方设施存在异常现象或安全隐患时，应及时通知对方。防洪期间，双方企业应加强交汇段各自设施的防护。

5.5.9 控制爆破施工安全检查重点

1. 基本规定

《铁路安全管理条例》第三十四条规定：在铁路线路两侧从事采矿、采石或者爆破作业，应当遵守有关采矿和民用爆破的法律法规，符合国家标准、行业标准和铁路安全保护要求。

在铁路线路路堤坡脚、路堑坡顶、铁路桥梁外侧起向外各 1 000 m 范围内，以及在铁路隧道上方中心线两侧各 1 000 m 范围内，确需从事露天采矿、采石或者爆破作业的，应当与铁路运输企业协商一致，依照有关法律法规的规定报县级以上地方人民政府有关部门批准，采取安全防护措施后方可进行。

因此，凡影响铁路安全的爆破施工均应与铁路企业协商并办理相关施工手续后，在铁路设备管理单位派员监督情况下方可进行爆破施工。

爆破施工必须符合《民用爆炸物品安全管理条例》和相关法规、《爆破安全规程》及《危险性较大的分部分项工程安全管理办法》相关规定。

2. 爆破施工主要检查项目

（1）是否按规定办理施工安全相关手续。

（2）爆破器材管理是否符合《民用爆炸物品安全管理条例》规定。是否建立领用台账，现场使用量及回收量是否与领用量相符。

（3）装药量是否符合设计要求。

（4）施工现场爆破安全防护是否符合《爆破安全规程》规定。是否对既有铁路方向及上空方向采取防飞石的措施（爆破前，采用橡胶帘等措施进行覆盖防护）。是否对飞石最小安全允许距离范围设置警戒措施。

表 5-3　爆破个别飞散物对人员的安全允许距离

爆破类型和方法		最小安全允许距离/m
露天岩土爆破	浅孔爆破法破大块	300
	浅孔台阶爆破	200（复杂地质条件下或未形成台阶工作面时不小于300）
	深孔台阶爆破	按设计，不小于200

（5）爆破器材现场管理。

① 现场爆破器材应该分门别类，用炸药专用箱盛装，专人上锁保管，严禁混装。使用、运输时应轻拿轻放，严禁碰撞；雷管在连母线前应短接，避免接触带电体。

② 爆破材料的加工应远离爆破作业区的加工房进行。加工时严禁穿产生静电的化纤衣服。

③爆破器材的收发要严格实行登记制度，各种手续都要严格记录，严禁私藏、乱丢乱放。炸药雷管严禁一人同时搬运，搬运炸药与雷管的人员同行时，两人之间的距离不少于 10 m。人工搬运爆破器材时应遵守爆破安全规程的规定，起爆体、起爆药包应由爆破员携带、运送。

④爆破炸药、雷管、导火索应根据当天爆破计划用量组织进场，领取爆炸物品必须填写当班申请用量，指定持证爆破员专人负责领取，领取数量不得超过当班使用量。

⑤严禁使用金属器械装药。

⑥装炮区内严禁吸烟点火。

（6）爆破作业现场管理措施

①放炮要设置安全距离。洞内放炮，所有人员及机械设备撤至安全距离以外。

②若出现哑炮，应用吹风管吹尽炮眼内残留炸药，并取出雷管重新装药，严禁在残留眼内钻孔。

③每次爆破后，要由安全人员认真检查，防止危石伤害。

④严禁无关人员进入爆破作业现场。

⑤必须保证堵塞质量，合理布孔和合理的起爆顺序，以避免因杂质冲孔。

⑥应尽量避免在软弱带和空隙布孔装药，严格按设计控制爆破方向。

⑦以起爆位置为中心，周围 50 m 为半径的范围应布置警戒，划在警戒圈内的原路段在起爆的时间应封闭，并在警戒边界各人员出入口悬挂危险标志，起爆时发出明显的声响信号，起爆后由爆破员先检查无危险后，才能解除警戒恢复交通和其他工序作业。

（7）检查爆破施工应急预案及相关应急准备工作是否到位。

5.5.10 工程施工汛期安全检查重点

各单位防洪组织领导情况。是否建立健全防洪工作制度；防洪预案是否按要求制订；是否根据项目实际情况制定具体适用的防洪措施；是否开展防洪工点安全风险管理，是否按要求开展防洪风险工点排查、评估等工作，是否建立防洪风险工点台账、问题库，是否按规定上报各项防洪资料。

防洪预案制定落实及落实情况。各单位是否认真贯彻落实防洪会议精神。防洪预案是否按要求编制，预案是否具有针对性、可操作性，防洪信息反馈、防洪逐级负责制、防洪风险工点评估和台账建立等工作是否落实到位；防洪准备工作是否到位，防洪抢险队伍是否落实，抢险物资、器材和机械设备是否准备到位，确保一旦发生非正常情况，能立即启动应急响应、救援机制；雨季施工安全措施是否落实；安全隐患是否消除，整治措施是否到位。各单位防洪值班制度是否严格落实，是否严格防洪值班值守，是否及时处理防洪信息，发生险情值班干部是否及时处置、组织抢险。

检查现场防洪处所。检查有关单位防洪工程质量、进度和施工安全情况，排查各邻近既有线施工项目的高边坡、深路堑、深基坑、挡护工程、滑坡体、排水系统、隧道边仰坡、桥梁水中基础、高大设备设施、大型临时设施、弃碴场等施工重点部位（处所）的防汛安全。发现问题是否及时处理，并建立安全监测和巡查制度。

排查既有线施工危岩落石、山体稳定性有无危及既有线安全情况。生产生活驻地是否存在危及人员、设备安全的地质灾害隐患。

防洪看守、巡查和信息报送情况。检查各项目防洪风险工点的看守、巡查是否到位、防洪信息是否及时上报；涉及防洪的施工是否及时施作；是否突出抓好雨前、雨中、雨后三个环节的检查（巡查）。

防洪风险工点管理情况。检查各工点防洪风险分析、风险类别确定是否准确，专项施工方案是否合理，现场采取的防洪安全措施是否到位。

检查汛期施工车辆行车安全。主要检查汛期在建项目施工车辆执行汛期行车组织和行车办法的情况，特别是驾驶员瞭望作业、遇险情降速和停车安全措施的制定和执行情况。水害慢行地段安全措施落实情况，施工机车、车辆防溜等安全措施的制定及执行情况。

建指、监理、施工单位防洪检查和日常管理情况。检查发现问题是否做到闭环管理；各项目防洪工作的巡查、值班、信息沟通、报告等制度及执行情况，是否与气象、水文等部门联系及时掌握雨情和水情情况，是否与铁路、地方相关单位建立防洪联动机制。

5.5.11 外委工程施工安全检查重点

工务段是否委派熟悉业务的安全监督检查人员持证上岗，对各种施工涉及行车安全的各方面实行全程监督检查。是否实时掌握施工作业动态，对施工作业计划、作业进度、安全防护措施实时掌握并记录。是否落实对施工的点前准备、点中控制、点后开通、逐步提速等情况的监护工作，落实开通、提速检查签认制度。

工务段必须对涉及既有线的施工安全和工程质量进行监督检查，确保行车和施工安全，对监管中发现的各类问题，应纳入段月度安全分析会剖析，督促问题整改。

对于工务站段（工务段或大修段）承担施工的外委工程，在工程实施前，组织全体施工人员进行培训及考试，施工负责人及技术负责人要熟悉掌握施工图纸及施工组织技术要求；其他人员要掌握施工主要流程及施工安全注意事项，不合格者不得进场参与施工。

工务站段承担的两孔以上的架空线路，采用非定型设备的线路加固工程的架梁施工，必须由实施站段主管领导到场组织。

现场监管人员应具备相关专业中级以上职业技能。涉及线路的施工，应具备线路中级工及以上职业技能。桥梁涵洞等圬工结构、临时钢结构、影响路基稳定等的施工，监管人员应具备桥路中级工及以上职业技能。

现场监管人员应参与施工单位的施工协调会、施工准备会、施工总结，掌握每日作业风险要点。

工务段是否制定干部对外委工程施工安全检查计划、是否落实兑现检查计划、是否及时发现并督促整改了各类质量安全隐患。

外委工程竣工后，工务段须对涉及铁路运营和安全的防护网、限界架、防护桩、防撞护栏等安全防护设施进行逐项核对、逐项验收，经确认合格并签字后方可投入使用。未达到验收标准和未办理竣工验收手续的不准开通使用。

5.6 停工、开复工安全检查

铁路营业线施工经常会因各种原因造成停工，对停工现场进行安全监督检查并及时发现存在的安全隐患是施工安全监督检查的一项重要工作。

5.6.1 停工安全检查

重点检查停工期间施工现场是否清理彻底，隔离设施是否牢固、齐全，施工道口、通道门是否严格看守或锁闭；各种施工机械、设备、路材路料是否远离既有线集中停放、封存，并派专人看守；停工期间施工现场巡查、看守、值班制度是否建立和落实；现场防火、防爆、防盗等安全防护措施是否落实到位；工程线与既有线接口脱轨器的管理是否到位，工程机车车辆停放是否做好防溜措施，相关单位管理干部是否进行巡视检查等。

5.6.2 开复工安全检查

因专特运及调整车流停工的，应按停工通知的截止时间恢复施工，各施工单位、设备管理单位可按正常程序提报施工计划，并组织人员进行复工。

因发生安全问题停工的单位，由对口的业务部室确认整改完毕后并确认复工条件，以文电形式确定恢复施工时间。

因设备管理单位发生安全问题停工，经整改到位后，需申请复工，须经对口的业务部确认并具备复工条件时，由业务部文电批复报送施工管理部门后，施工管理部门根据复工文电安排相关设备管理单位恢复施工。

因建设单位发生安全问题停工，经整改到位后，需申请复工，须经建设部确认并具备复工条件时，由建设部文电批复并报送施工管理部门后，施工管理部门根据复工文电安排相关建设单位恢复施工。

因其他单位发生安全问题停工，经整改到位须后，需申请复工，须经对应专业部室确认并具备复工条件时，由专业部室文电批复并报送施工管理部门后，施工管理部门根据复工文电安排相关集团公司管其他单位恢复施工。

对新开工及复工项目进行的安全检查，主要是检查其是否具备开工条件：重点检查施工材料、机具、人员是否具备开工条件；施工协调会、准备会是否按要求召开；从业人员是否按要求进行培训并考试合格。

施工组织管理：重点检查施工方案、安全措施、应急预案是否完备；安全协议是否签订齐全；施工计划是否审批；施工负责人、防护是否具备资质等。

建设工程新开工（复工）单位工程必须按规定和要求办理开工报告，施工单位不得以标段开工报告作为单位工程开工依据。各合同段施工单位要严格执行开工（复工）报告审批制度，未经批准的工程不得擅自开工（复工）。凡停工后复工的施工标段工程及单位工程，都应在正式复工之前，办理复工报告审批手续。

其他检查重点可参照本章第四、五节内容。

需要注意的是，很多路外施工单位不清楚铁路营业线施工安全的流程，在新项目开工时，认为只要有铁路运输企业对于该项目施工方案的审查批复就可以进场开始施工了，这种情况在施工安全监督检查过程中是较为常见的行为。

5.7 工程线安全检查

5.7.1 邻近既有线的工程线施工管理

施工单位在邻近既有线的工程线上作业，施工单位是否比照营业线施工进行管理，全面纳入卡控。

在邻近既有线的工程线上运行的各类车辆是否有相关的安全防护、限速的管理要求。

检查邻近既有线的工程线是否按规定进行养护，是否存在危及工程线车辆运行安全的处所。

5.7.2 工程线防溜安全检查内容

凡与车站或区间正线接轨的工程线，施工单位是否在相对既有线站界外方适当位置安设有隔开设备；安全线、避难线上是否停有机车车辆，是否开通定位；安设的脱轨器是否制定看守制度。

接轨工程线车站的属地车务部门是否与工程单位签订安全协议；协议是否有针对性；隔开设备的安设车务站段是否进行了现场确认；是否制定有严密的检查互控制度；各级干部是否按检查制度进行检查，检查有无相关记录。协议中关于隔开设备和防溜工作的内容是否完善。

施工单位防溜器具是否配齐，工程列车是否按规定配备铁鞋和人力制动机紧固器（各不少于 4 只）；防溜器具和防溜措施是否有效，是否制定有防溜制度以及防溜制度是否落实，特别是对坡度超过 1.5‰ 的工程线上停留车辆的防溜情况要重点检查，防溜器具是否安设到位并牢靠固定。

工程列车进入工程线区间作业前，是否按规定进行简略自动制动机试验；是否存在车辆无动力在区间停留或进行甩挂、手推调车作业；铺架机在站内停留时，是否停于警冲标内方（包括悬出部分），是否在铺轨机、架桥机每个轮对面使用铁鞋防溜并派专人看守。

工程列车在站内或工程线进行调车作业时是否按规定作业。

隔开设备管理及防溜措施执行情况、定期和不定期检查制度是否健全，是否落实到位；相关考核制度是否建立健全；人员培训是否到位。

5.7.3 轨道车在车站长时间停留待备期间防溜安全

《关于加强轨道车在车站长时间停留待备期间防溜工作的通知》对防溜工作进一步进行了详细的规定。

1. 轨道车站内停放安全管理

无论是施工还是取送车等作业的轨道车均要严格控制在站内长时间的停放，施工或取送作业结束后应立即返回固定存放地点。

设备管理单位的轨道车应安排在段管线内停留，设备管理单位、调度所要合理安排好轨道车开行计划。

工程单位的轨道车应安排在施工单位的工程线内停留。如确需在站内长时间停留时，原则上安排在与接发列车进路有隔开设备的线路上停留。

2. 轨道车站内停放期间的防溜安全管理

工程单位轨道车因施工作业需在车站长时间停留待备时，车站必须与施工单位签订安全协议，明确轨道车停留待备期间的防溜方式、防溜措施安撤及巡视检查的责任主体，明确车站的防溜监督检查要求及相互间的作业联系。

各站督促轨道车管理单位配备足够的防溜器具，在停留待备期间轨道车驾驶员必须拧紧两端人力制动机，并用铁鞋在轨道车两端采取防溜措施。如因坡道、曲线等易发生车辆溜逸地段和气候不良、无隔开设备情况，同时要求轨道车单位使用防溜枕木作为第三道防线。

在站停留待备期间，轨道车管理单位必须有留守人员，并认真执行 3~4 h 防溜巡视检查。车站要结合每日的交接班作业，加强对长时间停留的轨道车防溜措施进行监督检查，并做好交接班记录，发现问题立即报告车站站长督促施工单位整改。

5.7.4 工程线防溜脱轨器安全运用

《关于加强工程线防溜脱轨器安全运用的通知》对工程线防溜脱轨器安全运用进一步进行了明确。

1. 防溜脱轨器及相关配套设备的安装位置

（1）防溜脱轨器应安装在车站接轨点外方的适当位置，安装位置要确保车辆脱轨后不能侵入既有线，不能影响既有线行车安全。各站段应充分考虑接轨线路进站方向坡道等因素，留出足够的安全防护距离，若进站是长大下坡道的线路，原则上防溜脱轨器安装位置应距接轨点 100 m 以上，必保溜逸车辆不能进入站内侵入接发列车进路。

（2）安装有防溜脱轨器的工程线，由工程施工单位负责在防溜脱轨器两端的适当位置，各安设"一度停车"标，接轨站负责督促落实。

2. 防溜脱轨器管理

（1）防溜脱轨器按照行车设备管理，纳入站区月度设备联合检查。

（2）防溜脱轨器按照功能分为手动防溜脱轨器和电动防溜脱轨器。手动防溜脱轨器须实行加锁管理，转辙机开锁钥匙、转辙机合闸钥匙和转辙机手摇把由车站负责保管，存放在车站信号楼，纳入车站值班员交接班内容；电动防溜脱轨器也须实行加锁管理，转辙机开锁钥匙、转辙机合闸钥匙、转辙机手摇把和轨边作业箱钥匙由车站负责保管，存放在车站信号楼，纳入车站值班员交接班内容。

（3）车务站段、接轨站要向设备厂家索要防溜脱轨器的操作使用说明，并将防溜脱轨器的使用要求纳入《车站工程线行车组织办法》及《运输安全协议》中。

（4）若防溜脱轨器发生故障，工程施工单位须及时组织处理尽快修复，接轨站要暂时停止工程线进出取送车作业，并督促工程施工单位进行处置，待恢复正常使用后方准进行取送车作业。

3. 有关要求

（1）加强作业联系。工程线机车进出车站作业前，接轨站与工程施工单位要提前进行作业联系，车站要做好作业联系的相关记录。

（2）规范手动防溜脱轨器操作流程。工程施工单位要有专职人员负责操作防溜脱轨器的上下脱，车站人员负责防溜脱轨器转辙机的加锁和开锁。在工程线取送车作业前，车站要指派人员携带钥匙前往脱轨器地点打开防溜脱轨器转辙机箱，工程施工单位到车站领取转辙机手摇把，操作防溜脱轨器下脱后，方准进行取送作业；待机车车列全部越过防溜脱轨器后，操作人员要立即操作防溜脱轨器上脱，车站人员立即将转辙机箱加锁。

（3）规范电动防溜脱轨器操作流程。工程施工单位要有专职人员负责现场防溜脱轨器上下脱条件的确认，车站人员负责防溜脱轨器上下脱的操作。在工程线取送车作业前，工程施工单位人员到车站领取轨边作业箱钥匙，操作作业箱，确认防溜脱轨器可以下脱的条件，通知车站人员操作防溜脱轨器下脱后，方准进行取送作业；待机车车列全部越过防溜脱轨器后，工程施工单位人员操作作业箱，确认防溜脱轨器可以上脱的条件，通知车站人员操作防溜脱轨器上脱。电动防溜脱轨器遇设备故障或未实现电动功能时，按手动防溜脱轨器操作。

（4）严格取送车作业标准。工程线机车进出站内取送作业，均须在"一度停车"标前停车，与防溜脱轨器操作人员联系，共同确认防溜脱轨器已下脱后，方准指挥机车通过防溜脱轨器。工程线机车进出站内取送作业应采取牵引方式。

（5）加强对接轨工程线内车辆防溜及脱轨器的检查。

① 每月由车务站段技术科或安全科负责人组织建设指挥部、客专公司、施工监理、工程施工等相关单位负责人进行一次联合检查，检查内容应记录在车站用于设备联合检查的《行车设备检查登记簿》上。

② 每周由接轨车站站长组织工程施工单位负责人进行一次联合检查，检查内容应记录在车站用于设备联合检查的《行车设备检查登记簿》上。

③ 每日由车站人员进行一次巡检，检查内容应记录在车站的《防溜巡视检查登记簿》上。

④ 对于定期联检和每日巡检均须做好检查记录，记录本应保存在车站备查，留存检查照片，发现问题要向工程施工单位下发《安全检查通知书》，积极帮助整改。

（6）与车站接轨的段管线、岔线（含专用线、专用铁路）等线路因无隔开设备而安设的防溜脱轨器，相关车务站段要比照本电报，结合设备的实际情况，规范防溜脱轨器的使用要求，并纳入相应的行车办法和安全协议。

5.8 其他施工安全检查

5.8.1 结合部施工安全管理

结合部是铁路营业线施工安全管理中较为复杂的一个环节，其涉及的单位较多，涉及的部位也较多。多年的施工实践证明，在结合部发生的安全问题往往是各相关单位相互推诿扯皮的重点，特别是在设备故障的环节上体现得尤为突出。

各专业结合部施工安全管理原则上以结合部施工作业发起单位为主体施工单位，其他单位为施工配合单位。

如工务对道岔进行维修养护或大型施工，则由工务发起施工计划，相关电务、供电、车务部门进行配合，此时的施工安全管理主体是工务部门。工务部门负责总体施工安全防护、施工组织等，其驻站防护员、现场防护员、两端防护员等均由工务部门安排人员负责；电务、供电分别就配合人员自身安全负责。反之亦然。

对于结合部施工，主体施工单位应提前与相关设备管理单位进行协调沟通，并在确定施工前 72 h，向相关配合单位发出《施工配合通知单》，书面通知配合单位在既定的时间开展施工配合工作。涉及的施工配合单位必须在配合通知单载明的施工时间前安排好与施工规模相适应的配合人员和物资，并在施工前按规定到位配合施工。

对于配合单位人员未到场或晚到场而产生的影响施工进度和行车组织的责任，由配合单位承担。

《铁路营业线施工安全管理办法》规定，施工开始前各单位人员按规定提前 40 min（高速铁路提前 60 min）到车站运转室（调度所）进行登销记。对于施工现场配合人员虽没有规定提前到达的时间，但是各单位应根据施工规模、施工内容、作业项目的难易程度等提前安排配合人员到场进行准备工作，以不耽误正常施工工序为准，确定配合人员到达的时间节点。同时也应该对配合人员到达的行程作出细致的安排，充分考虑交通情况和人员召集的相关风险因素。

施工配合人员应服务主体单位施工负责人的统一指挥，对影响施工进度的节点性工作，配合单位必须事先与主体单位施工负责人进行交底，以确保各自的施工时点不影响整体施工进度和线路开通时间。

5.8.2 轻型车辆及小车的使用的规定

1.《普速铁路工务安全规则》对轻型车辆及小车的规定

（1）轻型车辆是指由随乘人员能随时撤出线路外的轻型轨道车及其他非机动轻型车辆。小车是指轨道检查仪、钢轨探伤仪、单轨小车、吊轨小车等。

轻型车辆仅限昼间封锁施工维修作业时使用，不按列车办理。在夜间或遇降雾、暴风雨雪时，仅限于消除线路故障或执行特殊任务时使用，但应按列车办理，此时轻型车辆必须有照明及停车信号装置。

小车不按列车办理。在昼间使用时，可跟随列车后面推行，但在任何情况下，都不得影响列车正常运行。夜间仅限于封锁施工维修时使用。160 km/h 以上的区段禁止利用列车间隔使用小车。

单轨小车、吊轨小车、推运工机料具的小平车应在封锁线路的情况下使用。

在双线地段，单轨小车应在外股钢轨上推行。

（2）使用轻型车辆时，必须取得车站值班员对使用时间的承认，并填发轻型车辆使用书（见表 5-4）；如果在区间用电话联系时，双方应分别填写。凡使用轻型车辆，必须保证在承认使用时间内将其撤出线路。

使用小车时，施工负责人应了解列车运行情况，按规定设置防护，并保证能在列车到达前撤出线路。

表 5-4　轻型车辆使用书

使用日期	车种	使用区间		上下行别	起讫时间	使用目的	负责人	承认号码	承认站车站值班员
月 日		自 自	站 公里 站 公里		自　　时　　分 至　　时　　分				
注意事项									

注：① 规格 88 mm×125 mm；
　　② 一式两份，负责人及承认站值班员各存一份。

（3）轻型轨道车连挂拖车不得超过 2 辆，且不得推进运行，并不得与重型轨道车连挂运行。轻型轨道车搭乘人员限乘 6 人（含司机、助手）；拖车每辆限乘 10 人，并应安装栏杆或扶手。

（4）进出站时，轻型车辆应降低运行速度。轻型轨道车过岔速度不得超过 15 km/h，区间运行速度不得超过 45 km/h。

遇降雾、暴风雨（雪）、扬沙时，轻型车辆应降低运行速度。

轻型车辆及小车应放置在固定的安全地点并加锁，使用前应进行检查，确认状态良好时方可使用。

（5）使用轻型车辆时，必须具备下列条件：

① 有使用单位指定的负责人。

② 有足够的人员，能随时将轻型车辆撤出线路以外。

③ 备有列车无线调度电话等通信设备及防护信号、列车运行时刻表、钟表。

④ 轻型车辆应有制动装置（其他非机动轻型车辆根据需要安装），并持有年检合格证；牵引拖车时，连挂处应使用自锁插销，拖车必须有专人负责制动。

⑤ 在有轨道电路的线路或道岔上运行时，应设置绝缘车轴或绝缘垫。

（6）利用列车间隔在区间使用轻型车辆及小车时，应在车站登记，并设置驻站联络员，按下列规定防护：

① 轻型车辆运行中，须显示停车手信号，并注意瞭望。

② 在线路上人力推行小车时，应派防护人员在小车前后方向，按线路最大速度等级的列车紧急制动距离位置显示停车手信号，随车移动，如瞭望条件不良，应增设中间防护人员。

③ 在双线地段遇有邻线来车时，应暂时收回停车手信号，待列车过后再行显示。

④ 轻型车辆遇特殊情况不能在承认的时间内撤出线路，或小车不能立即撤出线路时，在车辆或小车前后方向按线路最大速度等级规定的列车紧急制动距离位置以停车

手信号防护，自动闭塞区段还应使用短路铜线短路轨道电路；在设置防护的同时，应立即使用列车无线调度通信设备报告车站值班员或通知列车司机紧急停车。

⑤ 小车跟随列车后面推行时，应与列车尾部保持大于 500 m 的距离。

在车站内除到发线外站线使用装载较重的单轨小车及人力推运的轻型车辆时，采用停车手信号随车移动进行防护。

2.《行规》对轻型车辆及小车的使用的规定

（1）车站信号楼（运转室）行车备品中应有《轻型车辆使用书》1 本、应急箱 1 个。

（2）轻型车辆在区间使用时，车站值班员应在控制台上或显示器旁揭挂表示牌。

（3）轻型车辆使用的补充规定：

① 轻型车辆使用负责人的职务不得低于班长，如上述人员不在又必须使用时，由单位主管领导指定临时负责人。

② 带动力的轻型车辆在隧道内运行时，昼间应揭挂夜间信号。

③ 轻型车辆在长大下坡道运行时，应认真检查制动效能，严格控制速度。

（4）轻型车辆、小车使用的限制：

① 带动力的轻型车辆一个区间限使用一组，且不得开行其他路用列车。

② 轻型车辆必须按准许的时间通过桥隧，除指定外严禁在桥梁上和隧道中停车。

（5）轻型车辆和小车使用时须携带的备品见表 5-5。

表 5-5　轻型车辆和小车使用时须携带的备品

顺号	品名	单位	数量		备注
			轻型车辆	小车	
1	信号旗	面	2～3	2～3	红、黄色各 1 面
2	信号灯	盏		3～5	红、黄、白三显示
3	火炬	支	3	—	
4	响墩	个	12	—	
5	喇叭（或口笛）	个	3～5	3～5	
6	钟表	支	1	1	
7	轻型车辆使用书	册	1	1	
8	列车时刻表	册	1	1	
9	区间通话柱钥匙	把	各 1		或便携电话机
10	铁鞋	个	2		
11	自锁插销	个	2		
12	检修工具	套	1		一般修理用

5.8.3　车辆系统营业线施工防护标准

成都局防护作业标准对车辆系统作业安全防护的规定如下：

（1）车辆施工作业防护员按各自分工负责的范围，分为驻站联络员和现场防护员。

（2）作业负责人应根据现场地形条件、列车运行特点、作业人员和机具布置等情况确定现场防护员站位和移动行走路径。

（3）天窗点内、点外作业按以下原则设置防护。

① 在区间或站内线路上施工、维修作业时，须设置驻站联络员和现场防护员，现场防护员应站在工作地点附近安全处所，且瞭望条件较好的地点进行防护。现场防护员站位离作业人员的最远距离不超过 20 m，禁止站在两线之间防护。

② 在瞭望视距不足地段（因曲线线型限制或固定构筑物遮挡，致使移动停车信号显示距离不足 1 000 m 为瞭望视距不足地段）进行施工维修作业时，须增设现场防护员（两端防护员），保障信号显示有效。

③ 在通信不畅地段进行施工维修作业时，须增设现场防护员（中转联络员），保障通信畅通。

④ 两端防护员、防护信号及移动停车信号的设置按《技规》标准执行。

（4）特殊情况下的防护要求。

① 天窗点内、点外施工和维修作业遇降雾（霾）、暴风雨（雪）等恶劣天气影响瞭望时，应立即恢复线路，停止线上作业，下道避车，待天气恢复正常后方可继续作业。

② 遇降雾（霾）、暴风雨（雪）等恶劣天气致使移动停车信号显示距离不足 200 m 时，以及冰雪凝冻天气，严禁上道作业。

③ 邻线来车时，现场防护员须及时通知作业人员下道避车，机具、物料或人员不得在两线间放置或停留，并与列车保持安全距离，物料堆码放置牢固。

④ 各段每年定期对管内瞭望视距不足、通讯不畅地段进行排查，制定管内统计表，并下发至车间，纳入车间培训内容。

⑤ 在瞭望视距不足、通讯不畅地段进行施工维修作业前，作业负责人必须对照统计表对防护工作进行重点提示和安排。

（5）防护员工作职责、工作标准。

① 防护人员由年满 18 周岁，思想品德好，组织纪律性强，身体健康，语音清晰，无眼耳疾病（视听障碍）、心脑血管等疾病，且从事本项专业工作不少于 1 年的正式职工担当。

② 防护员必须具有高度的事业心和工作责任感，具备担任防护工作的基本知识和技能，熟悉铁路行车有关规章制度和本项施工作业情况、生产工作环境，必须经过培训，考试合格后方可上岗作业，并定期参加复核培训、考试，培训考试情况须在《铁路岗位培训合格证书》或《高速铁路岗位培训合格证书（CRH）》内登记。

③ 防护员着装及准备工作。

a. 作业负责人、驻站联络员和现场防护员穿着带反光标志的橙红色防护服，携带通信设备、防护用品，持证上岗，佩戴身份标识。

驻站联络员：手持无线电台、《防护通话记录簿》。现场防护员：红黄信号旗各 1 面（昼间）、信号灯（夜间、隧道、雾、雪）1 盏、手持无线电台、录音笔（或带录音功能的设备）。现场防护员（两端防护员）：红黄信号旗各 1 面（昼间）、信号灯（夜间、隧道、雾、雪）1 盏、手持无线电台。现场防护员（中转联络员）：手持无线电台。作业负责人：手持无线电台。

b. 作业负责人、驻站联络员和现场防护员在作业前必须与车站运转室校对钟表。

c. 作业负责人须提前交代作业安排。防护员须知道当日施工作业项目、位置、地形情况、作业组数、人数、相互之间联系方式，清楚停车手信号设置方法。驻站联络员需提前到达车站登销记。

d. 现场防护员须使用具有录音回放功能的设备或录音笔，在工作过程中记录防护呼唤应答及执行标准化程序过程。

④ 防护员工作职责。

a. 严格执行通话、复诵和确认（确认对方姓名，确认防护有效，确认列车闭塞时分）制度，驻站联络员按规定填写《防护通话记录簿》，做好与作业负责人、其他防护员的自控、互控、他控，准确及时通知行车及安全信息。

b. 驻站联络员按照作业项目、计划，根据作业负责人的委托负责办理作业要点登记手续。及时了解车站值班员办理区间闭塞或接到邻站发车及办理本站发车前、开车后等手续以及临时变更情况，确认后，立即向现场发出预报，确报或变更通知。驻站联络员须随时掌握作业区段内列车和车列的运行情况，及时通知行车信息，驻站联络员必须坚守岗位，严禁临时替换；驻站联络员因事暂时离开工作岗位时，现场必须立即停止作业，下道避车。

c. 现场防护员须根据作业安排，以瞭望防护为主，坚持监听、掌握驻站联络员通知的行车信息。在要求列车慢行的处所，按规定设置防护信号，施工终了时按作业负责人的命令及时撤除防护信号。现场防护员在收到驻站联络员发出的列车预报、确报后，立即通知作业负责人和作业人员，同时须加强警戒，密切监视来车，协助作业负责人做好现场安全卡控。在得到紧急安全信息时，通讯联络中断、来车信息不明时，紧急通知作业人员、机具撤离线路，制止作业人员违章上道行为。在人员、机具未撤离线路，线路不具备放行列车条件时，确保现场移动停车信号、停车手信号有效显示。发现危及行车、人身安全情况时，向列车显示停车手信号及时拦停列车。

（6）防护工作日常管理。

① 车辆（动车）段每季对各车间防护管理检查不少于 1 遍，重点检查防护员作业、通讯工具、防护标志、防护记录和车站登记情况，并在《防护通话记录簿》上签认。

② 车辆（动车）段要严格执行专职防护制度，严禁防护员参与非本职作业工序和机械操作，严禁作业负责人兼任防护。

③ 音视频记录仪重点记录现场作业过程，分析中心要定期对音视频记录进行重点抽查。

5.8.4 房建系统营业线安全防护作业标准

成都局防护作业标准对房建系统作业安全防护的规定如下：

1. 土房系统作业防护设置标准

（1）凡上道作业，必须设驻站安全防护员和现场安全防护员。

（2）进行站台墙、安全线以外站台面、站台风雨棚、旅客天桥及附属物等影响行车的施工、维修，必须设驻站安全防护员和现场安全防护员。

（3）在弯道上作业，防护人员无法同时对作业点两端进行瞭望时，必须在两端分别设现场安全防护人员。

（4）不能保证通信畅通时，应在适当地点增设现场安全防护员进行中转，确保通信畅通。

2. 安全防护员素质要求

（1）安全防护员由身体健康，语音清晰，无眼（耳）疾、心脑血管等疾病的正式职工担当，经安全教育培训考试合格后持证上岗；安全防护员对作业环境清楚，熟练使用联系防护用品。

（2）安全防护员佩带防护标识，按规定着防护服，持证上岗。驻站（所）安全防护员必须携带性能良好的录音设备、通信设备、《安全防护记录本》《作业任务单》；现场安全防护员必须携带性能良好的通讯设备、便携式扩音器（或口笛）、信号旗（夜间信号灯）《作业任务单》。

3. 安全防护作业标准

（1）安全防护员必须参加当日安全讲话，并签字确认。

（2）防护作业中不准从事与防护无关的工作，严禁参与作业，严禁擅离职守。

① 现场安全防护员遇特殊情况离开岗位时，必须逐一通知作业人员停止工作，收齐材料机具，同时告知驻站安全防护员，并确认已停止作业，避让到安全区域，方可离开。

② 驻站安全防护员遇特殊情况离开岗位时，必须逐一通知现场安全防护员，并确认停止作业、避让到安全区域，方可离开。

（3）安全防护人员出工前，要做好通信设备的检查、接线、充电等工作，保证良好。

（4）驻站安全防护员在作业人员出工前，须提前到达工作岗位；作业结束后，确认室外作业人员已全部返回安全区域，检查方可离开。负责用录音设备对联系防护作业全过程进行录音。

（5）驻站安全防护员在有调车作业时，应掌握作业计划，在排列进路前及时通知现场安全防护员停止作业，下道避车。

（6）现场安全防护员与作业人员之间距离应保持在50 m范围以内，并确保对同组所有作业人员能够不间断瞭望。

（7）现场安全防护员应站在便于瞭望和通知作业人员下道避车的安全地点，禁止站立于线路上。

（8）作业现场噪音较大时，现场安全防护员应采取加戴有线或无线耳麦等有效措施，确保与室内保持准确、有效的联系。

（9）现场安全防护员应监督作业人员按规定线路行走，安全防护员应走在作业人员的后面，前后左右不断瞭望。

（10）红色信号旗（红色信号灯）的使用方法及标准严格执行《技规》相关规定，禁止在线路上随意展开红色信号旗（红色信号灯）。

（11）安全防护作业须在《安全防护记录本》做好防护记录，并存档备查。

5.8.5 道路交通安全

（1）查机动车辆安全管理办法以及道路交通事故预防控制措施、检查方法、考核办法是否完善。

（2）驾驶人员交通安全法规、典型事故案例、安全驾驶技能、应急处置办法的教育培训是否到位。

（3）针对施工作业、设备维修、故障处理增多，长途、夜间用车情况频繁的实际情况，对异地车间、工区机动车辆和驾驶员的管理是否到位。

（4）酒后、超速、超载、超员、疲劳驾驶，不系安全带、不按规定车道行驶、行驶中接打手机等惯性违章行为是否得到有效制止和查处。

（5）机动车使用、运行、维修、保养管理是否到位，是否做到安全运用、维护及时、保养有效。

（6）禁止在不具备行驶条件的雨雾凝冻天气下出动汽车。

（7）禁止作业人员上下班乘坐无营运资格的摩托车、农用车等车辆。

（8）禁止非专职司机驾驶公车；禁止公车私用。

（9）在机动车内标明"禁止途中拨打接听手持电话"及在副驾驶标明"安全监督岗"标志；乘坐在副驾驶位置的人员认真履行安全监督职责。

（10）机动车驾驶人员必须遵守的规定（简称"十不准"）：

① 不准无证驾驶或驾驶无证机动车。

② 不准酒后或疲劳驾驶机动车。

③ 不准驾驶超员、超载、超限机动车。

④ 不准驾驶车况不良或性能不熟的机动车。

⑤ 不准驾驶与驾驶证准驾车型不符的机动车。

⑥ 不准超速驾车或违章超车。

⑦ 驾车时不准拨打或接听手机。

⑧ 车门、车厢未关紧不准启动机动车。

⑨ 因违章违纪正待岗培训的不准驾驶机动车。

⑩ 患有不宜驾驶疾病的不准驾驶机动车。

6 自轮运转特种设备施工安全

自轮运转特种设备指在铁路营业线上运行的轨道车及铁路施工、维修专用车辆（包括轨道起重机、架桥机、铺轨机、接触网架线车、放线车、检修车、大型养路机械等）。

自轮设备中的轨道车、接触网作业车、大型养路机械上线运行时，必须安装机车信号、轨道车运行控制设备（GYK）、列车无线调度通信设备等三项安全设备，并确保性能良好。

施工安全监督检查过程中，经常会遇到自轮设备参与施工的情况，这是施工安全检查中非常重要的一部分。

主要检查包括自轮设备运行管理、路列进入施工区间安全卡控、自轮设备施工过程卡控、停站期间安全卡控、人员操作卡控等。

6.1　轨道车管理规则

《轨道车管理规则》（铁总运〔2016〕38 号，以下简称《轨规》）明确：轨道车是用于铁路修理、检查和抢险等工作的重要运输设备，包括重型轨道车（含起重轨道车等）、轨道平车（含起重轨道平车、收轨平车等）及轻型轨道车（含轻型轨道平车）。

集团公司工务部、供电部分别是集团公司工务轨道车、供电轨道车的专业管理部门。运用单位是轨道车运用管理的责任主体单位，应明确相应的职能管理部门和运用车间，配备管理人员。

6.1.1　技术管理

（1）轨道车司机执行双人值乘制度，均须取得 L1 或 L3 类《铁路机车车辆驾驶证》，并经运用单位培训考核合格，持《铁路岗位培训合格证书》上岗。

（2）运用单位设指导司机。指导司机应从 5 年以上驾龄、连续 3 年无责任事故、责任心强、业务能力突出的司机中择优选拔。指导司机应脱产工作，负责指导、监督司机的标准化作业，参与司机的日常教育培训，组织司机学习与行车安全相关的规章制度，提高司机的运行操作技能。指导司机的职责、任用、待遇及考核等管理办法由集团公司制定。

（3）新造、大修的轨道车，凭制造、维修企业的《出厂合格证》及相关行政许可、产品认证证书（含整车及 GYK、CIR）、工务机械车监造项目部或驻段验收室出具的相关证明，申领《年检合格证》。

（4）未取得《年检合格证》的轨道车，严禁上线运行，但下列情况除外：新造轨道车出厂至用户所在地，凭工务机械车监造项目部出具的相关证明；新大修轨道车出厂至用户所在地，凭工务机械车监造项目部或驻段验收室出具的相关证明。轨道车过轨技术检查按国铁集团相关规定执行。

（5）轨道车运用单位按规定铺设轨道车专用线，设置用于保养检修的车库（北方地区设保暖设施）和轨道车停留线。车库检查坑的长度应满足车组保养检修作业的需要，以 60 m 为宜。

（6）集团公司应对轨道车进行编号登记和管理。工务重型轨道车编号采用五位阿拉伯数字，编号前两位为集团公司代码，后三位为集团公司内顺序号、号段为 001～499。供电重型轨道车编号采用七位阿拉伯数字，编号前两位为集团公司代码，中间两位为运用单位代码，后三位为顺序号。轨道平车编号以字母 P 开头，后面为六位阿拉伯数字，前两位为集团公司代码，后四位由集团公司规定。

如成都局对自轮运转特种设备编号的规定：

① 重型轨道车、大型养路机械编号由 5 位数组成，其中，前 2 位为集团公司代码"14"，后 3 位为使用单位顺序号。

② 轨道平车（含接触网专用平车编号）编号由 6 位数组成，其中，前 2 位为集团公司代码"14"，后 4 位为使用单位顺序号。

③ 接触网作业车编号由 7 位数组成，其中，前 2 位为集团公司代码"14"，中间两位为使用单位代码，后 3 位为使用单位顺序号。

（7）行车安全用品按《重型轨道车行车安全用品》（见表 6-1）配置，应按期检查、校验或鉴定，保证正常使用。

表 6-1　重型轨道车行车安全用品

	品名	单位	常备数量	备注
通讯用品	1. 无线列调手持电台	部	2	频率可调整，有录音功能
	2. GSM-R 手持终端	部	1	GSM7R 区段配备
信号用品	3. 手信号旗	面	6	红、黄色各 3 面
	4. 手信号灯	盏	3	红、黄、白三显示
	5. 防护灯	盏	2	双面红色，用于停车过夜防护

	品名	单位	常备数量	备注
信号用品	6. 号角	个	3	
	7. 火炬	支	6	
	8. 响墩	个	12	
安全防护用品	9. 简易紧急制动阀	个	1	高速铁路区段配备
	10. 短路铜线	根	2	自动闭塞区段用，长度1.5 m
	11. 铁鞋	个	4	
	12. 液压复轨器	套	1	
	13. 起复索具	套	1	根据车型配置
	14. 水型灭火器	具	2	2 L
	15. ABC干粉灭火器	具	2	2 kg
检查修理工具	16. 工具	套	1	扳手、钳子、钳工锤、油枪等
	17. 检车锤	把	2	
	18. 红外线测温仪	台	1	手持式
	19. 充电手电筒	把	2	

6.1.2 运用管理

（1）轨道车机组人员出乘前24 h内休息时间不得少于6 h，出车前预留不少于1 h做准备工作（应急处置除外），一次连续工作时间（包括出、退勤时间）不得超过10 h。严禁酒后出乘。机组人员出乘前应参加班前会，退勤前应参加班后小结，并留存记录。

（2）值乘司机不熟悉运行区段的有关行车规定或线路、信号设备时，应安排熟悉运行区段相关情况的司机带道或组织值乘司机提前看道。

（3）轨道车出（入）库或由车站进入停留线时，应认真确认信号，按规定动车，并严格遵守限制速度。停留时，全部车辆须停在警冲标内方；设有调车信号时须停在该信号机前方，不得压轨道绝缘；并按规定设置防溜。

（4）轨道车进行转线、进出库、连挂车辆以及在车站、停留线等移动时，按调车作业办理，须正确设置GYK控制模式，严格执行调车作业规定。在段管线移动时，执行段管线管理规定。

（5）调车作业应准确掌握速度及安全距离。在空线上牵引运行时，不得超过40 km/h；推进运行时，不得超过 30 km/h；调动有乘坐人员或装载爆炸品、气体类危险货物、超限货物的车辆时，不得超过15 km/h；连挂时严格按照十、五、三车距离控制速度，距被挂车 10 m 前、2 m 处两度停车，接近被连挂车辆时不得超过 5 km/h；遇有天气不良等情况，应适当降低速度；在尽头线上调车时，距线路终端应有 10 m 的安全距离；遇特殊情况，必须近于 10 m 时，严格控制速度。

（6）调车作业摘车时，必须停妥，按规定采取防溜措施，方可摘开车钩；挂车时，没有连挂妥当，不得撤除防溜措施。摘挂作业由运用单位指定专人负责指挥。摘车作业须严格执行"一关前后折角塞门、二摘风管、三提钩"的作业程序。挂车作业须严格执行"一试拉、二接风管、三开前后折角塞门、四试风、五撤防溜（松人力制动机）"的作业程序。

（7）非集中区调车作业时，须认真执行要道还道制度，确认扳道员信号、道岔标志、股道信号、道岔开通信号、调车指挥人的起动信号后，方可动车；联控不彻底时不得动车。

（8）轨道车进入施工封锁区间的行车凭证为调度命令。向施工封锁区间开行轨道车时，施工单位应指派胜任人员携带列车无线调度手持通信设备（GSM-R 区段携带 GSM-R 手持终端、非 GSM-R 区段携带无线列调手持电台）值乘，并在区间协助司机作业。轨道车进入施工地段时，应在防护人员显示的停车手信号前停车，再根据施工负责人的要求，按调车办法，进入指定地。

（9）在封锁区间内需分解作业时，须在施工前制订安全卡控措施，明确分解地点、各自作业范围、连挂时间及地点。分解后的车组按规定设置防护，须显示移动停车信号。分解、连挂地点应选择在平直线路上或坡度和曲线超高较小的地段，严禁顺坡连挂。

（10）轨道车运行及作业时，应遵守以下规定：

① 司机须严格执行一次出乘、呼唤应答和车机联控作业标准，按规范操纵轨道车。

② 开车前，按规定开启行车安全装备，并确认状态良好；值乘司机共同输入各项参数并进行复核；核对 GYK 基本数据版本信息；选定 CIR 通信模式和运行线路；在 GSM-R 区段运行时，CIR、GSM-R 手持终端按规定注册列车车次，并确认正确；确认仪表显示正常，制动系统风压符合规定。进行制动机简略试验，确认制动主管的贯通状态，在制动保压状态下制动主管的压力 1 min 内漏泄不得超过 20 kPa。

③ 运行开车前，值乘司机须共同确认行车凭证及发车信号正确无误。调车作业开车前，值乘司机须共同确认行车凭证、调车进路及动车信号正确无误。

6.1.3　安全管理

（1）轨道车严禁溜放和通过驼峰。

（2）轨道车具有下列情况之一者，严禁上线运行：

① 发动机无力或有异响，油压、冷却温度异常。

② 传动不良、有异响。安全保护装置失效，液力传动系统温度或压力异常。

③ 车轴发现裂纹，车轴齿轮箱、轴箱异响或温升超过规定。

④ 车轮发现裂纹，踏面碾堆、剥离、掉块、擦伤超限，轮箍或轮缘厚度不足 23 mm。

⑤ 轮对内侧距离超出 1 353 mm±3 mm 的容许限度。

⑥ 轮轴弛缓线发生相对位移。

⑦ 车架任何部件发现横裂纹、弯曲，影响行车安全。

⑧ 空气制动或基础制动作用不良，安全保护装置失效。

⑨ 前后照明、刮雨器或风笛失效。

⑩ 车钩有裂纹，"三态"作用不良，车钩座、舌、销磨损超限。

⑪ 影响行车安全的走行、传动、制动部件外部螺栓松动、销子脱落、机件弯曲、裂纹或其他缺陷。

⑫ GYK 或 C1R 故障。

⑬ 行车安全用品不全或失效。

（3）在站内停车待避时，应进行保压制动；发动机熄火等待时，应设置防溜；值乘司机不得同时离车。

（4）轨道车在车站停留时间超过 20 min 时，在保证人身安全的前提下，值乘人员应下车重点检查走行系统、制动系统、轴箱温度、车钩连结和装载加固等情况，并观察各部有无漏油、漏水、漏风情况。再开车时，应按规定进行制动机简略试验。

（5）在车站或停留线停留过夜时，须采取防溜措施，拧紧两端车辆的人力制动机，用铁鞋双向止轮并加锁防盗，车组两端以双面红色信号灯光防护。

（6）轨道车停站过夜期间，无特殊情况不得安排转线作业。

（7）起重作业时，应严格遵守以下规定：

① 须指派胜任的人员担任现场指挥，指定专人负责防护。

② 夜间作业应有足够的照明。

③ 双线或多线并行区段作业，邻线未封锁时，不得侵入邻线建筑限界。

④ 吊装时严禁超载、偏载作业。

⑤ 高层摘挂应使用长杆挑钩，登高作业应确认攀登物牢固。

⑥ 两台或多台起重装置配合作业时须保持动作同步；升降、回转、变幅操作须分步进行。

⑦ 单钩起吊物料时，起吊前应拴挂方向绳，防止物料在空中转动。

⑧ 作业完毕后，须将吊臂和支腿完全复位并确认锁定、不超限界方可动车。

（8）装卸作业时，应严格遵守以下规定：

① 须指派装卸车负责人，指定专人负责防护。

② 邻线来车时，须停止装卸作业。

③ 卸车时不得偏卸，卸下的物料不得侵入本线或邻线建筑限界。

④ 按载重和集重有关要求装载，不得偏载，不准超限。

⑤ 装载货物应稳固，未达到装载加固要求，不得动车。

⑥ 跨装长大物件应使用货物转向架。

（9）理论合格证持有人须在连续安全驾驶 3 年以上的轨道车司机的指导下方准练习操纵轨道车。下列情况严禁理论合格证持有人操纵轨道车：高速铁路区段、易燃易爆等危险品运输、抢险运输、人员运输、反方向运行、恶劣天气及施工封锁区间作业。

（10）严禁使用明火预热发动机、油箱、油管及不熄火时用油棉丝布擦拭发动机。车内严禁存放汽油等易燃物品。

（11）每台重型轨道车配备 2 具 2 L 水型灭火器和 2 具 2 kgABC 干粉灭火器，灭火器应固定放置、便于摘取。运用单位应按消防有关规定对灭火器进行定期检查，保证齐全有效。

（12）既有轨道平车不得在高速铁路使用。平车在高速铁路上运行时，严禁乘坐人员。

（13）轨道车在高速铁路运行作业时，运用单位应安排专人添乘盯控。

6.2　接触网作业车管理

《接触网作业车管理规则》（铁总运〔2016〕28 号，以下简称《作规》）作为接触网作业车运用管理工作的基本管理制度，是指导和规范集团公司接触网作业车运用管理的重要依据。

接触网作业车包含接触网检修作业车、接触网多功能检修作业车、接触网检修车列、接触网检测车、接触网立杆作业车、接触网放线车、绝缘子水冲洗车、接触网专用平车等电气化铁路接触网施工检修设备。

国铁集团运输部是接触网作业车的主管部门。集团公司供电部是集团公司接触网作业车的专业管理部门。运用单位是接触网作业车运用管理的责任主体单位，应设置必要的职能科室和车间，配备专职管理人员。

本节就《作规》与《轨规》在施工安全监督检查中不一样的地方，以及国铁集团及铁路局集团公司对接触网作业车的相关规定作介绍。

6.2.1　技术管理

（1）运用单位应设指导司机。指导司机应从连续 3 年无责任事故的司机中择优选拔。指导司机应脱产工作，负责指导、监督司机的标准化作业，参与司机的日常教育培训，组织司机学习与行车安全相关的规章制度，提升司机的运行操作技能。这一条与《轨规》是有所细化的。

（2）接触网作业车实行编号管理。无牵引动力的接触网立杆作业车、接触网放线车、绝缘子水冲洗车、接触网专用平车等编号以字母 P 开头，后面为 6 位阿拉伯数字（前 2 位为集团公司代码，中间 2 位为运用单位代码，后 2 位为设备顺序号）；标志应喷涂在车体两端前方左侧车体上；最高运行速度应喷涂在两端前方右侧车体上。

（3）接触网作业车行车安全用品见表 6-2。

表 6-2　接触网作业车行车安全用品

	品名	单位	常备数量	附注
通讯用品	1. 无线列调手持电台	部	1	
	2. GSM－R 手持终端	部	1	GSM-R 区段配备
信号用品	3. 手信号旗	面	6	红、黄色各 3 面
	4. 手信号灯	个	3	红、黄、白三显示
	5. 防护灯	盏	2	双面红色，用于停车过夜防护
	6. 号角	个	3	
	7. 火炬	支	6	
	8. 响墩	个	12	
安全防护用品	9. 短路铜线	根	2	
	10. 铁鞋	个	4	
	11. 液压复轨器	套	1	
	12. 起复索具	套	1	根据车型配置
	13. 灭火器	个	2	≥3 kg
检查修理工具	14. 随车工具	套	1	扳手、钳子、钳工锤、油枪等
	15. 检车锤	把	1	
	16. 红外线测温仪	台	1	手持式
	17. 充电手电筒	把	2	

（4）《成都铁路局接触网作业车安全管理实施细则》（以下简称《成都局细则》）规定：对于已购置及投入使用的铁鞋和爬轨器进行编号、定置管理，采取防盗措施，铁鞋原则上放置在作业车上，动力设备车间内燃工区或综合工区需要配置时必须集中放

置、专人管理；爬轨器集中放置在接触网工区材料库纳入应急料进行管理，由工区材料员负责。编号原则：

①配置在作业车上的铁鞋：每只铁鞋按作业车车号的后4位进行编号，加顺序号。如1401058#作业车，铁鞋编号为1058-1；1058-2；1058-3和1058-4。采用红底白字，车辆编号或铁鞋配置变化后需重新编号。

②配置在内燃工区或综合工区的铁鞋：如绵阳综合工区，铁鞋编号为绵阳（检）综-01、绵阳（检）综-02。

③爬轨器编号：如绵阳接触网配置的爬轨器，绵阳接-01、绵阳接-02。

各供电段设备科、车间必须建立铁鞋及爬轨器管理台账，作业车配置的铁鞋必须纳入司机交接班内容，爬轨器及内燃工区（综合工区）配置的铁鞋使用时，必须进行清点登记。

每辆动力车须随车配备4只、平板车配备2只铁鞋，每只铁鞋应有防盗措施、应涂红色油漆。

6.2.2 运用管理

（1）起重及装卸作业时，须指派胜任人员担任负责人或现场指挥；按规定进行起重及装卸作业，邻线有车通过时禁止作业。

（2）接触网作业车运行须双人值乘，严禁单人值乘。出乘前应充分休息，严禁饮酒，0~6点值乘前待乘休息不少于4h。《关于印发〈关于进一步加强接触网作业车运用安全管理的意见〉的通知》（运供设备函〔2017〕279号，以下简称《意见》）第十一条进一步明确规定：供电段要根据管辖范围和作业车配置情况合理配置司机人数，科学合理核定作业车司机劳动时间，合理安排出乘，原则上两次乘务时间间隔不少于6h，达不到要求时，应安排调整司机间休。司机00:00至06:00期间连续超4h值乘3天及以上，应调整人员配班（遇抢险、抢修特殊情况时除外）。

（3）司机应在运行方向前端操纵接触网作业车；严格执行一次出乘作业标准等各项行车规定，做到"彻底瞭望、确认信号、准确呼唤、手比眼看"；严禁超速和臆测行车。

（4）学习司机在下列情况不得进行运行操纵练习：

①3辆以上多机编组运行。

②恶劣天气行车、事故救援、抢险。

③双线反方向运行。

④站场调车及封锁车站作业。

⑤高速铁路区段运行。

（5）《意见》中明确：调车作业遇第一架调车信号机应执行以下要求：

①每条进路上的第一架调车信号机处，本务司机、副司机必须执行"探头手比、呼唤应答"制度。即：停车状态下，司机打开左侧车窗向窗外探头并手指第一架调车

信号机，副司机位于司机右后侧手指第一架调车信号机，二人共同确认信号并呼唤应答。停车位置距前方信号机不足 10 米时且瞭望不清时，副司机应下车确认，并注意避让邻线列车。

②瞭望无法确认运行前方第一架地面调车信号时，以不超过 20 km/h 随时能停车的速度运行至瞭望到该信号机的位置停车，执行"探头手比、呼唤应答"制度后，方可进行后续作业。

③调车走行中凡遇信号机显示红灯或蓝灯停车再开，应比照第一架地面调车信号要求，重新执行"探头手比、呼唤应答"制度，确认运行前方信号机显示。

（6）《成都局细则》对添乘进行了规定。以下情况，必须安排熟悉情况的专业干部或指导司机添乘：

①新职、转岗的司机单独操纵第一趟。

②新线、新站场首趟运行。

③司机连续中断乘务工作一个月重新操纵第一趟。

④新车和大修后首趟上线运行。

⑤三辆及以上动力车编组运行。

⑥作业拖挂问题车辆运行。

⑦作业车跨段、车间、交路运行。

⑧大型集中修施工作业运行。

6.2.3　安全管理

（1）运用单位应将接触网作业车安全管理纳入本单位安全生产委员会工作，定期召开运用安全例会。《成都局细则》规定：供电段每月召开作业车运行安全分析会，以会议纪要和"对策表"的形式下发各科室、车间，并报集团公司供电部。会议内容应包括：

①分析总结上月行车安全、人身安全、路外安全、作业车运用、设备质量、教育培训及行车安全装备、车载安全监测检测装备（音视频等）运用管理等方面情况。

②通报上月工作落实及"对策表"整改兑现情况，影响行车安全的情况。

③针对下阶段安全工作和当前存在问题，结合季节性特点，研判安全风险，安排本月安全重点工作，落实责任部门和人员，限期解决。建立完善"问题库"制度，对本单位无法解决的问题，制定相应的安全措施，并及时书面上报集团公司有关部门。

（2）车间安全例会由车间主任主持，车间管理干部及有关人员参加，以会议纪要和"对策表"的形式下发各班组，并报段安委会。会议内容应包括：

①传达贯彻段接触网作业车安全例会要求。

②分析通报上月行车安全、人身安全情况，落实上次安全例会布置工作及存在问题整改兑现情况；分析通报行车安全装备及车载安全监测检测装备使用、待乘休息、

指导司机管理及安全技术教育等工作中存在的问题；分析通报职工遵守劳动纪律和执行作业标准的考核情况；分析通报影响行车安全的职工思想动态；分析通报关键项点安全控制和关键人员帮教转化情况，确定本月行车安全关键项点及关键人员。

③结合段安全例会要求和车间实际，分析排查安全风险，安排本月重点工作，明确责任部门和人员，限期解决。对本车间无法解决的问题，制定相应安全措施，并书面报送段领导及有关部门。

（3）禁止上线运行的规定比《轨规》增加了两条：

①发动机监测显示器显示影响行车信息。

②作业机构锁定不良，影响行车安全。

（4）运行途中停留需下车检查时，应由专人防护；邻线有车通过时不得在邻线侧下车、检查。

（5）接触网作业车在作业时须严禁以下行为或操作：

①施工作业时，超封锁范围。

②双线区段，作业平台等旋转作业机构转向邻线有电区域或未封锁线路。

③风速超规定时未按规定采取有效措施。

④作业平台动作或作业车移动时上、下人员。

⑤车辆移动过程中操作作业机构。

⑥作业平台（高空作业斗、起重机）超载或斜拉、顶举固定设施。

⑦其他可能导致接触网作业车运用事故的行为或操作。

（6）接触网作业车严禁搭乘与工作无关的人员。乘坐人员须听从司机指挥，不得影响司机瞭望及操作，严禁进入司机位；车未停稳，严禁上下车。

这一条对于所有的轨道车均适用，包括工务机械车等自轮设备。

（7）接触网专用平车严禁搭载人员（推进运行时引导人员除外）。

（8）《意见》明确：

①供电段要按照《接触网作业车安全管理办法》要求，组织编制调车作业"一站一图"的调车明示图标准图册，完善站内和越出站界调车作业安全卡控措施。

②高速铁路运用的作业车全部加装 BTM。

③实行安全红线管理制度。对不确认信号行车、不正确使用电务车载设备、不按标准执行车机联控等严重违章行为列为安全红线，严格考核，严肃追责。

④各供电段梳理汇总《技规》《作规》《安规》和应急处理等方面的规定，汇编制作《司机手册》，发放至每名作业车司机，并组织专题培训。

（9）《意见》中对接触网作业车的作业组织进行了规定：

①作业车出乘应执行作业车出乘工作票（出乘工作票，下同）制度，由工区根据天窗维修作业计划填发出乘工作票，明确车号、司机、封锁范围、作业范围、配合要求、安全措施等。需变更作业范围、作业内容、封锁或限行条件等要素之一时，必须

由工作领导人通知司机，并在出乘工作票中注明，司机签认。

遇有事故抢修和危及人身或设备安全等紧急情况应急出动时可以不签发出乘工作票，但必须有供电调度批准的作业命令，并由抢修负责人布置安全、防护措施。

② 全体作业车司机必须参加工前预备会、分工会，按照出乘工作票进行安全预想，掌握作业车走行径路、作业范围，研判作业车安全风险点，工作领导人要进行针对性安全提示，做好互控工作。

③ 有解列、连挂的作业，出乘工作票中应制订安全卡控措施，明确解列和连挂地点以及作业范围和运行方式。司机和工作领导人要根据调度命令及当日作业量、具体作业地点，拟定区间返回的时刻，并严格执行。

④ 加强对关键人员的管理，连续违章作业人员、半年内的新职司机、转岗司机、担当区段调整的司机等，要纳入关键人员管理，采取"面对面"谈话、添乘指导等方式进行帮促，必要时调整班次补强。

6.3 自轮运转特种设备检查内容

6.3.1 自轮运转特种设备管理制度

支撑自轮设备运行作业安全的规章有《铁路技术管理规程》《行车组织规（细）则》《轨道车管理规则》《接触网作业车管理规则》，以及国铁集团、铁路局集团公司制订的各项自轮设备管理文件。

（1）自轮设备配属单位对自轮设备承担管理主体责任。站段应建立自轮设备相应管理制度：

① 建立安全管理机构或专兼职管理人员。

② 按规定建立安全管理措施及考核办法。

③ 三项安全设备管理措施及考核办法是否制定并落实。

④ 制定行之有效的自轮设备非正常情况下应急预案措施。

⑤ 自轮设备驾驶员岗位责任制及交接班制度应制定并落实。

⑥ 自轮设备运行、调车、防火、防溜措施应制定并落实。

（2）站段应建立的自轮设备档案及台账：

① 自轮设备驾驶员档案及台账应及时更新。

② 自轮设备技术档案（履历簿、说明书、附属设备资料）和台账应齐全和及时更新。

③ 自轮设备年检资料应齐全，年检资料应含年检工作安排（文、电）、设备年检鉴

定表、年检合格证申报表、驾驶员理论及实作考试试卷、身体健康检查表、起复及应急演练记录，驾驶员登记表及积分考核记录等。

④ 建立事故（事故苗子、故障）登记簿。

⑤ 建立设备问题库。问题库应有问题内容、时间、信息来源、责任部门（责任人）、督办部门（督办人），落实处理情况、销号情况等。

⑥ 建立三项安全设备及起复设备台账。

⑦ 自轮设备驾驶员培训（学习）计划及落实情况。

⑧ 自轮设备更新改造和大修计划落实情况。

⑨ 自轮设备季报表。

（3）站段应建立自轮设备保养、检修计划、记录：

① 检查自轮设备保养、检修计划并应符合相关规章和规程。

② 检查计划落实情况。

③ 检查记录（《报修单》《派修单》《检修记录》《竣工验收单》），并应详实记录。

6.3.2　自轮设备安全检查

1. 静态检查

（1）自轮设备备品管理。

自轮设备车上柜、床、桌椅等放置得当，柜内工具、备品、资料等应摆放整齐，各类灶具及生活用品放置妥当。

自轮设备上的备品符合下列要求并有效：

① 手持对讲机 2 部；GSM-R 手持终端 1 部（GSM-R 区段配备）。

② 手信号旗红、黄色各 3 面。

③ 红黄白三显示手信号灯各 3 盏，双面红色信号灯 2 盏。

④ 号角 3 个，火炬 6 只，响墩 12 个。

⑤ 长度为 1.5 米的短路铜线 2 根。

⑥ 自轮设备止轮器配置 4 个，液压复轨器 1 套，轨道平车起复索具 1 套。

⑦ 接触网作业车配灭火器 2 个（大于或等于 3 kg）；轨道车配备灭火器 4 个（2 个水型灭火器 2L，2 个 ABC 干粉型，2 kg 以上）。

⑧ 简易紧急制动阀（高速铁路区段道车配备）。

⑨ 电控阀 2 个。

⑩ 启动马达 1 个、发电机调节器 1 个或充电发电机（根据柴油机需要定）。

⑪ 高压油管 1 套，软管 2 根，喷油嘴总成 2 个（根据柴油机需要定）。

⑫ 三角皮带 5 根（风泵 3 根，发电机 2 根）。

⑬ 密封垫、圈（根据柴油机需要定）。

⑭ 钟表 1 个，列车时刻表、技术说明书各 1 份。

⑮ 检修工具 1 套，充电手电筒 2 把。手持式红外线测温仪 1 台。

⑯ GYK 发码器 1 个。

⑰ 检车锤（轨道车 2 把，接触网作业车 1 把）。

（2）检查车容车貌、定置管理情况：车辆外观应清洁、车架油漆无龟裂、局部无变形开焊、各部润滑得当；车上柜、床、桌椅等放置得当，柜内工具、备品、资料等应摆放整齐，各类灶具及生活用品放置妥当；施工作业完毕后，车内的材料、工机具、备用燃油等应立即清理下车。

（3）检查相关安全规章制度（《技规》《事规》《安规》《行规》等）、上级文电、防洪和重点卡控地段呼叫表、设备技术资料（车辆使用说明书、三项设备操作手册、起复设备使用说明书、发动机使用说明书等）、行车日志、综合台账、揭示命令登记簿、检修保养、交接班、防溜、安全备品巡查、学习等记录应规范填写。

（4）防溜设备应齐全有效，止轮器应进行编号管理。检查停留车辆防溜，止轮器应放置到位、拧紧手制动、制动机手柄应置于保压位；停在专用线时还应放置防溜枕木或脱轨器。

（5）起复设备各部润滑应良好，密封件应完好；驾驶员应定期对起复设备进行检查、保养，并做好记录。

（6）货物装载应做到不超载、不偏载、不集中。运送钢轨等长大物件的平车应安装货物转向架，且保持润滑良好。运送路料易燃易爆危险品及特殊物件时应按《铁路货物装载加固定型方案》的相关要求执行。

（7）检查起重装置。吊钩应无裂纹、防脱绳装置应完好有效，钢丝绳应无严重锈蚀、断股、死结等现象，各保险绳、栓、链应完好有效。

（8）检查安全保护装置，各安全保护装置应齐全有效（各指示灯和报警装置应状态良好，制动梁和各拉杆等铰接件的防折、防脱装置应完好）。

（9）检查施工作业计划、安全卡控措施及应急预案是否齐全有效。施工作业计划应含时间、地点和作业内容等，安全卡控措施及应急预案对作业中的风险点（关键部位、薄弱环节、隐患）应有完整的防范措施和处置方法。

2. 作业安全检查

（1）自轮设备出入专用线时，应执行一度停车确认制度，信号不清不准动车并严格遵守专用线限制速度。需要停车时，车辆必须停在警冲标内方，停稳后，按规定做好防溜、防撞措施。

（2）运行中检查驾驶员操作及车机联控执行情况。严禁超速、超载、冒进冒出、臆测行车和随意变更运行控制模式，禁止超劳作业。

（3）运送人员的平车必须在车辆周边加装防护栏（板），且不得与机具、材料等混装。检查自轮设备货物装卸及加固管理是否符合装卸相关规定，严禁偏装、偏卸、超载和侵界。

（4）区间或站内停车，查驾驶员按标作业情况。停车超过 5 min，副驾驶员应下车重点检查走行装置、制动系统状态和轴箱温度，并观察各部有无漏油、漏水、漏风情况；停车超过 20 min，开车前，驾驶员必须进行制动试验，列车管压应不低于 500 kPa；连挂有平车，还应对装载的货物进行安全检查，如有偏载或松动，必须进行整理和加固。

（5）检查驾驶员收车后的作业情况。收车后，驾驶员应按规定做好防溜、防盗和防火工作，应对设备进行检查和保养。

3．自轮设备检验安全检查

主要是查验"六证"（驾驶员驾驶证或岗位培训证、年检合格证、车轴探伤合格证、制动部件检验合格证、车钩探伤合格证、GYK 检测合格证）应齐全有效。配有起重装置的自轮设备，还应查验操作人员的特种设备作业人员证。

6.3.3 自轮设备运用管理

（1）自轮设备配合施工应纳入施工方案、施工协调会专题内容，应明确作业监护人员、作业方式、停留地点、装卸料股道及防溜要求等。

（2）自轮设备开行前，使用单位应对自轮设备的技术状态、物料装载状态进行彻底检查，保证状态良好，并记入工作日志，防止运行途中部件脱落、装载物料坠落。

（3）自轮设备驾驶员出乘前，应向段调度抄收运行揭示调度命令，核对运行区段限速处所。

（4）自轮设备运行遇临时限速时，列车调度员（车站值班员）按规定发布、转达调度命令，并按规定进行车机联控；驾驶员应认真核对，做好记录。

（5）自轮设备出车前，驾驶员必须对自轮设备实行全面检查，按规定对制动系统、三项设备等进行功能试验，确保其状态良好。检查试验应进行记录。

（6）自轮设备调车作业时，调车指挥人员白天使用信号旗，夜间使用信号灯；便携式无线通信设备可作为提示注意、相互联系的辅助手段，严禁使用便携式无线通信设备指挥调车。

（7）自轮设备出库前，驾驶员通过列车无线调度通信设备向始发车站值班员（列车调度员）请求进入站内，说明三项设备良好和所需证件齐全，经车站值班员（列车调度员）同意后，驾驶员须将 GYK 运行模式设置成规定模式后方可动车。

（8）自轮设备连挂编组完毕后，必须按规定进行制动机试验；制动机运行中发生故障按《铁路技术管理规程》等相关规定处理。

（9）自轮设备在运行中，当发现制动、走行及与安全有关的总成、部件有异常时，驾驶员必须立即停止运行，及时通知车站值班员（列车调度员），并迅速检查排除；当由于机械故障不能继续运行、其他原因区间被迫停车时，驾驶员应立即通知就近车站值班员（列车调度员），并迅速检查排除，争取在规定时间到达前方站。当确认设备故障无法应急处理或发生事故不能继续运行时，驾驶员应立即采取防溜措施，并根据需要迅速请求救援，同时按规定进行防护。

（10）自轮设备重联运行时，制动型式必须相同。连挂工作由担任副司机岗位的驾驶员负责指挥。前端第一位自轮设备为本务机，各车驾驶员间应当加强联系，并遵守下列规定：

① 自轮设备连挂时，第一位自轮设备与次位自轮设备之间连挂，由第一位驾驶员负责；其后依此类推。

② 自轮设备操纵必须由行进方向的本务驾驶员负责。重联驾驶员必须服从本务驾驶员的指挥，并认真执行车机联控和鸣笛回示制度。

③ 通过车站时，本务驾驶员必须及时将通过该站的信号、通过股道及其他信息通报给重联驾驶员，处于尾部的重联驾驶员回复后通报尾部风压。

④ 重联驾驶员，在开车前必须向本务驾驶员通报本车的限制运行速度，并各自做好记录。重联运行过程中，重联驾驶员应当密切注意运行速度的变化，发现运行速度接近限制速度时，必须使用列车无线调度通信设备通知本务驾驶员采取减速措施，本务驾驶员不采取减速措施，而列车运行速度已超过限制速度时，重联驾驶员有权采取停车措施。

⑤ 自轮设备装有重联装置的，重联运行时需连通重联装置（中间连挂有平车除外）。

（11）自轮设备在停轮作业过程中，驾驶员不得离开驾驶位，空气制动机处于制动位，制动缸压力保持最大压力值，发动机严禁熄火。

（12）自轮设备值乘期间严禁单人值乘，禁止在非操作端逆向操作自轮设备。非驾驶人员不得乘坐正、副驾驶位。

（13）运行中，自轮设备驾驶员必须集中精力、谨慎驾驶、彻底瞭望、确认信号，并按规定执行车机联控、呼唤应答等。随时观察总风缸、列车管压力，以及发动机机油压力、温度的显示情况，监听发动机及走行部声响。任何情况下，严禁关闭发动机运行。

（14）发生紧急制动后，必须检查基础制动及货物装载情况，确认完好后，方可开车。多机运行时，本务驾驶员必须通过列车无线调度通信设备与处于列车尾部的驾驶员核对风压，尾部驾驶员确认后，方可开车。

（15）调车作业时，必须及时将 GYK 设置为调车模式，并遵守下列规定：

① 调车转线作业时必须换端操纵，关闭非操纵端截断塞门（H-6 型）或将自阀手柄置于取出位（JZ-7 型）。摘下的自轮设备必须做好防溜措施。

② 调车作业中驾驶员必须坚守岗位，人员不齐不准动车，严格执行调车联控。非集中联锁区调车作业时（含由集中区向非集中区运行时），必须执行"进要进路、出要出路"的钩钩要道还道制度。

（16）自轮设备运行原则上采取牵引运行方式。如遇特殊情况需推进运行时，除按规定进行引导外，必须制定安全保障措施，运行速度不得超过 30 km/h，严禁跨区间推进运行。

（17）自轮设备施工作业时，应由合格的作业负责人指挥自轮设备运行，实行单一指挥，作业中担任副司机岗位的驾驶员不得担当作业负责人指挥作业（站内调车作业除外）。

（18）自轮设备挂运装有本单位路料的运营车辆，不得超过规定牵引吨位，其作业安全由本单位负责，禁止担任车站的其他调车任务。

（19）非正常情况下，自轮设备因故停在调谐区内时，驾驶员必须立即使用短路铜线将轨道电路调谐区外两端实施短路处理，并通知车站值班员（列车调度员）。自轮设备在自动闭塞分区停车后，驾驶员必须立即使用短路铜线短接轨道电路，然后立即向就近车站值班员（列车调度员）报告停车位置，非自轮设备故障停车时，必须将自轮设备移动不少于 15 m。

（20）自轮设备参加施工作业前，施工负责人应组织召开预备会，施工方案中须有自轮设备安全卡控措施、作业指挥人、施工任务、施工地点、封锁区间、封锁时间、运用安全措施等内容，并以书面形式传达到各值乘司机。

（21）多台自轮设备驶入或驶出施工封锁地段，应重联运行，并在指定地点分解和连挂。各车在封锁区段分解后，如需独自运行时，续行间隔不得小于 300 m，速度不得超过 40 km/h，各车间要保持通讯畅通，并应做好随时停车的准备。

（22）自轮设备装卸作业时，必须由具有实践经验的施工负责人做现场指挥，指定专人防护，并严格落实《铁路货物装载加固规则》等相关规定。运行前及装卸作业完毕后，由驾驶员、施工负责人、随车押运人员共同检查确认。

（23）值乘完毕后，驾驶员应对自轮设备进行全面检查保养，发现问题及时处理，处理不了时应及时向主管部门汇报，并尽快修复。

（24）自轮设备检查整备完毕后，将相关情况记入《行车日志》或车辆保养记录本。驾驶员换班时，必须填写自轮设备交接班记录。

（25）电气化区段必须严格遵守《电气化铁路有关人员电气安全规则》的规定，严禁攀登自轮设备车棚顶，不得用水管冲洗设备，任何人员及其所携带的物体与接触网设备的带电部分需保持 2 m 以上的距离。

（26）自轮设备必须按要求配备复轨器、灭火器、止轮器、响墩、火炬、信号旗、短接线等相关设备设施及安全防护用品，并确保齐全、有效。响墩、火炬必须妥善保管，放入特制的容器内，避免摩擦、挤压、受潮。

6.3.4 高速铁路运用的特殊规定

（1）进入高速（城际）铁路运行的自轮设备，必须具备以下条件：

① 必须确保自轮设备具备上线运行的基本条件，且各项技术状态良好。

② 必须装备 GYK、CIR、GSM-R 手持终端等设备，并确保状态良好。

③ 各类合格证件必须齐全有效。

④ 按规定配齐各项安全备品，安装安全保障设备。

（2）自轮设备随车配备的工机具及辅助设备，应落实定置及编号管理；其他临时上车的工机具及物料应专管专用；工机具应加贴反光标志。

运用单位须指定专人在出乘前、作业前、作业完毕返回前和到达驻地后检查装载加固、防脱落措施情况，比对清点载运物料数量，发现缺少、遗失或加固、锁定异常须立即报告。

（3）驾驶员应符合高速铁路自轮设备驾驶员岗位标准相关要求，经培训、考核合格，持《高速铁路岗位培训合格证书》上岗。

（4）自轮设备出车前应确认 GYK、CIR 设备运用良好，运用不良时禁止上线运行；运行时，GYK、CIR 设备严禁关机或变相关机，同时还应开启前端黄色警示灯；使用 CIR 设备要按规定进行注册、选线和注销。

（5）进入高速铁路运行前，使用单位应对自轮设备进行全面检查，确保其状态良好。

（6）自轮设备应满足线路外轨超高 125 mm 以上作业安全的需要，不满足要求的自轮设备严禁进入高速及城际铁路运行。

（7）自轮设备在高速铁路区段运用时，自轮设备业务主管部门和运用单位应制定专门的管理制度和作业指导文件，同时加强检查考核。

6.3.5 自轮设备安全管理

（1）办理旅客列车接发（通过）时，与接发列车进路没有隔开设备或脱轨器的线路，不准自轮设备向能进入接发列车进路的方向自走行作业；接发旅客列车的邻线，无论与接发列车进路有无隔开设备或脱轨器，自轮设备必须停止自走行作业。

（2）自轮设备使用单位应加强自轮设备安全管理，定期召开自轮设备安全专题分析会。分析会内容包括上级部署重点工作贯彻落实情况总结分析，运用安全管理、设备质量、作业过程控制、安全环境因素、GYK 和音视频运用安全管理等环节分析，研判安全风险，确定自轮设备安全重点工作。

（3）自轮设备封锁区段作业规定：

① 在封锁线路（封锁区段）内施工作业时，不受封锁线路（封锁区段）内的信号限制，进路由自轮设备司机负责现场确认。

② 在封锁区段内作业时，施工负责人应将自轮设备的作业区域根据工序流程和时间节点单独划定，不准重叠。进入封锁区间运行时，要根据施工限速要求设定运行限速值。封锁范围内变更进路时，由施工负责人通过驻站联络员向车站值班员申请，车站负责在室内准备进路并锁闭。

③ 在封锁区段内转线或进入封锁区间时，车站原则上应正排调车进路、开放调车信号（高速铁路区段车站，可开放进、出站信号或引导信号），并以光带锁闭整条进路；不能开放信号锁闭进路时，车站负责在室内对有关道岔进行单操单锁。

④ 发车作业前，列车调度员（车站值班员）须在准备好进路后，方可向自轮设备

司机书面交付或通过调度命令无线传送系统转达作为行车凭证的调度命令，书面交付时应加盖车站站名印。交付命令后，普速铁路区段车站值班员应按照车机联控用语标准与自轮设备司机进行核对，核对正确后，再按用语标准进行发车联控；高速铁路区段自轮设备司机在得到列车调度员（车站值班员）发车进路好了的通知后，方可启动列车进入区间。封锁区间并封锁站内线路及岔区时，车站除首次发车外不需办理其他接发车作业。

⑤ 封锁区间并封锁站内线路及岔区时，封锁时间内从封锁区间进入站内的自轮设备，只准许接入封锁线路。自轮设备进入车站前，应在进站信号机（或站界标）外停车，由施工负责人通过驻站联络员与车站联系进路，车站根据驻站联络员的请求，正排进路并开放信号；不能开放信号锁闭进路时，应在室内对有关道岔进行单操单锁。进路准备好后，由施工单位现场确认进路。

⑥ 自轮设备在封锁范围内运行时，开放的信号不作为行车凭证。

⑦ 不能开放信号时，自轮设备司机在进路的第一副道岔前必须一度停车确认进路。

⑧ 车站在室内准备并锁闭进路后，电务部门不得在该进路上进行检修作业。

（4）自轮设备应严格执行防溜相关规定，各运用单位应制定防溜管理的细化措施和采取科技手段确保安全，并遵守以下规定：

① 按规定配备足够数量的铁鞋，铁鞋应有防盗措施，并安装铁鞋防溜报警装置。

② 铁鞋实行编号管理。

（5）车站要结合每日的交接班作业，加强对长时间停留的轨道车防溜措施进行监督检查，并做好交接班记录，发现问题立即报告车站站长督促施工单位整改。

（6）在集团公司既有营业线路上运行的自轮设备必须按规定进行制动、车钩、走行三大重点部位检查、校验。

（7）自轮设备使用单位必须加强自轮设备消防安全管理工作，防止发生火灾和爆炸事故。

6.3.6 路外单位、外局入驻单位自轮设备管理

《路外工电自轮运转特种设备上线运行管理办法》（铁总工电〔2017〕315号）规定：

1. 路外工电自轮运转特种设备

（1）轨道车，包括重型轨道车（含起重轨道车）、轨道平车（含起重轨道平车、收轨平车）等。

（2）大型养路机械，包括捣固车、动力稳定车、配作整形车、钢轨探伤车、清筛机、打磨车、大修列车、路基处理车、物料运输车、焊轨车、除雪车、除沙车、换轨车等。

（3）接触网作业车，包括接触网检修作业车、接触网多功能检修作业车、接触网检修车列、接触网多平台检修作业车、接触网高空作业车、接触网放线车、接触网检

测车、接触网立杆作业车、接触网专用平车、绝缘子水冲车等。

2. 路外工电自轮运转特种设备管理

（1）路外自轮运转设备上线运行实行属地管理，通过当地铁路局集团公司办理进入营业线运用的手续。

（2）路外自轮运转设备在营业线上线运行，应当具备以下基本条件，并经当地铁路局集团公司审核批准：

（3）设备条件。

① 持有《年检合格证》或《局管内施工运行证明》。

② 车辆制动部件校验合格证、探伤合格证（包括车轴、车钩探伤合格证等）、GYK设备合格证、机车综合无线通信设备 CIR 合格证在有效期内。

③ 按规定随车携带档案、资料及行车安全用品。

（4）人员条件。

① 驾驶人员持有效的国家铁路局颁发的自轮运转车辆驾驶证并经铁路局集团公司年鉴鉴定合格。

② 特种设备操作人员持有相应的操作资格证。

（5）运用条件。

① 值乘司机获取运行区段的运行揭示和 GYK 基本数据版本信息，正确导（输）入 GYK 参数并核对数据版本信息，并在运行日志上简要记录。

② 值乘司机应熟悉运行区段设备情况，必要时向铁路局集团公司申请带道。

（6）路外自轮运转设备进入营业线挂运时，当地铁路局集团公司应当进行过轨技术检查。

（7）铁路局集团公司应根据委托管理协议做好路外自轮运转设备检测、鉴定、发证、过轨技术检查和情况告知工作。

3. 其他规定

（1）外局入驻单位和路外单位自轮设备在集团公司管内承担营业线施工任务，签订工程发包或委托合同、施工配合协议前，项目管理单位必须对行车安全设备及有关证件进行检查，确认齐全、良好、有效后，方可签订。

自轮设备上安装的列车无线调度通信设备在集团公司 GSM-R 网络线路施工时，必须安装 CIR。施工过程中，受项目管理单位委托的配合单位须指定专人定期对自轮设备进行检查，确认良好后方可申请运行计划。

（2）外局入驻和路外单位自轮设备进入集团公司管内营业线运行前，必须经集团公司特检所办理车辆技术状态检查，并取得合格证明。

（3）外局入驻和路外单位自轮设备进入集团公司管内营业线运行施工作业前，其使用单位必须持自轮设备《年检合格证》或《局管内施工运行证明》《车轴探伤合格证》

《车钩探伤合格证》《制动部件检验合格证》，与相关单位、部门签订安全协议。凡未签订协议的自轮设备严禁上线运行。

（4）路外单位自轮设备需托运时，必须与相关车辆段办理过轨技术检查手续并取得过轨技术检查合格证明。

7 铁路外部环境施工安全

铁路外部安全环境是指与铁路运输安全相关的外部条件的总和，包括铁路所面临的社会环境和自然环境等。安全环境隐患是指管内铁路权属地界、铁路线路安全保护区（范围）、邻近营业线安全控制范围内等，各类影响铁路运输安全的外部非法违法行为和可能导致事故的安全隐患，不包括铁路设备设施和铁路运输企业自身存在的安全隐患。

铁路公安部门要重点对铁路线路两侧安全保护范围内建造危险品生产、加工、储存、销售场所全面排查，并建立档案，督促铁路线路安全保护范围内危险品生产、加工、储存、销售场所的业主（单位）与铁路设备管理单位签订安全协议。设备管理单位（相关站段）要通过铁路公安部门与铁路安全保护范围内危险品生产、加工、储存、销售场所的业主（单位）签订安全协议，并定期参与铁路公安部门组织开展的联合检查。

各系统（单位）应分层级建立安全环境隐患管理基础台账，明确专人负责，对各类安全环境隐患按一事（物）一档标准建立台账，必要时绘制现状示意图，落实日常记名巡查责任，及时发现新增新建的建筑物、构筑物及各类安全环境隐患。

各单位对巡查发现或其他单位、个人反映的安全环境隐患，应在第一时间组织人员调查、核实；对正在进行的危及铁路运输安全的违法行为，应立即进行干预、劝阻、责令停止；对不听劝阻的，要立即报告铁路公安部门和当地人民政府请求协调处理，直至威胁消除。需报告集团公司主管业务部室和安全监察部门的，要及时报告。

各单位对严重威胁铁路运输安全随时可能导致事故的行为和危害，在未得到有效控制前，应遵循"先防护后处理"的原则，视情况采取封锁线路、限速运行、派员盯控、看守等应急防护措施，确保安全。

对影响铁路运输安全的行为和隐患要及时联系、致函相关责任单位，督促限期落实整改，必要时致函地方人民政府部门请求协调处置。

除告知性事宜函件外，凡致函地方人民政府请求协调解决安全环境隐患的，必须派出职级相当的人员，主动向地方人民政府汇报工作，并追踪隐患处置过程和结果。

凡向地方政府或单位正式发函的均归类纳入《安全环境隐患处置情况月度表》，按照问题库管理，逐一入库建档，掌握动态，跟踪处置，月度分析。

7.1　铁路外部安全环境有关法律法规、规章、制度及规范

铁路外部环境的安全需要法律法规来支撑，通过法律法规来规范铁路周边安全管理，确保铁路运营安全。

有关法律：与铁路外部安全环境有关的法律有《安全生产法》《铁路法》《刑法》《环境保护法》《铁路安全管理条例》《危险化学品安全管理条例》等。

部门规章及地方性法规：包括《违反〈铁路安全管理条例〉行政处罚实施办法》（交通部令 2013 年第 22 号）、《油气输送管道与铁路交汇工程技术及管理规定》（国能油气〔2015〕392 号）、《铁路、公路、城市道路设置立体交叉的暂行规定》（国家基本建设委员会、国家计划委员会（81）建发交字 532 号）以及各省制定的铁路安全管理规定等。

规范性文件：包括地方政府部门公布的规范性文件和铁路监管部门公布的规范性文件，如《铁道部、交通运输部关于公铁立交和公铁并行路段护栏建设与维护管理相关问题的通知》（铁运〔2012〕139 号）等。

规范和标准：各类设计、施工等规范和标准等，如铁路工程设计防火规范（2016）、高速铁路工程测量规范、铁路线路防护栅栏通用图（通线 8001）、高速铁路桥下防护栅栏通用图（通线 8002）等。

企业内部制度办法：包括国铁集团及各铁路局集团公司制定的有关路外安全环境的相关管理文件。

7.2　铁路线路安全保护区

7.2.1　铁路线路安全保护区设立规定

（1）保护区的设立：《铁路安全管理条例》第二十七条规定：铁路线路两侧应当设立铁路线路安全保护区。铁路线路安全保护区的范围，从铁路线路路堤坡脚、路堑坡顶或者铁路桥梁（含铁路、道路两用桥，下同）外侧起向外的距离分别为：

① 城市市区高速铁路为 10 m，其他铁路为 8 m。

② 城市郊区居民居住区高速铁路为 12 m，其他铁路为 10 m。

③ 村镇居民居住区高速铁路为 15 m，其他铁路为 12 m。

④ 其他地区高速铁路为 20 m，其他铁路为 15 m。

前款规定距离不能满足铁路运输安全保护需要的，由铁路建设单位或者铁路运输企业提出方案，铁路监督管理机构或者县级以上地方人民政府依照本条第三款规定程序划定。

在铁路用地范围内划定铁路线路安全保护区的，由铁路监督管理机构组织铁路建设单位或者铁路运输企业划定并公告。在铁路用地范围外划定铁路线路安全保护区的，由县级以上地方人民政府根据保障铁路运输安全和节约用地的原则，组织有关铁路监督管理机构、县级以上地方人民政府国土资源等部门划定并公告。

铁路线路安全保护区与公路建筑控制区、河道管理范围、水利工程管理和保护范围、航道保护范围或者石油、电力以及其他重要设施保护区重叠的，由县级以上地方人民政府组织有关部门依照法律、行政法规的规定协商划定并公告。

新建、改建铁路的铁路线路安全保护区范围，应当自铁路建设工程初步设计批准之日起 30 日内，由县级以上地方人民政府依照本条例的规定划定并公告。铁路建设单位或者铁路运输企业应当根据工程竣工资料进行勘界，绘制铁路线路安全保护区平面图，并根据平面图设立标桩。

（2）铁路线路安全保护区政府公告、平面图均需加盖政府公章，并永久保存，专人管理。

（3）保护区标桩埋设：标桩符合《铁路安全管理条例》《关于发布铁路线路安全保护区标桩设计图的通知》（铁运函〔2005〕116 号）等有关铁路线路安全保护区标桩设计、埋设的规定，图物相符。类型有 A 桩、B 桩（联接螺栓须加防盗垫圈）。

（4）铁路线路安全保护区清理：

①《铁路安全管理条例》第二十九条规定的禁止行为："禁止在铁路线路安全保护区内烧荒、放养牲畜、种植影响铁路线路安全和行车瞭望的树木等植物。禁止向铁路线路安全保护区排污、倾倒垃圾以及其他危害铁路安全的物质。"

因此，在铁路企业内部管理来说，尚未清理完毕的，要建立管理台账，采取安全防护措施，明确清理期限。

②《铁路安全管理条例》第三十、三十一条规定的限制行为：

第三十条规定：在铁路线路安全保护区内建造建筑物、构筑物等设施，取土、挖砂、挖沟、采空作业或者堆放、悬挂物品，应当征得铁路运输企业同意并签订安全协议，遵守保证铁路安全的国家标准、行业标准和施工安全规范，采取措施防止影响铁路运输安全。铁路运输企业应当派员对施工现场实行安全监督。

第三十一条规定：铁路线路安全保护区内既有的建筑物、构筑物危及铁路运输安全的，应当采取必要的安全防护措施；采取安全防护措施后仍不能保证安全的，依照有关法律的规定拆除。

拆除铁路线路安全保护区内的建筑物、构筑物，清理铁路线路安全保护区内的植物，或者对他人在铁路线路安全保护区内已依法取得的采矿权等合法权利予以限制，给他人造成损失的，应当依法给予补偿或者采取必要的补救措施。但是，拆除非法建设的建筑物、构筑物的除外。

（5）侵限行为：在铁路线路安全保护区及其邻近区域建造或者设置的建筑物、构筑物、设备等，不得进入国家规定的铁路建筑限界。

铁路沿线的建筑物、构筑物及设备不得擅自降低标准，如彩钢瓦等。邻近铁路的杆塔必须符合倒伏安全距离。

近年来，随着高速铁路的大量开通，沿线搭设了很多彩钢瓦等轻型材料建筑，很容易被风吹上铁路，造成安全隐患甚至事故。因此在2017年开展了一系列的路外安全隐患排查，主要就是排查此类隐患，并与地方政府协调进行处理，确保铁路的安全。

7.2.2　铁路线路安全保护区范围危险品处所

（1）危险品生产、加工、储存、销售场所：铁路两侧生产、加工、储存或者销售易燃、易爆或者放射性物品等危险物品的场所、仓库，应当符合国家标准、行业标准规定的安全防护距离，不符合规定的要进行拆除；对尚未拆除、清理完毕的，建立管理台账，采取安全防护措施，通报县级以上地方政府，加强安全监控。

铁路自身办理危险货物、危险品运输的专用线、车站、货物列车等，不属于上述情况。

（2）油气管道：穿越、并行应当符合《油气输送管道与铁路交汇工程技术及管理规定》（国能油气〔2015〕392号）、《铁路工程设计防火规范》（TB 10063）等规定，必须按规定标准采取安全防护措施。

严禁在铁路编组站和旅客车站的上方跨越或下方穿越油气管道。

专项为铁路服务的油气管道（较少），不属于上述情况。

《铁路工程设计防火规范》第3.1.9条规定：输送甲、乙、丙类液体的管道和可燃气体管道与铁路平行埋设时，原油、成品油管道距铁路线不应小于25 m，液化石油气管道距铁路线不应小于50 m，且距铁路用地界应大于3.0 m，并应符合《铁路安全管理条例》中有关铁路安全保护区的规定。

7.2.3　保护区范围内采矿、采石、爆破作业

《铁路安全管理条例》第三十四条规定：在铁路线路两侧从事采矿、采石或者爆破作业，应当遵守有关采矿和民用爆破的法律法规，符合国家标准、行业标准和铁路安全保护要求。

在铁路线路路堤坡脚、路堑坡顶、铁路桥梁外侧起向外各1 000 m范围内，以及在铁路隧道上方中心线两侧各1 000 m范围内，确需从事露天采矿、采石或者爆破作业的，应当与铁路运输企业协商一致，依照有关法律法规的规定报县级以上地方人民政府有关部门批准，采取安全防护措施后方可进行。

因此，此类施工不符合规定的要进行拆除或停产，对尚未拆迁、清理完毕的，建立管理台账，采取安全防护措施，通报县级以上地方政府，加强安全监控。

根据《爆破安全规程》(GB6722)第 13.6 条规定,个别飞散物安全允许距离,选取浅孔爆破法破大块 300 m,下坡方向增大 50%(一般情况下,不应同意)。该范围内不允许有采矿、采石及爆破作业,单独设计批准的施工控爆作业,不属于上述情况。

300 ~ 1 000 m 或增加 50%范围内的,进行安全评价和组织专家评审、采取安全措施、签订安全协议,按规定程序经县级以上地方政府批准方可进行。

上述情况只针对露天开采方式;地下开采方式在 1 000 m 范围内,原则上均不同意。

铁路自身开设的道砟采石场,不属于前述情况。

7.2.4　保护范围内抽取地下水作业

符合《铁路安全管理条例》规定,在高速铁路线路路堤坡脚、路堑坡顶或者铁路桥梁外侧起向外各 200 米范围内禁止抽取地下水。

《高速铁路工程测量规范》(TB 10601)第 8.6.11 条,应对线路沿线的取水井进行调查。距离线路中线 100 ~ 200 m 以内的浅井和 500 m 以内的深井应封闭。

7.2.5　高铁桥下土地保护性利用安全

《关于加强高铁桥下土地保护性利用安全管理的意见》(铁总安监〔2017〕180 号)对高速铁路桥下土地利用进行了规定。

(1)桥下净高小于 3 m 的地段禁止保护性利用,净高大于等于 3 m 并小于 5 m 地段仅能用于绿化,净高大于等于 5 m 地段可进行保护性利用。

(2)禁止性行为。

① 禁止设立交易市场、加工基地。

② 禁止在桥梁月围堆载矿物、砂石等重物,不得挖沙取土,不得抽取地下水,不得修建垃圾场、废品场。

③ 禁止生产或仓储存放下列物资:危险化学品、易燃易爆品、有毒有害品、腐蚀性物品和放射性物品等,如化肥、农药、药品、试剂、木材、庄稼秸秆、粮食、棉花、塑料、烟花爆竹等。有封闭需求的仓储场地应采用栅栏或防护网型式,便于日常检查,禁止采用密闭式库房设计。各类仓储物资可能对桥梁基础产生影响的,必须取得铁路局指定的桥梁评估机构出具的安全评估报告。

④ 禁止停放装载机、挖掘机、推土机、卡车等大型机械设备。停放商品汽车(乘用车,轻、微型卡车)电动汽车等须设置桥墩防撞和消防设施,并指定存放区域。

⑤ 修建的建筑物、构筑物不得侵入铁路限界,不得影响桥墩基础、对墩身施加荷载,使用单位须委托相关单位对桥墩稳定性影响进行安全评估。

⑥ 用作机动车驾驶员培训场地时,仅可用做 C、D、E、F 驾照级别的培训场地,禁止他用,且须设置桥墩防撞和消防等设施。

⑦ 用作种植基地时不得种植高大乔木和攀爬类植物,不得侵入铁路建筑限界,不

得影响桥梁设备日常检查维护。

⑧ 用作娱乐健身场所时，不得修建攀岩、蹦极、过山车等大型娱乐设施。用作球类运动场地时，须设置带有顶网的全封闭防护。

⑨《铁路安全管理条例》以及铁路安全法律法规禁止的其他影响铁路运营安全的行为。

7.3　与铁路交叉桥涵的相关规定

7.3.1　跨越铁路线路的道路桥梁

（1）桥梁及两端防护栏、防撞墙、防撞墩设置：符合《铁道部、交通运输部关于公铁立交和公铁并行路段护栏建设与维护管理相关问题的通知》(铁运〔2012〕139号）、《铁路、公路、城市道路设置立体交叉的暂行规定》《关于印发公铁立交安全整治工作方案的通知》（交公路发〔2006〕265号）等文件及相关规定；桥梁限载、限速等标志齐全、清晰。

（2）公路上跨铁路立交桥的护栏防撞等级一般不得低于SB级。但对于桥梁现有护栏防撞等级不足，需要改造的，可参照以下规定执行。

① 对于未设人行道的，应通过荷载验算，视情况可将桥梁原有栏杆及安全带拆除，在原位重新设置护栏，其类型可优先选用混凝土护栏。当新设混凝土护栏增加的恒载过大影响桥梁安全时，可选择波形梁钢护栏。

② 对于已经设置悬臂式人行道的，应对边梁（板）进行检测、验算，根据检测、计算结果可将人行道外移，并设置混凝土护栏或钢波形护栏，下设托梁或斜撑。必要时应对桥梁进行局部加固处理。

③ 对已经设置非悬臂式人行道的，可将原桥梁栏杆、人行道板拆除，通过植筋的方式将混凝土护栏或钢波形护栏与梁（板）连接在一起，并用混凝土找平。但为了保证行人安全，可在桥面用标线或栏杆将人行道和车行道分开。当桥面宽度富裕较大时，可不拆除人行道及栏杆，直接在其内侧设置混凝土护栏或钢波型护栏。

（3）防抛网（《公路交通安全设施设计规范》中的正式称谓为防落物网）：设置防抛网和警示标志，符合《铁路工程设计防火规范》等铁路有关规定。

① 防落物网距离桥面的高度不得小于1.8 m。

② 防落物网应进行防腐和防雷接地处理，防雷接地的电阻应小于10 Ω。

③ 防落物网的设置范围为下穿铁路、公路等被保护区的宽度并向路外处长 10~20 m，其中上跨铁路的防落物网的设置范围还应符合相关规定。

④ 设置在铁路高架桥下或邻近铁路高架桥的建筑物、构筑物，应采用耐火极限不低于2.00 h的不燃烧体墙体、不低于1.50 h的不燃烧体屋面板，及乙级防火门窗。

（4）外挂：上跨铁路桥不得外挂管道等设施设备，并应挂设牢固且不得损伤和影响既有铁路设备设施。

7.3.2 下穿铁路桥梁、涵洞的道路

下穿铁路桥梁、涵洞的道路应设置限高防护架。

限高防护架设置：符合《关于印发〈"铁跨公"立交桥涵限高防护架管理办法〉的通知》（铁运〔2005〕193 号）、《关于发布铁路线路安全警示、保护标志和防护设施设计图的通知》（铁运函〔2005〕239 号）等有关限高防护架设置规定，设置有效、结构强度达标，警示标识齐全有效。

限高防护架设置净高（横梁底至路面）在任何情况下都应低于桥下净高 20 ~ 100 mm，并与"限高"警示标志一致。

限高防护架按规定涂刷黄黑相间警示条纹。

路外专用下穿桥涵还应当签订有效安全协议。

7.3.3 通航铁路桥梁

通航铁路桥梁（根据《内河通航标准》（GB 50139），航道等级划分 Ⅰ ~ Ⅶ级，船舶吨级 3000T ~ 50T）桥区航标设置：桥梁航标、桥柱标、桥梁水尺标、水面航标等标识齐全，设置符合规定；水面航标按规定移交航道管理部门；标识管理单位明确，检查、维护责任落实；签订安全协议。

7.3.4 铁路桥梁保护

（1）《铁路安全管理条例》第三十四条规定：禁止在铁路桥梁跨越处河道上下游的下列范围内采砂、淘金：

①跨河桥长 500 m 以上的铁路桥梁，河道上游 500 m，下游 3 000 m。

②跨河桥长 100 m 以上不足 500 m 的铁路桥梁，河道上游 500 m，下游 2 000 m。

③跨河桥长不足 100 m 的铁路桥梁，河道上游 500 m，下游 1 000 m。

有关部门依法在铁路桥梁跨越处河道上下游划定的禁采范围大于前款规定的禁采范围的，按照划定的禁采范围执行。

县级以上地方人民政府水行政主管部门、国土资源主管部门应当按照各自职责划定禁采区域、设置禁采标志，制止非法采砂、淘金行为。

（2）保护范围内其他危害铁路桥梁安全行为：铁路桥梁跨越的河道上下游 1 000 m 范围内，无围垦造田、拦河筑坝、架设浮桥，及修建其他影响或者危害铁路桥梁安全的设施。

7.4 邻近铁路线路建筑物、构筑物、设施设备安全

7.4.1 邻近铁路线路建筑物、构筑物、设施设备

邻近铁路线路的建筑物、构筑物、设施设备应符合《铁路安全管理条例》等相关规定，应无影响铁路运输安全的塔杆、广告牌、大型机械等建筑物、构筑物、设施设备；对已经存在的应限期拆除或采取安全防护措施，建立管理台账，加强安全监管。

倒杆安全距离：高速铁路《技规》第 189 条规定：电力线路的电杆内缘至线路中心的水平距离不小于杆高加 3 100 mm。

普铁《技规》第 209 条规定：35 kV 及以上电力线路的电杆内缘至线路中心的水平距离不小于杆高加 3 100 mm。35 kV 以下电力线路的电杆内缘至线路中心的水平距离不小于 3 100 mm。

7.4.2 公铁并行路段

铁道部、交通运输部《关于公铁立交和公铁并行路段护栏建设与维护管理相关问题的通知》（铁运〔2012〕139 号）文件规定：公铁并行路段是指铁路路堑上的公路路段或位于铁路线路安全保护区内，公路路肩标高高于铁路路肩或与铁路路肩等高，或低于铁路路肩 1.0 m 以内的公路路段。

高速铁路公铁并行防护设施按照《高速铁路设计规范》第 5.4.6 条执行，即当公路、道路和高速铁路并行且公路、道路路面标高高于铁路，或低于铁路 1.5 m 以内，应在临近铁路的公路路侧设置波形梁护栏或钢筋混凝土护栏。

公铁并行路段防护桩设置：防护桩设置和管理符合铁路、公路相关规定，高度、长度、结构、强度、颜色达标。

严禁设置非标准的安全防护设施，如钢轨桩等。

参考文献

[1] 全国注册安全工程师执业资格考试辅导教材编审委员会. 安全生产管理知识[M]. 北京：中国大百科全书出版社，2006.

[2] 国家安全生产监督管理局. 企业职工伤亡事故分类：GB 6441—86[S]. 北京：中国标准出版社，1986.

[3] 中华人民共和国国务院. 铁路交通事故应急救援和调查处理条例[Z]. 国务院令（第30号），2007.

[4] 中华人民共和国铁道部. 铁路交通事故调查处理规则[Z]. 铁道部令（第501号），2007.

[5] 中华人民共和国住房和城乡建设部. 建筑施工安全技术统一规范：GB 50870—2013[S]. 北京：中国计划出版社，2013.

[6] 中华人民共和国住房和城乡建设部. 建筑施工土石方工程安全技术规范：JGJ 180-2009[S]. 北京：中国建筑工业出版社，2009.

[7] 中华人民共和国国家质量监督检验检疫总局，中国国家标准化管理委员会. 爆破安全规程：GB 6722—2014[S]. 北京：中国标准出版社，2015.

[8] 中华人民共和国住房和城乡建设部. 建筑施工高处作业安全技术规范：JGJ 80—2016[S]. 北京：中国建筑工业出版社，2016.

[9] 中华人民共和国国家质量监督检验检疫总局，中国国家标准化管理委员会. 特低电压（ELV）限值：GB/T 3805—2008[S]. 北京：中国标准出版社，2008.

[10] 中华人民共和国国家质量监督检验检疫总局，中国国家标准化管理委员会. 安全标志及其使用导则：GB 2894—2008[S]. 北京：中国标准出版社，2008.

[11] 中华人民共和国住房和城乡建设部. 建筑施工扣件式钢管脚手架安全技术规范：JGJ 130—2011[S]. 北京：中国建筑工业出版社，2011.

[12] 中国机械工业联合会. 组合钢模板技术规范：GB/T 50214—2013[S]. 北京：中国计划出版社，2014.

[13] 中华人民共和国建设部. 施工现场临时用电安全技术规范：JGJ 46—2005[S]. 北京：中国建筑工业出版社，2005.

[14] 中华人民共和国建设部. 建筑机械使用安全技术规程：JGJ 33—2012[S]. 北京：中国建筑工业出版社，2012.

[15] 中国国家标准化管理委员会. 塔式起重机安全规程：GB 5144—1994[S]. 北京：中国标准出版社，2006.

[16] 中华人民共和国国家质量监督检验检疫总局,中国国家标准化管理委员会. 施工升降机安全规程：GB 10055—2007[S]. 北京：中国标准出版社，2007.

[17] 中华人民共和国住房和城乡建设部. 龙门架及井架物料提升机安全技术规范：JGJ 88—2010[S]. 北京：中国建筑工业出版社，2010.

[18] 中华人民共和国住房和城乡建设部,中华人民共和国国家质量监督检验检疫总局. 建设工程施工现场消防安全技术规范：GB 50720—2011[S]. 北京：中国计划出版社，2014.

[19] 中华人民共和国公安部. 建筑灭火器配置设计规范：GB 50140—2005[S]. 北京：中国计划出版社，2005.

[20] 中国建筑业协会建筑安全分会,北京建工一建工程建设有限公司. 建设工程施工现场环境与卫生标准 JGJ 146—2013 实施指南. 北京：中国建筑工业出版社，2015.

[21] 中华人民共和国住房和城乡建设部. 建筑深基坑工程施工安全技术规范：JGJ 311 —2013[S]. 北京：中国建筑工业出版社，2014.

[22] 中华人民共和国住房和城乡建设部. 建筑基坑支护技术规程：JGJ 120—2012[S]. 北京：中国建筑工业出版社，2012.

[23] 中华人民共和国住房和城乡建设部. 建筑基坑工程监测技术规范：GB 50497— 2009[S]. 北京：中国计划出版社，2009.

[24] 中华人民共和国铁道部. 铁路营业线施工安全管理办法：TG/CW 106—2012[S]. 2012.

[25] 中国铁路成都局集团有限公司. 成都局集团公司营业线施工安全管理实施细则：CDG/SG 101—2018[S]. 2018.

[26] 中国铁路总公司. 铁路技术管理规程：TG/01—2014[S]. 北京：中国铁道出版社，2014.

[27] 中国铁路总公司. 普速铁路工务安全规则：TG/GW 101—2014[S]. 北京：中国铁道出版社，2014.

[28] 中国铁路总公司. 高速铁路工务安全规则：TG/GW 101—2014[S]. 北京：中国铁道出版社，2014.

[29] 中华人民共和国交通运输部. 公路桥涵施工技术规范：JTG/T F50—2011[S]. 北京：人民交通出版社，2011.

[30] 中华人民共和国国家质量监督检验检疫总局,中国国家标准化管理委员会. 架桥机安全规程：GB 26469—2011[S]. 北京：中国标准出版社，2011.

[31] 中华人民共和国铁道部. 铁路路基工程施工质量验收标准：TB 10414—2003[S]. 北京：中国铁道出版社，2004.

[32] 国家能源局,国家铁路局. 油气输送管道与铁路交汇工程技术及管理规定[Z]. 国能油气〔2015〕392 号，2015-10-28.

[33] 国家铁路局. 铁路工程设计防火规范：TB 10063—2016[S]. 北京：中国铁道出版社，2017.

[34] 中国铁路总公司. 关于加强高速铁路桥下土地保护性利用安全管理的意见[Z]. 铁总安监〔2017〕180号，2017-07-18.

[35] 中华人民共和国铁道部. 高速铁路工程测量规范：TB 10601—2009[S]. 北京：中国铁道出版社，2010.

[36] 中华人民共和国住房和城乡建设部，中华人民共和国国家质量监督检验检疫总局. 公路交通安全设施设计规范：JTG D81—2017[S]. 北京：人民交通出版社，2017.